本专著系教育部人文社会科学研究规划青年
"基于出口动因、出口结构和出口结果的í
研究成果。

本专著获得烟台大学哲学社会科学学术著作出版基金资助。

间接贸易的测量方法、理论逻辑和发展路径研究

彭　徽◎著

中国财经出版传媒集团

经济科学出版社
Economic Science Press

图书在版编目（CIP）数据

间接贸易的测量方法、理论逻辑和发展路径研究／
彭徽著. —北京：经济科学出版社，2021.10
ISBN 978 - 7 - 5218 - 2958 - 7

Ⅰ. ①间… Ⅱ. ①彭… Ⅲ. ①间接贸易 - 研究
Ⅳ. ①F740.4

中国版本图书馆 CIP 数据核字（2021）第 208470 号

策划编辑：李　雪
责任编辑：袁　溦
责任校对：靳玉环
责任印制：王世伟

间接贸易的测量方法、理论逻辑和发展路径研究

彭　徽　著

经济科学出版社出版、发行　新华书店经销
社址：北京市海淀区阜成路甲 28 号　邮编：100142
总编部电话：010 - 88191217　发行部电话：010 - 88191522
网址：www. esp. com. cn
电子邮箱：esp@ esp. com. cn
天猫网店：经济科学出版社旗舰店
网址：http://jjkxcbs. tmall. com
北京季蜂印刷有限公司印装
710×1000　16 开　18.5 印张　270000 字
2021 年 10 月第 1 版　2021 年 10 月第 1 次印刷
ISBN 978 - 7 - 5218 - 2958 - 7　定价：76.00 元
（图书出现印装问题，本社负责调换。电话：010 - 88191510）
（版权所有　侵权必究　打击盗版　举报热线：010 - 88191661
QQ：2242791300　营销中心电话：010 - 88191537
电子邮箱：dbts@ esp. com. cn）

前　　言

改革开放给我们的重要启示就是：开放带来进步，封闭必然落后。2019 年政府工作报告中，李克强总理提出推动全方位对外开放，培育国际经济合作和竞争新优势。2020 年二十国集团（G20）峰会，习近平主席提出构建开放型世界经济，激发国际贸易活力。作为"十四五"开局之年，习近平主席 2021 年 4 月在博鳌亚洲论坛强调要推动贸易和投资自由化、便利化，构建开放型世界经济。

改革开放是中国的强国之路，国际贸易是对外开放的主要实施路径。2017 年，中国重新成为第一大贸易国，其中，货物出口额占全球 12.8%，货物进口额占全球 10.2%，且贸易依存度为 33.6%。放眼全球，2017 年世界货物贸易取得六年来最强劲的增长，贸易增长与国内生产总值（GDP）增长之比高达 1.5，远高于金融危机之后 1.0 水平。但好景不长，2019 年中美贸易摩擦频繁，"逆全球化"思潮再次兴起。2020 年全球遭遇新冠肺炎疫情肆虐，经济全球化被疫情割裂，主要经济体均出现不同程度负增长。但中国在党和政府的高效防控和人民群众的积极配合下，疫情防控成效显著，2020 年中国 GDP 首超 100 万亿元（14.7 万亿美元），实际增长 2.3%，成为十大经济体中唯一的正增长。

在国际经贸环境日趋复杂的背景下，如何继续发挥国际贸易的关键作用，推动中国经济高质量发展和持续增长，已成为政界和学界的难题。按照有无第三方参加，国际贸易可分为直接贸易和间接贸易两种常见形式。

直接贸易（direct trade）是指商品不通过第三国，直接从生产国输入消费国的贸易。就生产国而言是直接出口，就消费国而言是直接进口。作为"直接贸易"的对称，传统间接贸易是指商品生产国与商品消费国通过第三国进行买卖商品的行为。其中，生产国是间接出口，消费国是间接进口，第三国是转口国。例如，A 国将 1 吨钢铁出口到 B 国，B 国继续将该吨钢铁出口到 C 国，在这个过程中，A 国向 C 国间接出口 1 吨钢铁，C 国从 A 国间接进口 1 吨钢铁，B 国即为转口国。

随着产品内分工的不断深化，越来越多的政府部门、产业组织和经济学者注意到"隐藏贸易"。20 世纪 80 年代，坎普和隆格（Kemp and Long，1984）较早察觉能源的"隐藏贸易"，指出能源密集型制成品国际贸易不仅是一种制成品贸易，也是一种重要的能源贸易，大量能源贸易隐藏在制成品贸易之中。欧盟统计局经济系统物质流账户通过对间接流的研究，定义原始资源当量的概念。原始资源当量是指贸易产品在其整个上游产品链中所有使用的原始资源。欧盟统计局 2001 推荐利用投入产出模型或混合投入产出模型来计算原始资源当量。国内对于"隐藏贸易"的关注较晚。沈利生 2007 年在《管理世界》刊文指出货物出口耗能和货物进口省能都占有能源消费总量很大的比例，并利用投入产出模型测算 2002 ~ 2005 年我国货物进出口对能源消费的影响。李坤望和孙玮 2008 年在《世界经济研究》刊文指出普通非能源商品贸易中隐含的能源输入输出量远高于能源产品的直接贸易量，并通过编制混合型能源投入产出表测算我国进出口贸易中的能源含量，揭示我国自 20 世纪 80 年代末开始净输入能源。

对于隐藏在其他出口品中的出口现象，世界钢铁协会（World Steel Association）有着长期且系统的研究，并称之为间接贸易（indirect trade）[1]。世界钢铁协会指出间接贸易是钢铁需求的重要组成部分，是隐

---

[1] 依据不同的贸易流向，间接贸易应包含间接出口和间接进口两类。鉴于在两国贸易中，一国的间接出口即为另一国的间接进口。因此，本书以间接出口的视角分析间接贸易，即用间接出口指代间接贸易。

含在含钢制成品的进出口贸易中，间接发生的钢铁贸易。例如，生产中投入大量钢铁的船舶和汽车，在船舶和汽车的进出口贸易中，间接发生的钢铁贸易。自 1974 年至今，世界钢铁协会就尝试多种方法分析钢铁的间接贸易，目前钢铁系数法已较为成熟。

本书援引世界钢铁协会和格瑞德·卡特（Gerald Kalt，2002）等定义，将"隐藏在其他出口品中的出口现象"定义为间接贸易。间接出口是指某产品隐含在其他货物出口中，间接发生的出口。例如，A 国生产 1 辆汽车需耗费 1 吨的钢铁，那么 A 国将 1 辆汽车出口到 B 国，就相当于 A 国向 B 国间接出口 1 吨钢铁，同时 B 国向 A 国间接进口 1 吨钢铁。相应地，将直接出口定义为某产品以最终产品的形式出口，如 A 国向 B 国出口 1 吨钢铁，此时钢铁表现为直接出口。直接贸易可以直接进行价值和规模的测算，而间接贸易为隐含在其他货物中造成的中间制成品的出口，需要通过计算和研究进行分析。

据 2019 年世界钢铁协会发布的《国际钢铁统计年鉴》（*Steel Statistical Yearbook*）可知，2017 年全球钢材直接出口和直接进口分别为 4.57 亿公吨和 4.44 亿公吨，同年钢材间接出口和间接进口分别为 3.36 亿公吨和 2.91 亿公吨。2017 年，钢材间接出口和直接出口之比为 0.74∶1，钢材间接进口和直接进口之比为 0.67∶1。由此可见，间接贸易虽有一定的隐蔽性，导致测算困难，但间接贸易规模不容忽视，且部分产品间接贸易规模已接近直接贸易规模。

综上所述，在产品内分工时代，间接贸易规模持续增加，间接贸易经济影响不断深化。但缘于间接贸易的隐蔽性，不仅导致间接贸易难以准确测算，而且大大阻碍间接贸易经济影响研究。间接贸易定量研究和定性研究都亟待推进。

由于间接贸易的"隐蔽性"，主流国际贸易理论并未将"间接贸易"纳入分析框架。2008 年国际金融危机、2020 年全球新冠肺炎疫情对国际贸易均造成显著冲击，但产品内分工将持续深化，间接出口扩张趋势不改，迫切需要推进间接出口的定量研究和定性研究，提升"全方位对外开放"的水平。不禁思考，间接出口应如何测度？间接出口的驱动因素为何？间接出口的经济影响为何？综上所述，间接贸易的研究尚处起步阶段，对间接贸易发展规律的认识亟待提升。

聚焦上述思考，本书工作重点集中在三个部分：一是基于投入产出模型，提出间接贸易测量方法，并对比世界钢铁协会和中国钢铁工业协会研究报告，检验间接贸易测量方法；二是基于国际贸易理论分析框架，构建间接贸易的贸易理论，并进行实证检验；三是依据间接贸易定量分析工具和定性分析框架，围绕资源和能源品、基础性工业品和生产性服务业产品三类主要间接贸易产品，揭示中国间接贸易存在的问题，并提出间接贸易发展路径。

作者

2021 年 9 月

目　　录

第一章

绪　　论

一、研究背景

（一）理论背景：产品内分工不断深化

1. 产品内分工的概念

分工与专业化是经济发展的主要特征。赫林讷（Helleiner，1973）敏锐地观察到，某类出口产品主要与纵向一体化国际制造业的劳动密集型专门环节相联系，该文观察分析的现象，实际是产品内分工早期形态和表现。芬格（Finger，1975）研究美国20世纪60年代出现的海外组装操作（offshore assembly operation），也是产品内分工的早期表现。阿伦德（Arndt，1997）首次提出产品内分工（intra-product specialization），但并未对这个术语进行深入解释。

罗伯特·芬斯特（Robert Feenstra，1998）较全面地分析产品内分工的思想，作者指出，近几十年来，全球经济一体化程度正随着贸易的增长而不断提升。不管是美国，还是经济合作发展组织（OECD）国家，贸易占国内生产总值（GDP）的比重都翻番了。一般，大国有独立的工业体系，大国的贸易比重会小于小国。但事实证明，大国从国际贸易中获得了比小国更多的收益。究其原因，是全球化下贸易不断整合，其生产零散化加剧。

格罗斯曼和赫普曼（Grossman & Helpman，2002）对产品内分工的研究做出了重要的贡献。作者构建了一个企业组织方式的内生模型，无论是垂直化分工的企业，还是水平分工的企业，都可以生产异质的产品。产品在生产中由各种特殊的部分组成，垂直化分工的企业可以很好地整合生产所需的各种资源，但会面临较高成本。水平分工的企业，可以获得较低的生产成本，但将面临较高的搜寻成本和供应链的维系成本。

2004 年，卢锋在《产品内分工》中首次深入讨论产品内分工，指出产品内分工是一种特殊的经济国际化演进过程或展开结构，其核心内涵是特定产品生产过程不同工序或区段，通过空间分散化展开成跨区或跨国性的生产链条或体系，从而使越来越多国家或地区企业参与特定产品生产过程不同环节或区段的生产或供应活动。

孙文远（2006）认同卢锋对产品内分工的定义，并提出产业内分工有两种基本形式。一种是水平差异化产业内分工，另一种是垂直专业化产业内分工。前者的存在主要是因为消费者的效用函数中包括对产品多样化的偏好；而后者表现出来的是各国技术水平的差异，即产品内分工。对产品内分工的研究，实际上就是对垂直专业化的研究。

易先忠和高凌云（2018）指出产品内分工深化加剧了生产和销售在时空上的分散，导致生产的"片段化"，特定产品的生产被分割成不同生产工序分散到不同国家，使得出口产品可能与国内需求并没有必然关联。

夏秋（2020）认为产品内分工指产品生产过程被分割为不同环节，各国根据比较优势从事特定环节生产，形成以生产环节为对象的分工体系。在产品内分工体系下，无论传统制造业还是服务化制造业，出口品生产皆难以脱离其他国家或地区独立完成。

国内普遍接受卢峰的观点，在无特殊说明下，本书"产品内分工"沿用并拓展其观点。

2. 产品内分工的经济影响

第一，使得国际分工基础表现为以跨国公司数量、规模和国际资源整合的能力为主的竞争优势。在产品内分工条件下，资源比较优势已经不能再成为决定国际贸易分工的主要基础。在经济全球化、要素流动性日益增强的情况下，企业成为参与国际经济合作和竞争的主体。一方面，由于要素流动壁垒的降低，一国企业将无法独享基于本国资源禀赋的比较优势，外国跨国公司通过直接投资也可以加以利用，从而整合为竞争优势；另一方面，本国企业也可以利用和整合全球资源，从而创造企业的竞争优势。一国的比较优势实际上已经成为各国企业都可以利用的区位优势。一个国家所拥有的资本实力雄厚或者技术、管理上有竞争优势的企业越多，其利用国外比较优势获利的能力就越强。因此，产品内分工的实质是跨国企业依靠竞争优势，借助投资活动在全球范围内对资源的整合。一国企业的竞争优势，或者说一国企业利用产品内分工的机遇整合全球资源所创造的竞争优势，成为当代国际贸易分工的主要基础。

第二，使得国际贸易格局更多地表现为跨国公司内产业内产品内贸易。传统的国际贸易是以比较成本为基础的，国际贸易格局以产业间贸易为主，国际交换的对象属于不同的产业部门。伴随着产品内分工，国际贸易格局进一步发生了变化：虽然产业内贸易继续发展，但其贸易的对象、贸易的主体已与以前大不相同，跨国公司内贸易迅速增加，一些原来在跨国公司之间进行的产业内贸易也将有一部分转为在跨国公司内部进行，并且跨国公司内部的贸易更多地表现为产品内贸易。跨国公司在垂直一体化国际投资战略中，往往直接掌控从事研究与开发或者关键零部件的生产，以确保技术领先的优势。对于普通、标准零部件则采用全球采购的虚拟一体化模式，以降低成本。这种战略导致国际贸易型式的变化：对应于前者，表现为精密零部件在公司内贸易中的比重不断上升；对应于后者，则表现为加工贸易在整个国际贸易中的比重持续提高，并有可能成为未来国际贸易的主要形式。

第三，使得国际贸易的动态利益地位日益突出。在产品内分工条件下，传统的以国家进出口额来计算国际贸易收支的统计方法已经不能准确反映一国的贸易利益。首先，由于资源的全球流动，出口产品并不是全部用本国要素生产，出口产品往往需使用进口原材料和中间产品，甚至大部分进口来自最终产品进口国。这在加工贸易中表现得尤为突出：一些加工出口产品往往大部分原材料、零部件来自国外，加工出口国只获得了极为有限的加工费。其次，由于跨国公司的作用及资源的全球流动，一国的出口产品可能不是"本国企业"生产的，而是外国甚至进口国跨国公司的分支机构生产的。出口收入因此并不为出口国所独享，外国企业可以将出口利润汇出国外。特别是当发达国家的跨国公司在发展中国家开展国际化经营时，它们还不可避免地会使用转移价格的手段转移利润，发展中国家所获得的直接贸易利益更是大打折扣。在此情况下，国际贸易的动态利益应成为发展中国家开展国际贸易、吸引外国投资的主要目标。一国能否从国际贸易中获益，主要看它对本国就业、税收、产业结构升级、国民收入、社会的现代化等方面的贡献。

第四，使得一国可行的贸易政策主要为厂商创造一个公平的竞争环境。在产品内分工条件下，由于国际分工网络的形成、各国国内市场的国际化，一国保护贸易政策实施的环境发生了很大变化，单纯考虑本国利益的贸易保护政策难以实现。保护的对象、保护效果、保护措施难以确定及奏效。因此，在产品内分工发展条件下，一国制定对外贸易政策时，应该适应全球化的需要，制定和完善鼓励竞争的贸易政策，在国内市场上为国内外厂商创造一个公平的竞争环境，鼓励本国厂商在国际竞争中成长、提高效率，并借助多边力量在国际市场上为本国厂商争取有利的国际竞争环境，应该是现实可行的贸易政策。

第五，使得国际相互依赖性增强。在产品内分工条件下，产品的生产过程包含了多个国家的投入，相关国家对这种分工的依赖性及其相互之间的利益关系，使得国家之间的依赖性增加，贸易摩擦有可能因此减少。对于发达国家来说，通过产品内分工方式可以把劳动密集和技术简单的工序环节转移到其他国家，同时把附加价值比较高的资金、技术等要素密集的经济活动区段保留在国内进行。同时，发展中国家通过在产品内分工的供应链和价值链上攀升，也获得了持续成长的现实可能性。在传统国际分工局限于行业、产品层面时，发展中国家通过初级产品参与国际分工谋求发展面临很多特殊困难；采用进口替代战略，实现产品升级，又受到技术、资金和市场规模等方面的约束。产品内分工为发展中国家通过参与简单加工区段，在符合比较优势原理基础上融入国际经济系统提供了切入点；同时为它们通过在产品内分工系统内升级进步谋求发展，提供了新的现实机遇。产品内分工为新的国际分工提供了新的现实条件，使得世界各国成为全球化进程的参与者、推动者和获利者。

（二）现实背景：中国出口规模不断攀升

改革开放前，中国由于特定的历史原因，经济上一直执行高度集中的计划经济体制，对外贸易制度也坚持国家统一管理、统负盈亏。这种贸易制度在一定时期内适应了中国经济发展需要，并随着国内外形势发展不断强化。但是，对外贸易在国民经济中长期处于从属地位，使得我国贸易体量、贸易范围等受到较大限制，贸易制度缺点逐渐显现。1978年，党的十一届三中全会拉开了中国改革开放的新篇章，经济体制从计划经济逐步向市场经济转变，对外贸易政策也发生了巨大变化。随着改革开放的不断深入，中国对外贸易取得了举世瞩目的成就，进出口总额不断上升，如表1.1所示。

表 1.1　　　　　　　　　　1978～2020 年中国进口和出口情况

年份	贸易总额（亿元）	出口总额（亿元）	进口总额（亿元）	贸易差额（亿元）	国内生产总值（亿元）	贸易依存度（%）
1978	355	167	187	−19	3678	9.65
1979	454	211	242	−31	4100	11.07
1980	570	271	298	−27	4587	12.43
1981	735	367	367	0	4935	14.89
1982	771	413	357	56	5373	14.35
1983	860	438	421	16	6020	14.29
1984	1201	580	620	−40	7278	16.50
1985	2066	808	1257	−448	9098	22.71
1986	2580	1082	1498	−416	10376	24.87
1987	3084	1469	1614	−144	12174	25.33
1988	3821	1766	2055	−288	15180	25.17
1989	4155	1956	2199	−243	17179	24.19
1990	5560	2985	2574	411	18872	29.46
1991	7225	3827	3398	428	22005	32.83
1992	9119	4676	4443	232	27194	33.53
1993	11271	5284	5986	−701	35673	31.60
1994	20381	10421	9960	461	48637	41.90
1995	23499	12451	11048	1403	61339	38.31
1996	24133	12576	11557	1019	71813	33.61
1997	26967	15160	11806	3354	79715	33.83
1998	26849	15223	11626	3597	85195	31.51
1999	29896	16159	13736	2423	90564	33.01
2000	39273	20634	18638	1995	100280	39.16
2001	42183	22024	20159	1865	110863	38.05
2002	51378	26947	24430	2517	121717	42.21

年份	贸易总额（亿元）	出口总额（亿元）	进口总额（亿元）	贸易差额（亿元）	国内生产总值（亿元）	贸易依存度（%）
2003	70483	36287	34195	2092	137422	51.29
2004	95539	49103	46435	2667	161840	59.03
2005	116921	62648	54273	8374	187318	62.42
2006	140974	77597	63376	14221	219438	64.24
2007	166924	93627	73296	20330	270092	61.80
2008	179921	100394	79526	20868	319244	56.36
2009	150648	82029	68618	13411	348517	43.23
2010	201722	107022	94699	12323	412119	48.95
2011	236401	123240	113161	10079	487940	48.45
2012	244160	129359	114800	14558	538580	45.33
2013	258168	137131	121037	16093	592963	43.54
2014	264241	143883	120358	23525	643563	41.06
2015	245502	141166	104336	36830	688858	35.64
2016	243386	138419	104967	33452	746395	32.61
2017	278099	153309	124789	28519	832035	33.42
2018	305008	164127	140880	23247	919281	33.18
2019	315627	172373	143253	29119	986515	31.99
2020	321556	179326	142230	37096	1015986	31.65

资料来源：依据《中国统计年鉴》，笔者自行整理。

从表1.1中可以看出，自1978年以来中国出口规模总体呈现增长趋势。中国进出口总额从1978年355亿元增至2020年321556亿元，出口产品总额从1978年的167亿元增长至2020年的179326亿元，进口总额从1978年187亿元增至2020年142230亿元，同时，进出口差额从-19亿美元增至2020年37096亿元。中国进出口规模、进口额、出口额和进出口差额均实现巨量增长。期间，外贸依存度从 1978 年 9.65%，增至 2006 年的峰值 64.24%，近年来稳定在 30% 左右。

综上所述，改革开放以来，中国经济持续快速增长，对外贸易规模也不断扩大。自加入 WTO 以来，与世界各国在各方面的联系不断加强，尤其是在经济方面，对外贸易飞速发展，出口贸易发展迅速，出口总额位居世界第一。中国的对外贸易虽然已经连续 7 年位居世界第一，但是近年来一直呈现大幅波动。尤其是，2018 年美国对华不断发动贸易摩擦，2020 年全球新冠肺炎疫情严重冲击全球供应链，这对中国对外贸易带来更多的挑战。

二、问题提出

改革开放是中国的强国之路，国际贸易是对外开放的主要实施路径。2017 年，中国重新成为第一大贸易国，其中，货物出口额占全球 12.8%，货物进口额占全球 10.2%，且贸易依存度为 33.6%。放眼全球，2017 年世界货物贸易取得六年来最强劲的增长，贸易增长与 GDP 增长之比高达 1.5，远高于金融危机之后 1.0 水平。但好景不长，2019 年中美贸易摩擦频繁，"逆全球化"思潮再次兴起。2020 年全球遭遇新冠肺炎疫情肆虐，经济全球化被疫情割裂，除中国外，主要经济体贸易均呈现负增长。

在国际经贸环境日趋复杂的背景下，如何继续发挥国际贸易的关键作用，推动中国经济高质量发展和持续增长，已成为政界和学界的难题。关于直接贸易的研究颇多，理论和实证成果丰硕，本书欲围绕间接贸易，破解间接贸易发展困境，指明间接贸易发展思路。

按照贸易商品种类，国际贸易分为货物贸易和服务贸易，也称有形贸易和无形贸易。依据加工程度，货物贸易又可分为初级产品、中间品和最终产品。有形商品贸易可在海关统计中反映，国内外学者对此研究颇丰。课题组发现，现实中存在特定有形商品贸易"隐藏"在其他商品贸易之中的现象，可能缘于规模较小和测算困难，"隐藏"贸易所受的关注有限。

随着生产复杂化和模块化的加深，产品内国际分工不断发展，越来越多的产品出口隐藏在其他货物出口中，如能源密集型产品出口，隐藏着能源的出口。部分学者逐渐注意到"隐藏贸易"的存在，尤其是 2012 年，世界钢铁协会对"隐藏"钢材出口进行系统研究，并首次将其定义为"间接贸易"。

通常，间接贸易是指商品生产国与商品消费国通过第三国进行商品贸易的行为。本书援引世界钢铁协会定义，间接出口指某产品隐藏在其他货物出口中，间接发生的出口，如船舶和汽车的出口中，带动着钢材的间接出口。相应地，将直接出口定义为某产品以最终产品的形式出口，如出口钢铁。

间接出口集中在基础性工业品（如钢材）、资源类产品（如二氧化碳和水）和能源类产品（如石油和煤炭），出口规模和影响值得关注。例如，2014 年中国间接出口钢材 0.7 亿吨，接近当年 0.9 亿吨的直接出口规模（彭徽，2017）。同时，在 1992～2010 年，能源隐藏水国际流动量占全球能源生产年耗水量一半左右（钟锐等，2014）。

缘于间接贸易的"隐蔽性"，主流国际贸易理论并未将"间接贸易"纳入分析框架。2020 年新冠肺炎疫情对间接贸易造成显著冲击，但产品内分工将持续深化，间接出口扩张趋势不改，迫切需要推进间接出口的定量研究和定性研究，提升"全方位对外开放"的水平。我们不禁思考，间接出口应如何测度？间接出口的驱动因素为何？间接出口的贸易结果为何？综上所述，间接贸易的研究尚处起步阶段，对间接贸易发展规律的认识亟待提升。

三、研究意义和研究目的

（一）研究意义

在理论价值方面：习近平主席指出"经济全球化是社会生产力发展的客观要求和科技进步的必然结果"①。在产品内国际分工背景下，大量资源类、能源类和原材料类产品将"隐藏"于最终产品的贸易之中。缘于间接贸易的隐蔽性和非典型性，经典贸易理论尚未将其纳入分析。本书尝试揭示间接出口的贸易动因、贸易结构和贸易结果，进而构建间接出口的贸易理论，既有助于把握间接出口的发展趋势，认清间接出口的发展规律，又有助于推动间接贸易研究，丰富国际贸易理论。

在应用价值方面：党的十九大报告提出建设"全面开放新格局"，要求"拓展对外贸易，培育贸易新业态新模式，推进贸易强国建设"。在中国重夺第一贸易大国的背景下，间接贸易作为一种"新"贸易形式，其贸易规模和贸易影响势必提升。通过探索间接出口测度方法、驱动因素和贸易利益，进而构建间接出口贸易理论，不仅能为政府管理间接贸易提供理论依据，而且能为政府调控间接贸易提供现实抓手。

需强调，研究间接出口具有较强的现实意义。一方面，全球经济增长放缓，国际贸易保护主义抬头，很多国家在对外贸易中实行限制进口以保护本国商品在国内市场免受外国商品竞争，并向本国商品提供各种优惠以增强其国际竞争力；另一方面，中国作为世界第二大经济体和第一大贸易国，既是工业品出口大国，也是资源和能源消耗大国。原材料

---

① 新华社. 习近平主席在世界经济论坛 2017 年年会开幕式上的主旨演讲 ［EB/OL］. (2017 – 01 – 08). http://www.xinhuanet.com/2017 – 01/18/c_1120331545.htm.

类产品的间接出口,有助于缓解国内产能压力,并绕开国际贸易壁垒;能源和资源类产品间接进口,有助于节省国内能源和资源消耗,并缓解国内环保压力。

(二) 研究目的

本书的研究目的主要有以下三点:

第一,基于非竞争型投入产出模型,改进间接出口的测度方法,推动定量研究。不同于现有文献多基于国内竞争型投入产出数据开展研究,课题运用各国非竞争型投入产出模型,旨在立足全球视角,建立更为一般化的间接出口测量方法,即覆盖更多的国家和产品。该方法数据更新快且可连续,特别是,该测度结果,可对比世界钢铁协会研究结果,进行实证检验。解决了投入产出法测度间接出口,逻辑可行,但无从检验的尴尬,增进研究方法的可信度。

第二,基于国际贸易理论分析框架,揭示间接出口的驱动因素,深化定性研究。经典国际贸易理论提到的贸易动因,如比较优势和企业异质性等,仅适用于直接出口,不能解释间接出口。由于间接出口隐藏在最终商品出口之中,其驱动因素呈多元化。综合贸易理论、生产成本理论和产业协同理论,揭示间接出口的驱动因素,构建间接贸易的贸易理论,并运用计量回归方法,检验钢铁间接出口的贸易动因,深化间接贸易的定性研究。

第三,揭示间接贸易存在的问题,并提出间接贸易发展路径。一方面,依据间接贸易定量分析工具和定性分析框架,揭示中国间接贸易存在的现实问题;另一方面,针对中国间接贸易的问题,借鉴国内外间接贸易研究成果和发展经验,提出中国间接贸易的发展路径,为政府宏观调控间接贸易提供参考。

四、主要观点和创新之处

（一）主要观点

第一，基于投入产出模型测量间接贸易，逻辑可行且方法简便。运用各国非竞争型投入产出模型，可建立更为一般化的间接贸易测量方法，即覆盖更多的国家和产品。对比世界钢铁协会研究结果进行实证检验，增进研究方法的可信度。

第二，贸易动因、贸易结构和贸易结果构成国际贸易理论研究框架。贸易动因即贸易产生的原因或驱动因素。贸易结构研究国际贸易的生产结构或分工结构。贸易结果是国际贸易持续展开的效果，其中贸易利益最为核心。国际贸易理论演进逻辑表现为贸易动因、贸易结构和贸易结果的不断推进和深化。

第三，间接贸易的贸易动因表现为四个因素：一级贸易品中二级贸易品的投入、一级产品的国际竞争力、一级产品的出口市场需求，以及一级产品的贸易成本。一级贸易品和二级贸易品在后面将详细辨析，此处以船舶出口带动的钢材间接出口为例，投入品钢材为二级产品，最终产品船舶为一级产品。

第四，间接贸易的贸易结果表现为五个方面：促进生产环节的专业化分工、提升生产环节的规模经济效应、增加消费化解过剩产能、促使贸易的隐性成本显性化，以及绕开贸易壁垒增加出口。

第五，间接贸易的发展路径为：提升一级产品的二级产品投入比重、促进和鼓励一级产品出口、加快实施企业联合出海、开发一级产品出口市场，以及减少一级产品的贸易成本。

（二）　创新之处

第一，提出新方法：结合投入产出模型，提出间接贸易测算方法。

与世界钢铁协会的生产系数法不同，本书结合投入产出模型，力图构建可用于测算资源类产品、能源类产品和原材料类产品的更为一般化的间接贸易测量方法，并以钢铁间接贸易为例，对比世界钢铁协会和中国钢铁协会研究结果，进行实证检验。

第二，探索新动因：依据贸易理论和生产理论，揭示间接出口的贸易动因。

与直接贸易不同，经典国际贸易理论难以解释间接贸易。参考主流国际贸易理论和生产要素需求函数，本书构建间接出口的贸易动因模型，并运用回归分析和格兰杰检验，实证检验贸易动因模型。

第三，构建新理论：基于"三问题"，构建间接出口的国际贸易理论。

随着产品内分工的发展，间接出口比重不断提升，间接贸易的影响不断扩大，间接出口的贸易理论亟待建设。基于贸易动因、贸易结构和贸易结果的理论框架，课题组构建间接出口贸易理论。

第四，提出新政策：围绕间接贸易的问题，提出间接贸易的促进建议。

理论研究的目的在于指导现实问题。针对间接贸易存在的主要问题，本书提出间接贸易的发展建议。一方面，为各产业发展间接出口指明方向；另一方面，为政府制定间接出口调控措施提供依据。

五、研究思路和结构安排

（一）　研究思路

本书聚焦"隐藏"的间接出口，提出间接出口的测量方法，探讨间接出口的贸易动因、贸易结构和贸易结果，并构建间接出口的贸易理论，进而认识间接出口的发展规律，指导间接出口的实际工作。研究思路主要由六部分构成。

第一部分针对间接出口，运用文献分析法，从定量研究和定性研究两个方面，对相关文献进行综述，并提出文献不足和课题研究的边际贡献。

第二部分运用投入产出方法，探索间接出口的测量方法；基于非竞争型国际投入产出表，测算钢铁间接出口规模。对比国内外研究结果，检验间接出口的测量方法，并进一步比较直接出口和间接出口的国际竞争力差异。

第三部分综合贸易理论、生产成本理论和产业链理论，分析间接出口的贸易动因。参考主流国际贸易模型和生产要素需求函数，构建间接出口贸易动因模型，进行回归分析和格兰杰检验。

第四部分分别从资源类产品、能源类产品和基础性工业品间接出口的视角，分析间接出口的贸易结构及其发展趋势。

第五部分分别从直接出口的经典贸易结果和间接出口的独特贸易结果两个方面，归纳间接出口的贸易结果。

第六部分依据国际贸易理论分析框架，揭示中国间接贸易存在的问题，并提出间接贸易的宏观调控和高质量发展建议。

具体研究思路和研究方法，用技术路线图 1.1 表述如下。

（二）研究方法

对照技术路线图，本书各部分主要研究方法如下：

第一部分（第一章和第二章）：文献分析法。针对间接出口的文献综述，采用文献分析法，综述间接出口的理论研究和实证研究，揭示文献的不足，并制定本书的工作方向。

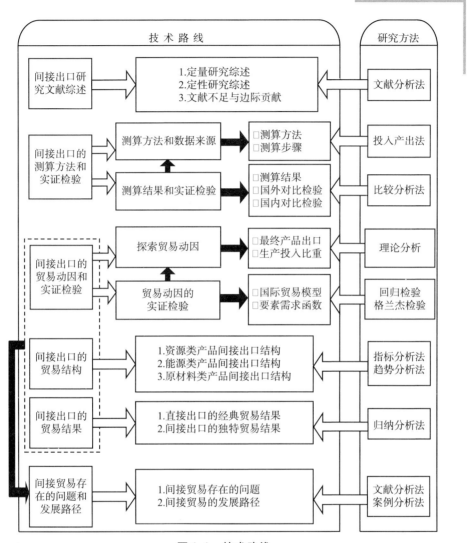

图 1.1 技术路线

第二部分（第三章至第五章）：投入产出法和比较分析法。一是基于投入产出法，提出间接出口的测算方法，并制定测算步骤。二是运用比较分析法，对比相关研究数据，检验间接出口的测算方法。

第三部分（第六章和第七章）：模型构建、回归分析和格兰杰检验。

一是基于理论分析，结合经典贸易理论和间接贸易特征，探寻间接出口贸易动因。二是基于主流国际贸易模型和生产要素需求函数，构建间接出口贸易动因模型。三是通过回归分析，检验贸易动因模型，并运用格兰杰检验，验证贸易动因。

第四部分（第八章）：指标分析法和趋势分析法。一是参照指标分析法，分析各类商品间接出口的商品结构和国别结构。二是运用趋势分析法，分析各类商品间接出口的发展趋势。

第五部分（第九章）：归纳分析法。结合各类商品间接出口的影响，归纳间接出口的贸易结果。

第六部分（第十章和第十一章）：文献分析法和案例分析法。通过文献分析法和案例分析，揭示间接贸易存在的问题，并提出间接贸易的发展路径。

（三） 结 构 安 排

本书聚焦三个问题：一是间接出口的定量研究，测量间接出口规模是认识和研究间接出口的前提；二是间接出口的定性研究，揭示间接出口的驱动因素是掌握和调控间接出口的核心，并依据国际贸易理论分析框架构建间接贸易理论体系；三是依据间接出口贸易理论，揭示中国间接贸易的问题，并提出中国间接贸易的发展路径。

本书结构安排如下：

第一章，绪论。从理论和现实两个方面介绍本书的研究背景，提出本书的研究问题，揭示本书研究意义和研究目的，提出主要观点和创新之处，并指明研究思路和结构安排。

第二章，概念辨析和文献综述。首先依据物理因素、经济因素和宏观调控三个视角，指明产品内分工的决定因素。辨析间接贸易的内涵，并指明产品内分工与间接贸易逻辑联系。进一步对产品内分工的定量和定性文献，以及能源类产品、资源类产品和基础性工业品的间接贸易文献进行综述，并提出文献不足和本书工作。

第三章，投入产出法测算直接贸易。为与间接贸易规模进行比较，本书使用投入产出方法测算直接贸易。分别测算资源与能源类产品、基础性工业品和生产性服务业产品的直接贸易规模，以及出口商品结构，并进一步测算三类部门占世界出口的比例。

第四章，间接贸易的测算方法。首先，提出测算方法和测算步骤。其次，对比直接消耗系数和完全消耗系数测算结果，并结合世界钢铁协会和中国钢铁工业协会的数据进行实证检验。依据投入产出法测算结果，进一步对比钢铁投入系数法，辨析两种测算方法的优劣。最后，以钢铁为例，测算中国钢铁的间接出口。

第五章，直接出口和间接出口的竞争力比较。为揭示直接出口和间接出口的差异，以钢铁贸易为例，在讨论钢铁产业国际竞争力迭代的原因后，分析生产要素和消费需求对国际竞争力的影响，并比较直接出口和间接出口的国际竞争力差异，进一步分析两种出口模式的竞争力差异与原因。

第六章，贸易理论逻辑体系和局限成因。首先，依据贸易动因、贸易结构和贸易结果三个视角，构建国际贸易理论的逻辑体系。其次，揭示产品内分工对主流国际贸易理论的冲击，并结合要素禀赋理论和新贸易理论说明主流贸易理论的局限成因。

第七章，间接贸易的贸易动因。分别从一级贸易品中二级贸易品的投入、一级产品的国际竞争力、一级产品的出口市场需求，以及一级产品的贸易成本四个方面，研究间接贸易的贸易动因，并以钢铁间接贸易为例，揭示钢铁间接贸易的贸易动因。同时，运用回归方法，进行实证检验。

第八章，间接出口的贸易结构。首先，分析资源与能源类产品、基础性工业品和生产性服务业品等三类部门的间接出口总体情况；其次，分别基于细分部门间接出口规模、细分部门间接出口商品结构，以及细分部门间接出口国别结构等三个贸易结构指标，分析三类部门的间接出口结构。

第九章，间接贸易的贸易结果。分别从促进生产环节的专业化分工、提升生产环节的规模经济效应、增加消费化解过剩产能、促使贸易的隐性成本显性化，以及绕开贸易壁垒增加出口五个方面研究间接贸易的贸易结果。

第十章，发展间接贸易面临的问题。分别从一级产品中二级产品的投入比重低、一级产品的出口竞争力偏弱、间接贸易增加值较低和综合贸易成本偏高等四个方面，揭示中国间接出口存在的问题。

第十一章，间接贸易的发展路径。分别从提升一级产品的二级产品投入比重、促进和鼓励一级产品出口、加快实施企业联合出海、开发一级产品出口市场，以及减少一级产品贸易成本等五个方面指明中国间接贸易的发展路径。

第二章

概念辨析和文献综述

一、产品内分工的决定因素

产品内国际分工不仅包括对终端产品生产制造过程的分解，也包括对某个终端产品的中间投入品生产制造过程的进一步分解。学术界目前普遍接受的观点是，产品内国际分工的蓬勃发展主要缘于交通和通信技术与设备的发展所导致的运输和通信等服务成本的下降、贸易和投资自由化导致贸易壁垒的拆除以及相应的交易成本的下降（Yi，1999，2003；Deardorff，2001；Jones，Kierzkowski & Chen，2004，2005；Lall，Albaladejo & Zhang，2004）。但是，这些观点显然不足以完整地揭示产品内国际分工成为世界经济潮流的全部因素。基于物理因素、经济因素和社会因素等三个视角，本部分讨论产品内国际分工的决定因素。

（一）物理因素对产品内分工的影响

所谓物理决定因素，是指产品或者其所属产业所固有的一些生产或制造特征。在一定的时期内，这些特征是客观的、稳定的。此外，笔者认为，在一定的时期内，产品的要素密集度也是客观和稳定（即不存在要素密集度逆反），因此也会影响分工的方式。

1. 产业特征与产品内分工

不同的产业具有不同的特征，其对应的国际分工方式也有所区别。以《联合国国际贸易标准分类》（SITC）分类法为例（因为国际贸易的产业内贸易就是根据该分类法进行统计分析的），一般认为第 1～4 类产品为初级产品，即食品和活动物，饮料和烟草，各种原材料、燃料和润滑剂，动植物油和脂肪，生产制造的迂回过程较短、环节较少，一般不会采用国际产品内分工的方式（不排除可口可乐这样的产品内国际分工模式）；第 5～6 类产品即化工产品和各类材料制品已经属于制成品，但是生产制造的迂回过程仍然较短、环节仍然较少，部分产品如编码为 6581 的各种包/袋可能会采用产品内国际分工的方式生产；第 7～8 类产品即各种机械、运输设备和杂项制品（家具、床上用品、旅游用品、手袋、服装鞋袜、科学仪器、照相器材、钟表等）因为产品结构比较复杂、零部件很多，生产环节的技术可分离性强，是采用产品内国际分工方式生产的主要产品；第 9 类即未分类产品中的第 93 类产品涉及电脑软件等新产品的国际贸易，也是可能采用产品内国际分工方式生产的产品。

2. 产品构造与产品内分工

从产品内国际分工的角度分析，不同的产品构造意味着不同程度的分解可能性，跨国界分散生产制造的可能性也不相同。一般而言，模块型构造的产品具有标准的接口界面，易于将生产制造过程进行非常深入的分解，并在不同的国家（地区）展开，典型的例子就是电脑以及各种消费电子产品。集成型构造的产品通常没有标准的接口界面，其功能元素与有形组件的结合形式是一对多或多对一的，其生产制造过程/环节之间的配合需要较多的默契（意会知识），跨国界（地区）的企业间分工会相对受限，但是并不排除分工（包括从企业内部到关联企业之间国际分工）的可能性，典型的例子就是汽车以及各种精密机床。在当今这个产品内分工蔚然成风的时代，如汽车这种典型的集成型构造产品就是全球分工合作的结果。

3. 要素密集度与产品内分工

无论是基于经验观察还是理论文献回顾，都会发现产品内国际分工与不同生产环节的要素密集度是息息相关的。在建立关于产品内国际分工的理论模型时，通常都会假定产品的不同生产环节具有不同的要素密集度（而且通常都会假定不存在要素密集度逆反），资本密集型环节会配置在资本相对丰裕的国家（地区），劳动密集型环节会配置在劳动相对丰裕的国家（地区），通过生产环节之间的交易实现生产要素的跨国界流动。因此，产品内国际分工并没有否定或者违背 H－O 模型的基本原理，只是放松了其关于生产要素不能跨国界流动因而产品只能够在一个国家（地区）内完成整个生产制造过程的假设。经验观察尤其是关于中国的实证分析也证实了这一点，即劳动力相对丰裕的中国在参与产品内国际分工的过程中，从事的主要是劳动密集型生产活动，因而所创造的附加值占整个产品价值的比重很小。由此可见，与产品不同生产环节的要素密集度紧密相关的国家（地区）之间的要素禀赋差异在产品内国际分工实践中具有决定性的作用。

（二）经济因素对产品内分工的影响

相对于传统的产业间分工和产业内分工，产品内国际分工依然会遵循基于技术差异和要素禀赋差异的比较优势以及基于规模经济的成本优势。但是，有所不同的是，由于产品内国际分工涉及各个生产环节之间的衔接配合以及零部件等中间产品（和服务）的交换，交易成本的重要性就凸现出来了。

1. 比较优势与产品内分工

比较优势对于产品内国际分工依然具有很强的解释力。不过，这种一致性并不能够掩盖现代比较优势理论与传统比较优势理论的差异。具体而言，我们认为它们之间有三点差异：第一，传统比较优势理论以产业/产品为单位，而现代比较优势理论以生产阶段/环节为单位；第二，传统比较优势理论假定比较优势的拥有者与利用者是一致的，而现代比较优势理论认为一个国家拥有的比较优势很可能被来自别的国家的企业所利用，比较优势发生了间接的转移；第三，传统比较优势理论假定要素（如劳动）是同质的，因此，要素相对价格差别越大越有利于国际分工，而现代比较优势理论认为要素（如劳动）是有差异的，过于悬殊的差异可能不能够满足生产制造的技术要求和产品质量要求，因此，国际分工不会扩展到那些要素价格很低但是要素质量也很低的国家或地区（如一些非洲国家）。

2. 规模经济与产品内分工

规模经济是否会影响甚至决定着产品内国际分工与贸易呢？从经验观察的角度分析，在产品内国际分工比较典型和集中的服装、电子及汽车产业，规模经济对于零部件供应商和终端产品生产商都至关重要。从理论分析的角度看，阿伦德（2000）认为在自由贸易条件下，产品内分工扩展到零部件可以增进福利，并可能因为零部件生产的空间集中产生规模经济效应从而进一步提高福利。格罗斯曼和赫普曼（2002）建立的模型同样认为国际外包伙伴的配对搜寻活动具有规模报酬递增的特点，越是零部件供应商集中的地方越容易产生国际外包型生产。众多关于产业集群（集聚）和产业区的文献也间接证明规模经济对于产品内国际分工具有重要的意义。按照马歇尔及其后来者的经典解释，这种产业集群和产业区形成的外部规模经济主要来自重要外部公共资源（基础设施）的共享、信息的交流、技术的交流、熟练劳动力的交流、专业化服务的供给、专业化技术的形成和专业化机械工具的发明等。

3. 交易成本与产品内分工

自从科斯（Coase, 1937）提出交易成本的概念以来，交易成本就成为经济学分析的一个不可或缺的元素。科斯认为交易成本就是使用价格机制的成本，而使用市场的成本可以具体分解为三种与信息相关的成本：第一，准备合同的成本；第二，达成合同的成本；第三，监督和实施合同的成本。交易成本一般被分为外生交易成本和内生交易成本两类。外生交易成本是指在交易过程中直接或者间接发生的那些费用，它不是由于决策者的利益冲突导致经济扭曲的结果，而是在决策之前就可以看到大小的，如运输成本、通信成本等直接或间接的外生交易成本。内生交易成本又可以分为广义和狭义两种：广义的内生交易费用是指所有参与者都做出了决策之后才能确定的交易费用，狭义的内生交易费用是指市场均衡同帕累托最优之间的差别，这种内生交易费用主要是由市场的不同参与者争夺分工好处的份额时的机会主义行为引起。产品内国际分工涉及分布在不同国家/地区的各个生产环节之间的衔接配合以及零部件等中间产品（和服务）的多次跨国界交换，交易成本的影响就越发重要了。

（三）宏观调控对产品内分工的影响

1. 产业政策与产品内分工

在产品内国际分工的大环境里，产业政策决定或左右着一个国家/地区的企业参与产品内国际分工的具体环节和生产阶段，其发挥作用的途径可以是产业指导意见、融资（优惠）安排、税收（减免）政策、能源（优惠）价格等。中国政府对钢铁、汽车、船舶、石化、纺织、轻工、有色金融、装备制造、电子信息、物流 10 大产业的调整和振兴规划。为减缓国外需求萎缩对中国的影响，中国上述规划几乎都包含了刺激消费、拉动内需的内容。中国政府不仅扩大对铁路、石化等领域的投资，还出台税费减免、补贴等措施，仅补贴农民购买家用电器和农用汽车等产品就可望拉动上万亿元产品的消费。

2. 外贸战略与产品内分工

在产品内分工下，基于李嘉图和赫克歇尔—俄林的比较优势很容易就拱手让给遥远的竞争对手。以出口导向和进口替代战略为例，以出口导向为重点的贸易战略往往以出口加工区、保税区、工业园区、高新技术区等方式吸引大量的国外投资，带动了以零部件进出口为主要内容的中间产品和服务贸易的发展，有利于促进产品内国际分工和贸易的发展，典型的例子如泰国的汽车产业，完全缺乏完整的国内汽车产业体系，仅依靠零部件的外部采购成为世界第三大轻卡车生产和出口基地。而进口替代战略往往要求较高且不断提升的本地化率，不利于资本和其他投入要素的跨国界流动，对产品内国际分工和贸易有阻碍作用，典型的例子如南非、巴西的汽车产业。

二、间接贸易的内涵和逻辑

（一）间接贸易内涵辨析

1. 间接贸易的内涵

2012 年，世界钢铁协会（World Steel Association）对"隐藏"钢材出口进行系统研究，并首次将其定义为"间接贸易"。本书援引世界钢铁协会定义，间接出口指某产品隐藏在其他货物出口中，间接发生的出口，如船舶和汽车的出口中，带动着钢材的间接出口。相应地，将直接出口定义为某产品以最终产品的形式出口，如出口钢铁。直接贸易可以直接进行价值和规模的测算，而间接贸易为隐藏在其他货物中造成的中间制成品的出口，需要通过计算和研究进行测算。

钢铁的间接出口则为耗钢产品的出口，例如，A 国生产 1 辆汽车需耗费 1 吨的钢铁，那么 A 国将 1 辆汽车出口到 B 国，就相当于 A 国向 B 国间接出口了 1 吨钢铁。

2. 与通常间接出口的区别

通常，间接贸易是指商品生产国与商品消费国通过第三国进行买卖商品的行为。其中，生产国是间接出口，消费国是间接进口，第三国是转口。例如，A 国将 1 吨钢铁出口到 B 国，B 国又将该吨钢铁出口到 C 国，在这个过程中，A 国向 C 国间接出口 1 吨钢铁，也即 C 国从 A 国间接进口 1 吨钢铁。

本书所说的间接出口与通常所说的间接出口之间存在着一定区别：第一，从出口的主体来看，本书所指的间接出口，出口主体是耗钢产品，如汽车、轮船等。而通常所说的间接出口的出口主体则是钢铁本身，如钢材、热轧卷等。第二，从测度方法来看，通常所说的间接出口，可以直接进行价值和规模的测算，而本书所指的间接出口是"隐藏"在其他产品中的出口，需要通过计算和研究进行测算。第三，从贸易流向看，通常所说的间接贸易是生产国商品间接出口至消费国，指生产国通过第三国家出口至消费国，其中第三国家是转口国；而本书所指的间接出口，是生产国直接将商品出口至消费国。

3. 与中间品贸易的区别

间接出口与中间品出口是不同的两种方式。联合国经社理事会统计司广义经济类别（Broad Economic Catalogue，BEC）分类法，把商品分为 7 大类 19 个基本类，并进一步按照产品的生产过程或使用原则，将商品分为资本品、中间产品和最终产品 3 个类型。其中，最终产品是消费者用于终端消费的产品，而中间产品（即中间投入品）是经过一些制造或加工过程、但还没有达到最终产品阶段的产品，包括半成品和零部件产品，是为最终产品的生产服务的，不能被消费者直接用于消费。

大量的国际贸易由中间产品、原材料构成，这些货物在到达最终消费之前需要当地的进一步加工，如果生产被视为在一定范围内的有序活动，即从初级原料的生产到消费者要求的最终产品的活动，发生在这个过程中的国际贸易就是中间产品贸易。例如，A 国向 B 国出口 1 吨钢材，B 国运用该吨钢材进行汽车生产，该吨钢材并没有作为最终产品供消费者消费。在这个过程中，A 国向 B 国出口的这 1 吨钢材就属于中间品出口。近年来随着国际分工的日益深化，中间产品贸易已经成为我国参与世界分工的重要表现形式，其重要意义已经能和一般商品贸易平分秋色，甚至略胜一筹。

中间品出口与本书间接出口的区别在于：一方面，从出口的主体来看，中间品出口的出口主体是钢铁产品，且该种产品并不作为最终产品供大众消费，而是被用于其他行业产品的生产，大多是经过初步加工的钢铁产品，如用于汽车生产的曲轴、齿轮等。而本书所指的间接出口，出口主体是耗钢产品，是钢铁经过深加工后的下游产品，如汽车、轮船等。另一方面，关于测度方法，中间品出口可直接进行价值和规模的测算，而本书所指的间接出口，"隐藏"在其他最终产品之中，需通过计算和研究进行测算。此外，从最终消费国看，在产业链不断延长的背景下，中间品需要通过多次加工和贸易才能制成最终产品，因此 A 国出口至 B 国的中间品，最终消费国可以是包括 B 国在内的众多国家；而 A 国对 B 国的间接出口，B 国以最终消费品形式进行购买，B 国既是进口国，也是消费国。

中间品出口与通常所说的间接出口相比较，其主体都是钢铁产品，但前者出口的产品不能直接被消费者所消费，而是要被投入到其他产品的生产中去。后者出口的产品作为最终产品直接被消费者消费。在测度方面，二者都可以直接进行价值和规模的测算。

（二）产品内分工与间接贸易逻辑联系

产品内分工指以工序、区段、环节为对象的分工体系。间接贸易是指某产品隐藏在其他货物贸易中，间接发生的贸易。具有产品内分工属性的最终产品出口，就会产生间接贸易，例如，钢铁生产是船舶生产的内部环节，船厂和钢厂进行产品内分工，船舶出口带动钢铁出口。因此，产品内分工是间接贸易运转的环境基础，产品内分工理论奠定间接贸易的理论基础。

1. 产品内分工与主流分工方式的区别

国际贸易是社会分工发展到一定阶段，国民经济内部交换超越国家界限发展的结果。按照分工的细化程度，国际分工可归纳为产业间分工、产业内分工和产品内分工三种形式。

产业间分工（inter-industry specialization）是国际分工产生和发展的最初阶段，指各个国家按照要素结构或相对价格差异在不同产业间进行分工，通常形成以垂直分工为特征的国际分工格局。产业间分工是产业间贸易的理论基础，主要由以绝对优势和比较优势理论为核心的古典国际贸易理论，以及以要素禀赋理论为核心的新古典贸易理论来解释（见第三章）。

产业内分工（intra-industry specialization）是基于不完全竞争市场和规模效应下，不同规格、不同款式的同类产品之间的专业化分工，通常表现为发达国家之间的水平贸易。产业内分工是产业内贸易的理论基础，主要由以不完全竞争和规模经济为核心的新贸易理论解释。这两种分工形式都是研究最终产品的分工和交换，暗含某种产品只在某国独立完成的假设。

产品内分工与上述两种分工的区别在于：（1）产品内分工研究的是中间产品的交换或中间环节的分工；（2）产品内分工中，生产的分工不仅可以在同一国家或产业之中，也可以散落于不同的国家和产业间。

可见，当产品内的不同分工属于同一产业，产品内分工表现为产业内分工的深入；当产品内的不同分工属于不同产业，产品内分工表现为产业间分工的深入，因此，比较优势（要素禀赋视为对比较优势的解释）、规模经济也可以用来解释产品内国际分工的成因。

2. 产品内分工引致间接贸易

这种分工和贸易方式与传统的产业间和产业内国际分工与贸易具有显著的区别，具体地分析：第一，产品内国际分工与贸易跨越了传统的产业间和产业内国际分工与贸易的界限，在产品内部分工的基础上同时涵盖产业间和产业内国际分工的属性和行为；第二，打破了公司间和公司内贸易的藩篱，同一个产品的不同生产环节或零部件既可以由分散在不同国家却隶属于同一家跨国企业的子公司完成，也可以交给毫无产权关系联系的外部企业以市场交易的方式完成；第三，将国内分工与国际分工有机地融为一体，即专业化经济的增长和交易效率的提高将原本在国内开展的产品内分工扩展到了国际范围去实现。

由此可知，产品内分工与间接贸易的联系和区别体现在两个方面：

一方面，生产的过程。卢峰（2004）认为，产品内分工下生产过程的广义理解是：包含产品设计、制造、流通，最后到达消费对象的整个流程，即包含供应链概念所涵盖的经济活动。而对比间接贸易的概念，特定商品正是由于产品内分工的深化，在生产中融入最终产品，伴随着最终产品出口而实现自身的间接出口。

另一方面，产品的范畴。在产品内分工视角下，卢峰（2004）认为产品可分为一级产品和二级产品。一级产品是能独立发挥某种消费和生产功能的物品。二级产品在自身形态上不具备独立的消费和生产功能，但是通过组装、连接或加工等程序，以原生或转换形态构成一级产品的特定组成部分。例如，计算机可以独立消费为一级产品，而计算机生产过程中投入的芯片为二级产品，即芯片不具备独立的消费和生产功能，只能通过组装和加工后成为计算机的特定组成部分。

对比间接贸易的概念，以原材料和中间产品形态间接出口的产品类似二级产品，而最终出口产品则类似一级产品。例如，耗钢型产品汽车的出口，汽车可以独立发挥消费和生产功能为一级产品，钢材经过组装和加工后成为汽车的特定组成部分，表现为二级产品。不同之处在于，资源和能源产品、基础性工业品和生产性服务业产品都同时具备中间消费和最终消费的功能。以钢材为例，对于汽车厂商来说，钢材作为最终消费品被厂商消费；对于购买汽车的消费者，钢材作为中间消费品被购车者消费。

综上所述，围绕间接贸易的概念，本书将"产品"的范畴拓展为：资源和能源产品、基础性工业品和生产性服务业产品为二级产品，投入二级产品生产而成的产品为一级产品。与卢峰（2004）区别在于，不仅一级产品可以独立消费和使用，二级产品也可以独立消费和使用，而并非半成品。

（三）从间接贸易到真实需求

目前，国内需求按照海关统计的贸易数据进行计算，则国内需求＝国内生产＋净进口，并没有将"隐藏贸易"包含其中。随着经济全球化进程的加快和产品内国际化分工的发展，越来越多的产品出口隐藏在其他产品的出口中，海关贸易数据无法反映特定产品的国内真实需求，考虑"隐藏贸易"后，国内真实需求＝国内生产＋净进口＋净"隐藏"进口。

随着"隐藏贸易"规模的不断扩大，各领域也逐渐注意到"隐藏贸易"的存在。以钢铁为例，2012年，世界钢铁协会对"隐藏"钢材出口进行系统研究，首次将其定义为"间接贸易"，并指出其最重要用途是估算真实的钢铁需求（若无说明，书中间接贸易指"隐藏贸易"，下同）。

所谓"钢铁需求"，是指在一定时期，一个国家或地区的用户愿意并有能力按照一定价格购买钢铁产品的数量（如钢筋、热轧和冷轧钢卷、盘条、无缝钢管等）。钢铁采购也可增加钢铁需求，无论其目的是为增加库存还是用于生产。

关于钢铁需求如何测量，世界钢铁协会已开发出几种测量钢铁需求的方法。其中最常使用的是表观用钢量（ASU），表观消费量表示为钢铁交货量减去净出口量所得值。世界钢铁协会使用的计量单位是公吨。表观用钢量可用于计算成品钢产品或等值粗钢。

不过，这种方法虽然精度较高，但是需要有关钢铁交货量的高质量数据（或者如果未报告交货量，也可使用钢铁产量数据）。如果没有提供成品钢数据，或者成品钢数据不够精确，也可使用等值粗钢数据。

还有一种方法虽然也遵循表观用钢量的计算方法，但同时还考虑库存水平的变化。这种方法测量的是实际用钢量（RSU），实际用钢量被定义为表观消费量减去净库存累积量。由于库存变化数据不易获取，因此实际用钢量通常只是估算值。我们假设认为钢铁消费产业的活动（概括表示为钢铁加权工业生产指数，SWIP）与实际消费趋势之间存在直接关系，在此基础上，使用SWIP方法结合表观用钢量方法估算实际用钢量，可用于推断库存变化情况。通常，实际用钢量被用于计算成品钢产品。

虽然上述两种方法在估算钢铁需求时，都考虑了钢铁产品贸易（钢筋、型钢、钢卷、钢管等），但却没有考虑汽车、轮船、机器、白色家电等含钢产品的贸易，即钢铁间接贸易。钢铁间接贸易的概念很重要，因为该概念使得我们能够测量一个国家的"真实"的钢铁需求，即满足该国日常需求所需的钢材。

例如，如果A国生产1辆汽车使用1吨钢材，并将该汽车出口到B国，则A国的表观用钢量和实际用钢量将增加1吨，但是A国的真实用钢量却没有增加。相反，B国的真实用钢量却增加。

为此，世界钢铁协会制定了真实用钢量（TSU）的概念。真实用钢量是从表观用钢量减去净间接出口量。这样就可以更好地理解影响一国钢铁需求的各种因素。另外，对将来产生的废钢也将有重要影响。与表观用钢量一样，真实用钢量也可表示为成品钢产量或等值粗钢。

为定义国内钢铁需求水平，最方便的因素是钢铁产品的产量、出口量和进口量，即表观用钢量。不过，在许多国家，在表观用钢量中，有相当一部分钢材被国内制造业制造成出口产品，从而这部分钢材以制成品的形式离开该国。另外，在多数国家，钢材还以加工品形式出现在市场上。

通过对间接贸易的深入研究，有可能改进需求计算方法。钢铁间接贸易涵盖含钢产品的进出口。例如，一般汽车或轮船都含有许多不同种类的钢材，在计算真实用钢量时，如果是出口1辆汽车，则应当在国内需求量中减去生产该汽车过程中使用的钢材；如果是进口，则国内需求量将加上生产汽车过程中使用的钢材。

间接钢铁贸易统计数据还有另一个用途，即体现不同国家或不同时期用钢产业的部门格局，以及用钢产业的开放程度。这些信息将深化对全球钢铁行业的认识，提高预测钢铁行业长期发展趋势的能力。从原料角度看，为了更加准确地估算一个国家的未来废钢产量，也有必要考虑钢铁间接贸易。

三、产品内分工的文献综述

阿伦德（1997）提出产品内分工思想，奠定间接贸易的理论基础。产品内分工指以工序、区段、环节为对象的分工体系。间接贸易指某产品隐藏在其他货物贸易中，间接发生的贸易。具有产品内分工属性的最终产品出口，就会产生间接贸易，例如，钢铁生产是船舶生产的内部环节，船厂和钢厂进行产品内分工，船舶出口带动钢铁出口。因此，产品内分工理论为间接贸易奠定了理论基础。

（一）产品内分工的测算

巴拉萨（Balassa，1967）和芬德莱（Findlay，1978）较早地观察到，产品制造过程中的不同工序和环节被分散到不同国家进行，全球生产价值链条切片式地分布于若干个国家的经济现象。阿伦德（1997）将上述现象描述为产品内分工（intra-product specialization），其他学者也提出一些类似的术语，如外包（Katzand Murpy，1992）、价值链分离（Krugman，1995）、生产地址分离（Ixamer，1996）、片段化（Jones & Keirzkowsk，1997）和中间品贸易（Antweiler & Trefler，2002）。

芬斯特和汉森（Feenstra & Hanson，1997）使用进口中间投入品数值作为产品内贸易的指标。计算进口中间投入品数值的方法是，先将一国某个产业购买的每种类型的投入品价值乘以对应的各类型投入品的进口份额，累加后得出该产业进口中间投入品的价值；然后再对所有产业进口中间投入品价值相加，就可得出该国进口中间投入品的总价值。赫莫尔斯（Hummels）等的计算方法与此差异较大，他们首先明确界定了垂直专业化这一概念，并给出基于这一概念而进行的贸易活动的计算方法和公式。赫莫尔斯等界定垂直专业化的关键特征是，一国进口的投入品被用于生产该国的出口产品，这一概念强调两个观点：产品的生产至少依次在两个国家完成；在产品的连续生产过程中，加工中的产品至少两次跨越国境。在这种连续生产的过程中，一国从另一国进口产品，将其当作投入品用于本国自己产品的生产，然后再把自己生产的产品出口到其他国家，当最终产品到达最终目的地的时候，这个连续的过程才结束。垂直专业化这一术语就是描绘了这一连续的生产过程。与其相对照，水平专业化是指产品从头至尾在一个国家内完成，然后进行交换。在不同的国家被垂直地联系在一起时，即国际化生产促使不同的国家专业化分工于产品生产的特定阶段时，国际贸易随着国际化生产的增加而增加。赫莫尔斯等明确给出了垂直专业化的三个条件：产品的生产包括两个或两个以上连续的阶段；在产品的生产过程中，两个或两个以上的国家提供了价值增值；至少一个国家在产品的加工阶段中必须使用进口投入品，而且这一使用进口投入品生产出来的产品必须部分地用于出口。田文（2005）借鉴卢峰的概念，并比较了芬斯特和赫莫尔斯提出的中间产品贸易的不同计量方法。

此后，张胜满和张继栋（2016）、任志成和戴翔（2014）等实证产品内分工条件下贸易自由化对环境规制的影响，以及对产业出口竞争力的影响。冉捷敏（2017）通过归纳和梳理产品内分工背景下国际分工地位测度的研究脉络，并分析了该背景下基于企业的国际分工地位的影响因素，认为在全球价值链背景下，产品内国际分工地位的测度的深化研究有助于纠正传统贸易"统计假象"。张纪和刘技文（2018）认为在全球价值链分工网络上以最终产品价值为统计口径的官方总值贸易统计难以满足当前全球产品内分工的分工环境，垂直专业化等有关国际贸易利益测算的研究用以补充传统贸易统计体系的不足，反映国际贸易分工背景下的各国利益分配机制和真实贸易利得。陈颂和卢晨（2018）采用动态高斯混合模型（GMM）估计方法，对中国参与产品内国际分工的技术溢出效应及其影响因素进行了实证研究，认为以出口中间品方式参与国际产品内分工产生了显著的正向技术溢出效应。

（二）产品内分工的经济效应

产品内分工与贸易基础、贸易模式与福利的研究延续了传统国际贸易理论的研究范式，即对国际贸易发生的基础、进出口贸易模式、贸易发生后对不同国家和整个世界的福利影响进行解释。产品内分工与贸易在此方面的研究基本上采用李嘉图比较优势理论和 H－O 模型的思想，将产品内分工的基础归结为比较优势，其基本分析逻辑和结论与传统贸易理论是类似的。区别只在于：传统贸易理论中的比较优势表现在不同的产品上，而产品内分工理论分析中的比较优势则表现在产品的不同生产阶段上。按照李嘉图比较优势理论来解释，两国按照相对劳动生产率差异决定的比较优势进行分工；按照 H－O 模型来解释，两国按照相对要素禀赋差异决定的比较优势进行分工，即产品在每一生产阶段上的要素密集度是不同的，最终产品的要素密集度只不过是各个生产阶段要素密集度的加权平均值。

约翰和科尔佐克万斯基（Jones & Kierzkowski，1990）较早地分析了产品内分工的动因，并认为其来自比较优势和规模报酬两个方面。芬斯特（Fenster，1996）的连续模型作为产品内分工效应的经典模型，经常被国内外学者参考。这个模型分析了国际分工对参加方的产业升级效应和技术进步的带动作用。阿伦德（1997）通过对传统贸易模型的修正，立足资本丰富的发达国家角度，证明产品内分工在提高其最终产品国际竞争力的同时，改善了该国的福利。对于资本丰富的发达国家而言，如对与进口品相竞争的劳动密集型产品实施产品内分工，将更为劳动密集型的生产阶段外包给劳动丰富的国家进行生产，对参与产品内分工的两个国家而言，都会增加就业和工资。但是，如果资本丰富的发达国家如对资本密集型的出口产品实施产品内分工，该国的工资则会下降，迪尔多夫（Deardorff，1998）认为产品内分工是专业化技术带来的成本节约与额外资源使用成本之间权衡的结果，当节约的生产成本超过额外的交易成本时，产品内分工就会开展。赫莫尔斯、艾什和易（Hummels, Ishii & Yi，2001）直接提出产品内分工为中国等发展中国家工业化进程中的产业结构升级提供了新的路径。迪尔多夫（2001）在扩展的李嘉图框架下和扩展的 H – O 框架下分别分析了产品内分工与产品内贸易，认为对于一个开放的贸易小国来说，中间投入品的市场价格才是决定生产和贸易的主要条件，若价格较低，该国就会将这个中间投入品转移到外国进行生产；若价格比较高，本国就进行专业化生产。格罗斯曼和赫普曼（2002）比较封闭条件下生产一体化和外包之间的相对优势，继而讨论外包的区位选择问题，奠定研究外包的理论基础。之后，格罗斯曼和赫普曼（2003）增加 FDI 对外包的影响，格罗斯曼和赫普曼（2004）又引入产权理论。芬斯特和汉森（2005）从中国加工贸易实证的角度，揭示企业所有权和外包之间的关系。

在国内，卢锋（2004）认为生产工序的可分离性是产品内分工的前提，且运输成本和跨境交易成本也是产品内分工的决定因素。孙文远（2006）指出产品内分工的动因来自五个方面：生产过程的可分性、要素的异质性、交易成本、贸易自由化和各国政策鼓励。姚金华、王东和赵天南（2014）从技术进步、比较优势和交易成本三个方面考察了产品内分工产生的动因，认为比较优势是产品内国际分工产生的基础，规模经济则进一步强化了这种分工方式。郝凤霞和王彩霞（2016）认为产品内分工背景下全球产业链中各个环节存在需求规模临界点，只有突破临界需求，才能扩大产品内分工的利益。朱燕（2018）认为在马克思主义"中心外围"视角下，国际产品内分工格局中的资本主义中心国家掌握核心技术，占据全球价值链的高附加值环节。

可见，产品内分工是间接贸易的发展背景。对照卢峰的界定，本书所指间接贸易是一级产品贸易中所包含的二级产品的贸易。垂直专业化指数及其推广方法是测度产品内分工程度的主要方法。与经典国际贸易理论类似，产品内分工的动因同样来自比较优势、规模效应、交易成本和企业异质性等方面。

（三）产品内分工的组织方式

芬斯特和汉森（2005）认为，贸易理论已使用一般均衡模型解释了生产地点决策，但抽象掉了跨国企业在产品内分工过程中的企业边界决策。赫普曼（2006）则明确指出：贸易理论新的关注领域是单个企业的组织选择。按照他们的理解，贸易理论应将产品内分工模式下跨国企业的组织方式选择纳入研究范围。实际上，最新的贸易理论确实一直在努力对这一问题做出解释：为什么有些跨国企业利用外国直接投资（FDI）方式、在海外设立子公司来加工中间产品，而另一些跨国企业却选择了海外外包方式来获得中间产品？在最近的研究中，贸易理论研究者将现代企业理论引入了贸易模型以对跨国企业的组织选择做出解释。斯潘森（Spencer，2005）曾按照现有文献的研究方法及研究问题将已有成果分为五类进行总结，但实际上很多文献是将各种方法（如产权、交易成本、制度分析等方法）结合起来进行分析的。研究结论一般认为，跨国企业是从不同产权安排方式下的激励程度、分工合作的交易成本、参与国的制度环境等方面进行组织选择决策的。

芬斯特和汉森（2005）建立了全球外包模型用于分析中国的加工贸

易问题，模型的基础是 Gross – man – Hart – Moore 产权理论和 Holmstrom – Mil – grom 激励制度分析框架。在这一分析框架中，当事人利用对生产性资产的控制权来减轻因为不完全契约造成的敲竹杠问题。跨国企业在中国从事出口加工业务，对于加工工厂的所有权和投入品购买的控制权，是由一方掌握，还是分别掌握，依照地区和行业而有所区别。从地区角度看，在中国南部沿海省份，通常的情况是跨国企业拥有工厂的所有权，中方拥有投入品的采购权；而在内陆和北方省份，较为普遍的情况是跨国企业将二者集于一身。这是因为，中国南部沿海省份出口市场厚度大、契约执行成本低，因而投资专用性低、被敲竹杠的成本小，而内陆和北方省份则相反。从行业角度看，相对于低附加值行业（如服装）而言，对于高附加值行业（如办公设备），跨国企业更为普遍地将工厂的所有权和投入品的采购权进行分离。这是因为，在双方的投资对于项目价值都是至关重要的情况下，二者的分离是最优的，这有利于增强双方的投资动机，而这正是高附加值的加工活动所需要的。

纳嗯（Nunn，2005）认为当生产中需要特定关系投资时，如果契约不能得到执行，会出现投资不足的情况。投资不足引起的效率损失随行业而不同，这取决于特定关系投资在生产过程中的重要性。这样，一国的契约环境可能是比较优势的重要决定因素。为检验这一点，纳嗯构建了跨国家契约执行效率和跨行业特定关系投资重要性的度量方法，结果发现，契约环境较好的国家专业化分工于严重依赖特定关系投资的行业。勒夫成科（Levchenko，2004）在 Grossman – Hart – Moore 契约不完全性框架下，将制度差别引入贸易模型。通过将制度与劳动生产率相提并论，推翻了很多结论。制度差别使较不发达国家可能无法从贸易中获益，要素价格可能因为贸易而拉大差距。勒夫成科还利用美国 1998 年按国家和行业分类的进口数据，分析了贸易的制度含量问题，结果证明制度差别是贸易流动的重要决定因素。

四、间接贸易的文献综述

20 世纪 80 年代，坎普和隆格（1984）较早察觉到能源品的间接贸易，并指出传统的贸易理论并不能解释能源贸易。世界钢铁协会（2012）首次定义钢铁的间接贸易，并指出其最重要用途是估算真实用钢量。间接出口集中在能源类产品（如石油和煤炭）、资源类产品（如二氧化碳和水）和基础性工业品产品（如钢材），出口规模和影响值得关注。下面分别从产品内分工研究、资源类产品间接贸易研究、能源类产品间接贸易研究和基础性工业品间接贸易研究作一综述。

（一）能源类产品的间接贸易研究

随着产品内分工的发展，间接贸易逐渐引起关注，学者发现能源类产品的间接贸易对环境具有重要影响，相关定量研究首先聚焦在能源类产品上。

1. 能源类产品间接贸易的定量研究

20 世纪 80 年代，坎普和隆格（1984）较早察觉能源品的间接贸易，指出能源产品不仅是一种制成品，也是一种重要的要素投入，传统的贸易理论并不能解释能源贸易。兰泽（Lenzen，1998）基于投入产出法，讨论澳大利亚最终消费的能源和温室气体排放的关系。西迪奇（Siddiqi，2011）讨论中东和北美贸易中导致的水能源流动。伦德、伍林格和布洛克（Reinders，Vringer & Blok，2003）采用投入产出分析方法，度量非能源产品贸易中包含的能源间接贸易量，并讨论印度贸易中能源的隐藏量。

沈利生（2007）利用投入产出模型测算 2002～2005 年我国货物进出口对能源消费的影响，并指出外贸在能源方面对经济具有正面影响。张兵兵等（2016）、王美昌等（2015）、崔连标等（2014）和谢建国等（2014）都认为应注重隐藏在贸易品中的能源间接贸易，及其对经济和环境的影响。李坤望和孙玮（2008）基于经典能源贸易理论的框架分析，发现我国普通非能源商品贸易中隐藏的能源输入输出量，远高于能源产品的直接贸易量，从而验证传统能源贸易理论。李众敏（2006）等以企业为依据，把国内企业分为不同的类型，通过加权得到能源间接进出口比例，进而算出能源间接进出口数量，该方法的缺陷是需要得到全国所有进出口企业进出口产品和能源方面的统计资料并进行统计分析，而这是一项非常困难的工作；若要选择有代表性的企业进行抽样调查分析，样本的选择至关重要。陈向东等（2006）、王娜等（2007）、陈迎等（2008）和陆建明（2011）等认为能源的进出口不能局限于直接贸易量，还应注重隐藏在贸易品中的能源间接贸易，通过构建能源的投入产出表和标准能耗折算系数，测量能源类产品的间接贸易规模。

2. 能源类产品间接贸易的定性研究

大量学者采用投入产出分析方法，度量非能源产品的贸易中，包含的能源间接贸易量，分别讨论巴西国际贸易对其能源消耗的影响程度、欧盟间接贸易中隐藏能的数量，以及印度贸易中能源的隐藏量，并用以分析本国的能源贸易（Machado，2001；Reinders et al.，2003；Mukhopadhyay，2004）。曹俊文（2009）认为1996~2005年我国工业对外贸易中能源处于间接净进口状态，并指出能源间接进出口量主要取决于两个因素：一是贸易顺差（或逆差）规模的影响；二是商品进出口结构的影响。克瑞斯特和赫莫尔斯（Cristea & Hummels，2013）指出国际贸易直接带动国际货运的快速发展，而温室气体是国际货运的产物，因此国际贸易也间接带动温室气体的大量排放。钟锐等（2014）认为巨大的能源隐藏水国际流动，使各国水资源配比发生一定程度的改变。林伯强和刘鸿汛（2015）指出对外贸易通过进口产品技术外溢和出口中学两种途径，对能源环境效率起到促进作用。

总之，学者们较多地运用投入产出法，构建能源的投入产出模型，分析能源类产品的间接贸易规模。能源类产品的间接贸易受到多方面的影响，其中贸易规模和贸易结构是关键。

（二）资源类产品的间接贸易研究

近年来，由于自然资源需求的日益增长、环境的约束，低碳经济下资源的约束以及自然资源不均衡的分配和使用等原因，引起了对自然资源和自然资源贸易的研究。随着全球贸易的增长，如果不考虑资源类产品的间接贸易将会低估资源出口国实际出口的资源量，低估贸易对资源出口国环境的影响。

1. 资源类产品间接贸易的定量研究

欧盟统计局经济系统物质流账户通过对间接流的研究定义了原始资源当量的概念，原始资源当量是指贸易产品在其整个上游产品链上所有使用的原始资源。欧盟统计局 2001 推荐利用投入产出模型或混合投入产出模型来计算原始资源当量。威斯（Weisz，2006）利用三种模型对丹麦 1990 年贸易产品的原始资源当量进行了比较，认为由于价值型模型中价格在部门中的一致性假设通常不成立，而实物型模型在测量服务部门的实物量上又不合适，因此利用混合型模型测算的原始资源当量通常最为可靠。格罗斯曼（1991）采用一般均衡模型对 NAPTA 的贸易影响进行探究，发现自由贸易虽减少了发达国家的环境污染，但却增加了发展中国家的碳排放量，从总体上来看，自由贸易增加了全球的碳排放污染。彭海珍（2006）采用实证分析的方法对中国制造业进行研究，通过比较对外贸易对环境带来的正影响和负影响证明中国制造业对外贸易恶化整体环境。闫云凤（2009）运用投入产出法计算 1997 年以来 10 年间中国和美国之间贸易对两国的碳排放量影响，结果发现，两国之间的贸易减少了美国的碳排放量，增加了中国的碳排量，总体上增加了全球的碳排放量，进而证明了国家之间存在通过贸易转移碳排放的现象。许广月（2010）采用实证分析的方法对中国27年间的碳排量进行计算，并研究了碳排放量和经济增长、出口量之间的关系。初步研究发现出口是碳排放的格兰杰原因，经济增长不是碳排放的格兰杰原因，之后通过脉冲序列的研究方法推出出口对碳排放的影响在各期不断加强。

2. 资源类产品间接贸易的定性研究

2008年世界贸易组织（WTO）世界贸易报告的主题是自然资源的贸易，同时也促进了对资源类产品间接贸易的关注，众多学者都对贸易内涵资源进行了研究（Munoz，2009；Bruckner，2012；Wiebe et al.，2012）。科普兰德和泰勒（Copeland & Taylor，1994）提出"污染天堂"经典假说，讨论资源的间接贸易及其影响。茨尼斯基（Chinisky，1994）经过研究得出结论：如果国际社会不明确界定产权，那么对外贸易会使发展中国家继续扩大环境污染，造成资源过度消耗。科普兰德（2003）研究了国际贸易对本国和别国造成污染的实际原理，并且采用一般均衡分析的方法对这一原理进行了研究，证实了这一观点。瑞伊（Rhee，2006）等以日本和韩国之间贸易为例探究了附件国和非附件国之间的碳泄漏问题，结果显示：虽然非附件国韩国在两国贸易中是净进口国，但是日韩贸易中韩国是贸易隐藏碳的净出口国。田明华（2016）指出林产品贸易自由化和保持木材供应适度偏紧，有利于木材资源的保护。刘宇（2015）提到中国贸易转移的隐藏碳排放有限，应立足国内，发展低碳经济。

总体来看，关于资源类产品间接贸易的定性研究比较少。资源类产品间接出口的研究主要集中在出口隐藏碳方面，大多数学者认为对外贸易加剧了全球二氧化碳排放量。

（三）基础性工业品间接贸易研究

随着产品内国际分工不断发展，间接出口规模也不断提升，部分基础性工业品的间接出口规模甚至接近直接出口。以钢铁产业为例，按世界钢铁工业协会测算，2014 年中国间接出口钢铁 0.7 亿吨，接近当年 0.9 亿吨的直接出口规模。基础性工业品间接贸易的研究，集中在钢铁产品。

1. 钢铁间接贸易的定量研究

世界钢铁工业协会自 1974～1996 年，就尝试多种方法分析钢铁的间接贸易。其工作核心，一是将产品的钢含量表示为其重量的百分比；二是测算生产一吨产品需要消耗的钢铁量。莫拉佐尼和斯泽克滋克（Molajoni & Szewczyk，2012）指出有四种测算间接贸易量的方法：通过对钢铁生产商的调查、对制成品生产商的调查、进行相关市场研究，以及利用现有知识和统计资料的计算。何永达等（2013）认为钢材间接贸易较多产生于"机械与运输设备类"商品出口，进而估算钢材的间接贸易量。彭徽等（2013）基于钢铁间接贸易较多产生于"机械与运输设备类"商品出口的判断，遂基于机械与运输设备，估算钢铁的间接贸易量。2015年定量研究获得突破性进展，世界钢铁协会（2015）提出钢铁间接贸易的计算方法和使用的分类方法，测度钢铁系数（产品的含钢量），并首次测算全球各主要产钢国 2000～2013 年的钢铁间接出口量。中国钢铁工业年鉴（2016）分析中国主要用钢行业的用钢规模，如机械、船舶和汽车等，可以据此折算主要用钢行业的单位产品中钢铁的投入比重，为研究钢铁间接贸易提供参考。

2. 钢铁间接贸易的定性研究

世界钢铁工业协会（2008）指出间接贸易是钢铁需求的重要组成部分，是隐藏在含钢制成品的进出口贸易中，间接发生的钢铁贸易，并指出金属产品、机械机器、电气设备、家用电器、汽车及其他运输业是主要的耗钢产业。莫拉佐尼和斯泽克滋克（2012）指出间接贸易是钢铁需求的重要组成部分，钢铁真实消费量（true steel use）等于钢铁的表观消费量（apparent steel use）加上净间接进口量，这样可更好地理解影响一国钢铁需求的各种因素。古阿拉娜（Guarana，2013）研究表明巴西钢铁的间接贸易受多种因素的影响，20 世纪 60 年代的国家钢铁计划、70 年代初的石油危机、80 年代债务危机导致的货币贬值、90 年代初的贸易自由化和 21 世纪初中国对钢铁及其制成品需求大增。

总体看来，钢铁间接贸易的定量研究和定性研究都较少。世界钢铁工业协会在定量研究中贡献较大，通过大量问卷调查和统计分析，估算钢铁投入系数，首次测算各国钢铁的间接贸易规模。定性研究发现，除生产技术外，钢铁间接贸易受多种因素影响，包括国内外市场需求、产业政策和贸易自由化程度等。

五、文献不足与本书工作

综上所述，间接出口的研究进展体现为：第一，随着产品内分工的深化，间接贸易正在不断扩张，且集中在资源类、能源类和基础性工业品产品；第二，在定量研究中，投入产出法多用于测量能源的间接贸易，而世界钢铁协会提出钢铁系数法进行测量，且于 2015 年首次计算全球各主要产钢国的间接进出口量；第三，在定性研究中，学者从贸易规模和商品进出口结构等角度，探讨间接贸易的影响因素，并分析间接贸易对一国经济、资源和能源的影响。

但现有研究尚存四点不足：第一，在定量研究方面，虽然世界钢铁协会对钢铁间接出口进行了较全面的测算，但各国各产业的钢铁系数各不相同且动态变化，因此该测度方法的推广性和持续性受限；第二，在定性研究方面，对于间接出口驱动动因和贸易利益的分析，多属于经验判断，且研究角度各异，缺少理论模型和实证检验；第三，国际贸易理论虽历经两百多年的发展，受制于间接贸易的隐蔽性和测算困难，尚未将其纳入研究视角，与间接贸易不断增长的事实不匹配；第四，中国作为工业制成品出口大国，基础性工业品间接出口规模大且种类多，急需推进基础性工业品间接出口的发展路径和调控措施研究。

鉴于上述四点，研究的边际工作在于：第一，不同于世界钢铁协会基于钢铁系数的测度方法，本书基于非竞争型投入产出模型，优化间接出口的测度方法，该方法统计成本低且运用简便；第二，将资源类、能源类和基础性工业品产品置于统一的框架下，对间接贸易的贸易动因和贸易结果进行系统性研究和检验，构建间接出口贸易理论，进而把握间接出口的发展规律；第三，基于间接出口的影响因素，结合钢铁间接出口的发展趋势，提出钢铁间接出口的发展路径，并为制定钢铁产业政策和贸易政策提供参考。

第三章

投入产出法测算直接贸易

按照前面分析，各类商品的直接贸易可以直接通过查找基于 HS 分类和 SITC 分类的海关统计或国家统计局数据而获得。相对于投入产出数据，HS 分类数据更新较快，例如，截至 2021 年 HS 分类的统计局数据已经更新至 2019 年，但中国投入产出数据仅更新至 2018 年（竞争型和非竞争型数据）。若要进一步分析间接贸易的产品结构和国别结构等经济指标，必须使用国际投入产出表数据库（World Input – Output Database，WIOD）研发的国际投入产出表，但该数据的缺点在于，国际投入产出表由于制作工作相当繁重，导致进展较为缓慢，截至 2021 年该数据仅更新至 2014 年。

因此，本章研究基于包含 56 个部门的国际投入产出表展开，虽受制于数据的滞后，但仍可通过 2000～2014 年的较长周期数据（2000 年之前国际投入产出表部门为 35 部门），反映间接贸易和直接贸易的差异、间接贸易的发展趋势和结构变化，并实证间接贸易的理论分析框架，进而探索间接贸易的发展路径。

一、直接出口的测算方法

（一）国内投入产出表

1. 投入产出表的产生和类型

投入产出表在 20 世纪 30 年代产生于美国，它是由美国经济学家、哈佛大学教授瓦西里·列昂惕夫（W. Leontief）在前人关于经济活动相互依存性的研究基础上研究和编制。早期的投入产出模型，只是静态的投入产出模型。后来，随着研究的深入，开发了动态投入产出模型，投入产出技术由静态扩展到动态。随着投入产出技术与数量经济方法等经济分析方法日益融合，投入产出分析应用领域不断扩大。

根据对进口商品处理方法的不同，投入产出表可以粗略地分为两类。第一类，假定进口产品和国内产品是相互替代的，即是具有竞争性的，这类投入产出表成为竞争型投入产出表。第二类，假定进口产品和国内产品的性能不同，不能互相替代，在编制投入产出表时，需要把进口产品与国内产品区分开，这类投入产出表称为非竞争型的投入产出表。目前，我国在编表时把进口产品与国内同类产品视为性能相同，完全可以相互替代，因此我国编制的投入产出表都属于竞争型的投入产出表。

2. 投入产出表的功能

投入产出表可全面系统地反映国民经济各部门之间的投入产出关系，揭示生产过程中各部门之间相互依存和相互制约的经济技术联系。一方面，它能揭示国民经济各部门的产出情况，以及这些部门的产出是怎样分配给其他部门用于生产或怎样分配给居民和社会用于最终消费或出口到国外的；另一方面，它还能体现，各部门为了自身的生产又是怎样从其他部门取得中间投入产品，以及其最初投入的状况。

投入产出核算的功能，不仅在于反映现各个部门在生产过程中直接的、较为明显的经济技术联系，更重要的是它揭示出各部门之间较为隐蔽的、甚至被忽视的经济技术联系。投入产出表为研究产业结构，尤其为制订和检查国民经济计划，研究价格决策，进行各种定量分析提供依据。

3. 投入产出表的设计

投入产出表的设计，一方面，是以一定的经济理论以及相适应的核算理论为基础；另一方面，是投入产出分析本身对投入产出表的内容限定（见表3.1）。

表 3.1　　　　　　　　国内投入产出表简表示例

投入产出	中间产品					最终产品			总产出
	部门1	部门2	……	部门 n	合计	最终消费	资本形成	出口	
部门1									
部门2									
……			x_{ij} 第一象限				Y_i 第二象限		X_i
部门 n									
合计									
增加值	N_j 第三象限					第四象限			
总投入	X_j								

4. 投入产出表的内容

表 3.1 的主栏是投入栏，即产品生产中的各种物质消耗，包括中间投入和最初投入。在中间投入中列出 1，2，…，n 个经济部门，在最初投入中列出增加值的构成项目。表的宾栏为产出栏，即生产出来的产品的分配使用去向，包括中间产品与最终产品。中间产品表示在核算期内（通常以年度计）作为生产过程的消耗使用的产品，最终产品为本核算期内不再返回生产过程的物质产品，它包括本核算期内永远或暂时脱离了生产过程的实物产品，即用于消费的消费品、用于投资的投资品、用于出口的出口品。

主栏、宾栏均包括两个主要栏目，它们交叉生成了表的四个象限，各象限的经济含义如下：

第一象限是一个由 n 个经济部门交错形成的棋盘式表，各元素 x_{ij} 用货币形态计量。每个 x_{ij} 都有双重含义。从横向看，它表示产品用于部门的数量；从纵向看，它表示 j 部门在生产中对产品的消耗量，完整反映了经济部门之间投入与产出的数量关系。该部分反映了产品间生产技术联系，又由于受到价格变动因素的影响，所以反映了部门间技术经济联系，是投入产出表的中枢部分。

第二象限是第一象限在横向方向的延伸，它对应的主栏与第一象限相同，宾栏为最终产品，它反映了各经济部门的产品分别有多少数量可供最终消费、投资、出口。行向看反映国内生产总值经过分配和再分配后形成的最终使用情况，列向看反映消费、投资、出口的产品构成。

第三象限是第一象限在纵向方向的延伸，它对应的宾栏与第一象限相同，主栏为最初投入，是增加值构成项目，该象限主要反映国内生产总值的初次分配。列向看是各部门的增加值构成，行向看是增加值项目的部门构成。

第四象限是第二象限与第三象限共同延伸形成的，它应反映国内生产总值的再分配，由于尚处在理论探索阶段，故正式编表时都空着。

5. 投入产出表的平衡关系

第一，行平衡关系。由表 3.1 可知，投入产出表中行的平衡关系为：

$$中间产品 + 最终产品 = 总产出$$

其数学一般表达式为：

$$\sum_{j=1}^{n} x_{ij} + Y_i = X_i \ (i = 1, \ 2, \ \cdots, \ n) \tag{3.1}$$

其中，i 表示主栏的部门，即表示横行中的某部门；j 表示宾栏的部门，即表示纵列的某一部门；x_{ij} 表示 i 部门产品提供给 j 部门作为生产消耗的数量；Y_i 表示 i 部门产品的最终使用数量；X_i 表示 i 部门的总产出数量。

第二，列平衡关系。由表 3.1 可知，投入产出表中列的平衡关系为：

$$中间投入 + 最初投入 = 总投入$$

其数学一般表达式为：

$$\sum_{i=1}^{n} x_{ij} + N_j = X_j \ (j = 1, \ 2, \ \cdots, \ n) \tag{3.2}$$

其中，x_{ij} 表示 j 部门在生产中对 i 部门产品的消耗量；N_j 表示 j 部门的最初投入（增加值）；X_j 表示 j 部门的总投入。

6. 统计结果不同的原因及其选择

虽然统计对象同为一国的直接出口，但投入产出表和统计年鉴（海关统计）的统计结果会存在一定的差异。对比 2013～2018 年海关统计和投入产出统计结果，其中 2013～2015 年数据使用 WIOD 数据库的国际投入产出表，2017 年和 2018 年数据使用中国投入产出表，如表 3.2 所示。

表 3.2　　　　　　　　投入产出表和统计年鉴的出口统计差异

年份	单位	投入产出表			统计年鉴			统计差异（%）
		出口	进口	贸易总额	出口	进口	贸易总额	
2013	万亿美元	2.29	1.86	4.15	2.21	1.95	4.16	3.6
2014	万亿美元	2.42	1.84	4.26	2.3	1.9	4.2	5.2
2015	万亿美元	2.38	2	4.38	2.26	1.67	3.93	5.3
2017	万亿元	16.4	14.9	31.3	15.3	12.5	27.8	12.6
2018	万亿元	17.6	16.9	34.5	16.3	14.2	30.5	13.1

注：出口统计差异＝（投入产出统计值/年鉴统计值）－1。

上述结果的差异，笔者认为有两个原因：第一，统计口径不同。统计年鉴的统计口径仅涵盖货物贸易，不包括服务贸易；而投入产出表统计包含货物和服务部门的全部出口总和。此时，投入产出表的统计结果偏高，这应该是差异的主要原因。第二，涉及重复统计。由于统计局使用的是海关统计，会涉及重复统计，如一个发动机进口，组装成汽车出口，会再次进口包含该发动机的汽车；但投入产出表是分部门的统计，理论上不存在重复统计。此时，两种统计方式的结果会有所不同。

鉴于两类统计方法的统计结果差异，本书选择投入产出表测算直接出口，原因在于：第一，生产性服务业是本书的研究部门之一。统计年鉴并未统计服务业部门出口，需依靠投入产出表；第二，间接出口是本书的研究目标。投入产出表不仅可以统计各部门的直接出口额，而且可测算各部门的间接出口额。即投入产出方法可以贯穿于本书的实证研究之中。

（二）国际投入产出表

为了研究国家（地区）间的经济关系，WIOD 编制涵盖世界主要国家（地区）的国际投入产出表。

国内投入产出表属于竞争型的投入产出表，表中有进口的统计，但只有该部门的进口总量，没有统计进口的来源。国际投入产出表属于非竞争型投入产出表，表中每个部门的进口，不仅统计各部门进口的来源国（地区），而且统计进口的来源部门。

1. 国际投入产出表的部门

编制国际投入产出表时，各国（地区）投入产出表的部门分类要统一，目前，国际投入产出表中共分为 56 个部门（见表 3.3）。

表 3.3　　　　　　　　国际投入产出表中的 56 部门

部门编码	部门名称	英文名称
r1	农牧业	Crop and animal production，hunting and related service activities
r2	林业和伐木	Forestry and logging
r3	渔业和水产养殖	Fishing and aquaculture
r4	采矿和采石	Mining and quarrying
r5	食品制造、饮料和烟草	Manufacture of food products，beverages and tobacco products
r6	纺织品、服装和皮革制品	Manufacture of textiles，wearing apparel and leather products
r7	木材加工（不包括家具）	Manufacture of wood and of products of wood and cork，except furniture；manufacture of articles of straw and plaiting materials

部门编码	部门名称	英文名称
r8	纸和纸制品的制造	Manufacture of paper and paper products
r9	记录媒体的印刷和复制	Printing and reproduction of recorded media
r10	石油加工和炼焦	Manufacture of coke and refined petroleum products
r11	化学品和化学产品	Manufacture of chemicals and chemical products
r12	基础药品和制药	Manufacture of basic pharmaceutical products and pharmaceutical preparations
r13	塑料和橡胶制品	Manufacture of rubber and plastic products
r14	非金属矿物制品业	Manufacture of other non-metallic mineral products
r15	金属冶炼	Manufacture of basic metals
r16	金属制品（机械设备除外）	Manufacture of fabricated metal products, except machinery and equipment
r17	计算机、电子和光学产品的制造	Manufacture of computer, electronic and optical products
r18	电气设备制造	Manufacture of electrical equipment
r19	机械设备制造	Manufacture of machinery and equipment n. e. c.
r20	汽车、拖车和半成品	Manufacture of motor vehicles, trailers and semi-trailers
r21	其他交通运输设备制造业	Manufacture of other transport equipment
r22	家具制造、其他制造业	Manufacture of furniture; other manufacturing
r23	机械设备的修理和安装	Repair and installation of machinery and equipment
r24	电力、燃气、蒸汽和空调供应	Electricity, gas, steam and air conditioning supply
r25	水的生产和供应业	Water collection, treatment and supply
r26	废物处理	Sewerage; waste collection, treatment and disposal activities; materials recovery; remediation activities and other waste management services
r27	建筑业	Construction
r28	批发和零售汽车及摩托车	Wholesale and retail trade and repair of motor vehicles and motorcycles
r29	批发（除汽车及摩托车）	Wholesale trade, except of motor vehicles and motorcycles

续表

部门编码	部门名称	英文名称
r30	零售（除汽车及摩托车）	Retail trade，except of motor vehicles and motorcycles
r31	陆运和管道运输	Land transport and transport via pipelines
r32	水路运输	Water transport
r33	航空运输	Air transport
r34	仓储和运输支持	Warehousing and support activities for transportation
r35	邮政和快递	Postal and courier activities
r36	住宿和餐饮	Accommodation and food service activities
r37	出版业	Publishing activities
r38	电影、视频和电视	Motion picture，video and television programme production，sound recording and music publishing activities；programming and broadcasting activities
r39	电信业	Telecommunications
r40	计算机程序设计、信息服务	Computer programming，consultancy and related activities；information service activities
r41	金融业（除保险和养老）	Financial service activities，except insurance and pension funding
r42	保险和养老（除强制社保）	Insurance，reinsurance and pension funding，except compulsory social security
r43	金融和保险的辅助	Activities auxiliary to financial services and insurance activities
r44	房地产业	Real estate activities
r45	法律和会计、管理咨询	Legal and accounting activities；activities of head offices；management consultancy activities
r46	建筑和工程、技术测试和分析	Architectural and engineering activities；technical testing and analysis
r47	科学研究与开发	Scientific research and development
r48	广告和市场开发	Advertising and market research

部门编码	部门名称	英文名称
r49	其他科技活动、兽医	Other professional, scientific and technical activities; veterinary activities
r50	管理和支持类服务	Administrative and support service activities
r51	公共行政和防务、强制社会保障	Public administration and defence; compulsory social security
r52	教育	Education
r53	卫生和社会福利业	Human health and social work activities
r54	其他服务业	Other service activities
r55	居民服务和其他家庭服务	Activities of households as employers; undifferentiated goods-and services-producing activities of households for own use
r56	域外组织和机构活动	Activities of extraterritorial organizations and bodies

资料来源：World Input – Output Database。

2. 国际投入产出表的平衡关系

第一，行平衡关系：

$$总需求 = 中间需求 + 最终需求$$

$$中间需求 = 外国中间需求 + 本国中间需求$$

$$最终需求 = 外国最终需求 + 本国最终需求（家庭最终消费$$

$$+ 非营利组织的最终消费 + 政府最终消费$$

$$+ 固定资本形成 + 库存和财产的变化）$$

第二，列平衡关系：

$$总投入 = 中间投入总量 + 加价与增值$$

$$中间投入总量 = 外国中间投入 + 本国中间投入$$

$$加价与增值 = 产品减税补贴 + 出口价格调整 + 本国居民购买$$

$$+ 外国居民购买 + 价格增值 + 国际运输增量$$

（三）国际投入产出表测算方法

将国际投入产出表的各部门，简化为农业、工业和服务业三个部门。在国际投入产出表中，没有进口和出口的统计，需要通过计算测度各部门的直接进出口值，详见表3.4。

表3.4　　　　　　　　　　　国际投入产出表简表示例

分类		国内中间需求			国外中间需求			国内最终需求			国外最终需求			总需求/总产出
		农业	工业	服务业	农业	工业	服务业	农业	工业	服务业	农业	工业	服务业	
本国中间投入	农业													
	工业			本国出口1						本国出口2				
	服务业													
国外中间投入	农业													
	工业	本国进口1						本国进口2						
	服务业													
中间总投入量														
加值与增值（GDP）														
总投入														

根据国际投入产出表计算出口值，可分别从投入和产出两个角度来分析。一方面，从投入看，国外中间需求和国外最终需求，购买本国的中间投入，即表3.4中的本国出口1和本国出口2。另一方面，从产出看，本国中

间投入的产出转换成国外中间需求和国外最终需求，也即表3.4中的本国出口1和本国出口2。

根据国际投入产出表计算进口值，可分别从投入和产出两个角度来分析。一方面，从投入看，本国中间需求和本国最终需求，购买国外的中间投入，即表3.4中的本国进口1和本国进口2。另一方面，从产出看，国外中间投入的产出转换成国内中间需求和国内最终需求，也即表3.4中的本国进口1和本国进口2。

由于投入产出表的统计工作繁杂，截至2021年，中国国内投入产出表更新至2018年，国际投入产出表更新至2014年。

二、三类部门直接贸易规模

本书的研究目的在于分析间接出口的实践，构建间接出口的理论。在生产和出口中，某产品作为原材料或初级加工品越来越多地被投入其他产品，该产品间接出口的规模应越大。由此可见，间接出口的主要商品有三类，即资源和能源类商品，基础性工业品和生产性服务业所提供的商品和服务。根据以上种类，将国际投入产出表中的相关部门（共56个部门）进行划分（见表3.5）。其中，生产性服务业部门分类依据国家统计局《生产性服务业统计分类（2015）》。

表3.5　　　　　　　　国际投入产出表的三类部门及其细分

部门分类	部门编码	部门名称
资源和能源类 3个部门	r2	林业和伐木
	r4	采矿和采石
	r10	石油加工和炼焦

部门分类	部门编码	部门名称
基础性工业品类 3 个部门	r13	塑料和橡胶制品
	r14	非金属矿物制品业
	r15	金属冶炼
生产性服务 业类 19 个部门	r28	批发和零售汽车及摩托车
	r29	批发（除汽车及摩托车）
	r30	零售（除汽车及摩托车）
	r31	陆运和管道运输
	r32	水路运输
	r33	航空运输
	r34	仓储和运输支持
	r35	邮政和快递
	r39	电信业
	r40	计算机程序设计、信息服务
	r41	金融业（除保险和养老）
	r42	保险和养老（除强制社保）
	r43	金融和保险的辅助
	r45	法律和会计、管理咨询
	r46	建筑和工程、技术测试和分析
	r47	科学研究与开发
	r48	广告和市场开发
	r50	管理和支持类服务
	r52	教育

（一）资源与能源类部门出口规模

资源和能源是人类社会赖以生存和发展的重要物质基础，人类文明的每一次重大进步都伴随着资源和能源的重要变革。党的十九大报告指出，未来一段时间，是我国全面建成小康社会决胜阶段、中国特色社会主义进入新时代的关键时期。我国经济总量将持续扩大，人民生活水平和质量全面提高，资源和能源将发挥更为重要的保障和推动作用，我国资源和能源的发展将从总量扩张转向提质增效的新阶段，人们对美好生活的需求与资源能源发展不充分不平衡的矛盾日益突出。

当前，世界能源资源格局深刻调整，新一轮能源资源革命蓬勃兴起，应对全球气候变化刻不容缓。面对资源和能源供需格局新变化、国际能源发展新趋势、国内能源转型新形势，我国资源和能源产业发展正面临重大挑战和重大机遇，研究资源和能源类部门出口这项任务具有非常大的现实意义。

1. 资源和能源类的细分部门出口趋势

根据国际投入产出表中统计的 2000～2014 年的出口数据，围绕林业和伐木（r2）、采矿和采石（r4）、石油加工和炼焦（r10）三个细分部门，可以得到资源和能源类部门出口值的变化趋势（见表 3.6）。由表 3.6 可知，2000～2014 年，资源和能源类部门出口主要由采矿和采石部门与石油加工和炼焦部门构成，其中前者占比不断下降，由 2000 年 68.6% 降至 2014 年31.1%，后者占比不断上升，由 2000 年 30.7% 升至 2014 年 68.6%。

表 3.6　　　　　资源和能源类部门的三个细分部门出口额和占比

年份	资源和能源类 出口总额（亿美元）	林业和伐木		采矿和采石		石油加工和炼焦	
		出口额（亿美元）	出口占比（%）	出口额（亿美元）	出口占比（%）	出口额（亿美元）	出口占比（%）
2000	84	0.57	0.7	58	68.6	26	30.7
2001	97	0.57	0.6	66	68.6	30	30.8
2002	109	0.65	0.6	71	65.2	37	34.2

续表

年份	资源和能源类	林业和伐木		采矿和采石		石油加工和炼焦	
	出口总额 （亿美元）	出口额 （亿美元）	出口占比 （%）	出口额 （亿美元）	出口占比 （%）	出口额 （亿美元）	出口占比 （%）
2003	126	0.34	0.3	75	60.1	50	39.7
2004	150	0.19	0.1	83	55.8	66	44.1
2005	166	0.09	0.1	102	61.9	63	38.0
2006	148	0.05	0	88	60.1	59	39.9
2007	147	0.03	0	75	51.1	72	48.9
2008	245	0.07	0	130	53.3	114	46.7
2009	152	0.13	0.1	70	45.9	82	54.0
2010	262	0.27	0.1	96	36.7	165	63.2
2011	360	0.48	0.1	130	36.3	229	63.6
2012	361	0.69	0.2	121	33.7	238	66.1
2013	393	0.85	0.2	125	31.9	267	67.9
2014	412	1.25	0.3	128	31.1	282	68.6

资料来源：依据 World Input – Output Database，笔者自行整理。

2. 资源和能源类部门的出口趋势

依据林业和伐木、采矿和采石、石油加工和炼焦三个细分部门的出口数据，可得到资源和能源类部门的出口变化趋势，如图 3.1 所示。

如表 3.6 和图 3.1 所示，自 2000 年以来，我国资源和能源类部门总体出口呈增长趋势，由 2000 年的 84 亿美元增加到 2014 年的 412 亿美元，整体增长率达 387%。2008 年出口值达到 245 亿美元，比 2007 年增长了 65.83%。同年，全球爆发金融危机，受其影响，国际经济处于深度调整期，世界经济一直复苏乏力，国际市场的需求也在减少，2009 年，资源和能源类部门出口总值下降为 152 亿美元，增长率为负值。在此之后，该部门恢复

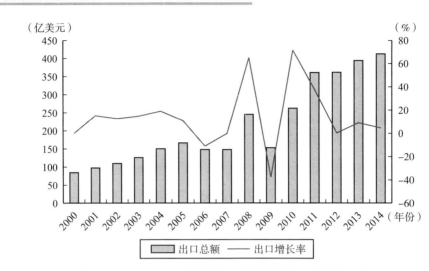

图 3.1 2000~2014 年能源和资源类部门出口额及其变化

资料来源：World Input – Output Database，http：//www. wiod. org/home。

比较迅速，2010 年，出口值回升至 262 亿美元，增长率达 71. 46%，高于过去 10 年中任意一年的增长率。近几年，资源与能源类部门出口增长形势放缓，但一直呈上升趋势。

3. 细分部门出口用途及其占比

通过国际投入产出表可知，资源和能源类部门及其细分部门的出口用途分为国外中间需求和国外最终需求。2000~2014 年资源和能源类部门及其三个细分部门，即林业和伐木部门、采矿和采石部门，以及石油加工和炼焦部门的出口用途及其出口占比（见表 3.7）。

由表 3.7 可知：第一，资源和能源类部门的直接出口主要用于国外中间需求，但 2000~2014 年国外中间需求出口占比由 94% 降至 77%，同时国外最终需求出口占比由 6% 升至 23%；第二，林业和伐木部门的直接出口主要用于国外中间需求，且 2000~2014 年国外中间需求和国外最终需求的出口占比大致为 7∶3；第三，采矿和采石部门的直接出口主要用于国外中间需求，且 2000~2014 年国外中间需求和国外最终需求的出口占比大致为 7∶3；

表 3. 7 资源和能源类细分部门出口用途及其出口占比

年份	项目	林业和伐木		采矿和采石		石油加工和炼焦		资源和能源类部门	
		中间需求	最终需求	中间需求	最终需求	中间需求	最终需求	中间需求	最终需求
2000	用途（亿美元）	0.37	0.19	56.87	1.23	22.36	3.63	79.6	5.05
	占比（%）	66	34	98	2	86	14	94	6
2001	用途（亿美元）	0.42	0.15	65.29	1.62	26.08	3.97	91.79	5.74
	占比（%）	74	26	98	2	87	13	94	6
2002	用途（亿美元）	0.56	0.08	70.8	0.82	32.43	5.16	103.79	6.06
	占比（%）	88	13	99	1	86	14	94	6
2003	用途（亿美元）	0.27	0.06	74.27	1.49	43.11	6.92	117.65	8.47
	占比（%）	82	18	98	2	86	14	93	7
2004	用途（亿美元）	0.14	0.05	80.92	2.83	59.12	7.08	140.18	9.96
	占比（%）	74	26	97	3	89	11	93	7
2005	用途（亿美元）	0.07	0.02	98.65	4.31	53.82	9.46	152.54	13.79
	占比（%）	78	22	96	4	85	15	92	8
2006	用途（亿美元）	0.05	0	84.13	4.8	49.9	9.17	134.08	13.97
	占比（%）	100	0	95	5	84	16	91	9
2007	用途（亿美元）	0.03	0	69.93	5.65	60.66	11.7	130.62	17.35
	占比（%）	100	0	93	7	84	16	88	12
2008	用途（亿美元）	0.04	0.02	113.95	16.88	98.28	16.21	212.27	33.11
	占比（%）	67	33	87	13	86	14	87	13
2009	用途（亿美元）	0.09	0.04	59.56	10.61	64.86	17.83	124.51	28.48
	占比（%）	69	31	85	15	78	22	81	19
2010	用途（亿美元）	0.22	0.05	76.81	19.42	131.55	34.28	208.58	53.75
	占比（%）	81	19	80	20	79	21	80	20
2011	用途（亿美元）	0.36	0.11	103.72	27.19	185.16	44.33	289.24	71.63
	占比（%）	77	23	79	21	81	19	80	20

年份	项目	林业和伐木		采矿和采石		石油加工和炼焦		资源和能源类部门	
		中间需求	最终需求	中间需求	最终需求	中间需求	最终需求	中间需求	最终需求
2012	用途（亿美元）	0.53	0.16	95.09	26.84	188.02	50.86	283.64	77.86
	占比（%）	77	23	78	22	79	21	78	22
2013	用途（亿美元）	0.52	0.33	92.42	33.31	213.15	54.24	306.09	87.88
	占比（%）	61	39	74	26	80	20	78	22
2014	用途（亿美元）	0.86	0.39	92.85	35.44	225.24	57.52	318.95	93.35
	占比（%）	69	31	72	28	80	20	77	23

资料来源：依据 World Input – Output Database，笔者分类和计算。

第四，石油加工和炼焦部门的直接出口主要用于国外中间需求，且 2000 ~ 2014 年国外中间需求和国外最终需求的出口占比大致为 8∶2。

（二）基础性工业品类出口规模

自进入工业化时代以来，工业发展的优劣很大程度上决定着一个国家国力是否强大，人民生活质量是否优越，城市化发展进程是否有序高效。2011年，中国工业产值首次超越美国，成为世界第一工业大国，被称为"世界工厂"，以发展中国家的身份超越西方发达国家，颠覆了世界工业格局，被誉为"世界奇迹"。自 1978 年改革开放以来，中国工业产值的年均增长速度超过 10%，推动了中国经济和城市化的快速发展。2020 年，中国工业产值占生产总值的比重达 37.8%，是国民经济发展的主要力量和重要引擎。

1. 基础性工业品类的细分部门出口趋势

随着工业化进程的不断推进，对基础性工业品的需求也不断增加，中国是基础性工业品生产大国，所生产的基础性工业品不仅用于国内需求，还大量出口至世界其他国家。工业是一个国家的支柱性产业，各个国家都积极采取措施促进其发展。所以，研究基础性工业品的出口具有很强的现实意义。根据国际投入产出表中统计的 2000~2014 年的出口数据，计算塑料和橡胶制品（r13）、非金属矿物制品业（r14）、金属冶炼（r15）等基础性工业品的三个细分部门出口额和占比（见表 3.8）。由表可知，2000~2014 年基础性工业品出口中，金属冶炼出口占比最高，由 42% 略微升至 45%；塑料和橡胶制品出口占比由 43% 降至 31%；非金属矿物制品由 16% 升至 24%。

表 3.8　　　　　　　基础性工业品类部门的三个细分部门出口额和占比

年份	基础性工业品	塑料和橡胶制品		非金属矿物制品		金属冶炼	
	出口总额（亿美元）	出口额（亿美元）	出口占比（%）	出口额（亿美元）	出口占比（%）	出口额（亿美元）	出口占比（%）
2000	211.35	90.25	43	32.98	16	88.12	42
2001	207.08	93.93	45	34.06	16	79.09	38
2002	254.76	111.98	44	42.68	17	100.10	39
2003	354.92	138.94	39	55.06	16	160.92	45
2004	557.96	187.72	34	74.46	13	295.78	53
2005	639.56	244.72	38	99.02	15	295.82	46
2006	862.16	305.52	35	125.80	15	430.84	50
2007	1014.22	365.81	36	146.44	14	501.97	49
2008	1268.97	380.25	30	188.56	15	700.16	55
2009	835.79	309.58	37	174.65	21	351.56	42
2010	1168.32	397.91	34	249.15	21	521.26	45
2011	1526.69	483.38	32	323.80	21	719.51	47
2012	1656.85	529.00	32	397.09	24	730.76	44
2013	1805.40	582.90	32	459.21	25	763.29	42
2014	1948.26	602.91	31	471.53	24	873.82	45

资料来源：依据 World Input – Output Database，笔者整理。

2. 基础性工业品类部门的出口趋势

依据塑料和橡胶制品、非金属矿物制品业、金属冶炼三个细分部门的出口数据，可得到基础性工业品类部门的出口变化趋势，如图3.2所示。

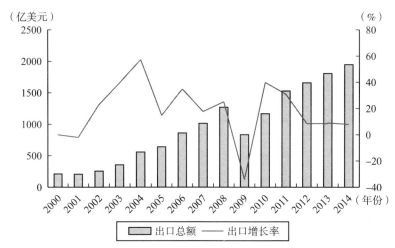

图 3.2　2000～2014 年基础性工业品类部门出口贸易变化

资料来源：World Input – Output Database，http：//www. wiod. org/home。

如图3.2所示，自2000年以来，我国基础性工业品类部门的出口值总体呈上升趋势，由2000年的211.35亿美元增长到了2014年的1948.26亿美元，15年间，出口总值翻了9倍之多。2004年基础性工业品类部门出口总值为557.96亿美元，增长率为57.20%，较2003年同期增长高出18个百分点。随后4年，增长率发生小幅度波动，但出口值呈上升趋势。随着全球金融危机的爆发，基础性工业品类部门也受其波及，国际市场需求下降，2009年出口值较2008年减少了433.18亿美元，增长率为－34.14%。2010年经济形势有所缓和，该部门出口总值增加。2012～2014年出口值增加，但增长幅度较小，增长缓慢。

3. 细分部门出口用途及其占比

通过国际投入产出表可知，基础性工业品类部门及其细分部门的出口用途分为国外中间需求和国外最终需求。2000~2014 年资源和能源类部门及其三个细分部门，即塑料和橡胶制品、非金属矿物制品，以及金属冶炼部门的出口用途及其出口占比（见表3.9）。

表3.9　　　　　基础性工业品类细分部门出口用途及其出口占比

年份	项目	塑料和橡胶制品		非金属矿物制品业		金属冶炼		基础性工业品类部门	
		中间需求	最终需求	中间需求	最终需求	中间需求	最终需求	中间需求	最终需求
2000	用途（亿美元）	55.21	35.03	19.25	13.73	87.26	0.86	161.72	49.62
	占比（%）	61	39	58	42	99	1	77	23
2001	用途（亿美元）	56.6	37.33	20.97	13.08	78.03	1.05	155.6	51.46
	占比（%）	60	40	62	38	99	1	75	25
2002	用途（亿美元）	69.15	42.82	27.97	14.7	98.82	1.27	195.94	58.79
	占比（%）	62	38	66	34	99	1	77	23
2003	用途（亿美元）	86.88	52.06	38.02	17.03	156.78	4.13	281.68	73.22
	占比（%）	63	37	69	31	97	3	79	21
2004	用途（亿美元）	121.07	66.65	51.84	22.61	284.06	11.71	456.97	100.97
	占比（%）	64	36	70	30	96	4	82	18
2005	用途（亿美元）	163.54	81.18	72.47	26.54	282.63	13.19	518.64	120.91
	占比（%）	67	33	73	27	96	4	81	19
2006	用途（亿美元）	212.91	92.6	95.21	30.58	416.99	13.85	725.11	137.03
	占比（%）	70	30	76	24	97	3	84	16
2007	用途（亿美元）	261.22	104.58	112.96	33.48	484.17	17.79	858.35	155.85
	占比（%）	71	29	77	23	96	4	85	15
2008	用途（亿美元）	267.62	112.62	149.61	38.94	653.97	46.18	1071.2	197.74
	占比（%）	70	30	79	21	93	7	84	16
2009	用途（亿美元）	216.36	93.22	136.62	38.02	316.17	35.38	669.15	166.62
	占比（%）	70	30	78	22	90	10	80	20

年份	项目	塑料和橡胶制品		非金属矿物制品业		金属冶炼		基础性工业品类部门	
		中间需求	最终需求	中间需求	最终需求	中间需求	最终需求	中间需求	最终需求
2010	用途（亿美元）	285.84	112.07	196.89	52.26	466.82	54.44	949.55	218.77
	占比（%）	72	28	79	21	90	10	81	19
2011	用途（亿美元）	353.88	129.49	261.39	62.41	646.94	72.56	1262.21	264.46
	占比（%）	73	27	81	19	90	10	83	17
2012	用途（亿美元）	388.83	140.16	327.96	69.13	646.49	84.27	1363.28	293.56
	占比（%）	74	26	83	17	88	12	82	18
2013	用途（亿美元）	425.01	157.88	383.1	76.11	680.92	82.37	1489.03	316.36
	占比（%）	73	27	83	17	89	11	82	18
2014	用途（亿美元）	436.9	166.01	392.8	78.73	796.34	77.48	1626.04	322.22
	占比（%）	72	28	83	17	91	9	83	17

资料来源：依据 World Input – Output Database，笔者分类和计算。

由表 3.9 可知：第一，基础性工业品类部门的直接出口主要用于国外中间需求，且 2000～2014 年国外中间需求和国外最终需求的出口占比大致为 8∶2；第二，塑料和橡胶制品部门的直接出口主要用于国外中间需求，且 2000～2014 年国外中间需求和国外最终需求的出口占比大致为 7∶3；第三，非金属矿物制品的直接出口主要用于国外中间需求，且 2000～2014 年国外中间需求和国外最终需求的出口占比大致为 8∶2；第四，金属冶炼部门的直接出口主要用于国外中间需求，且 2000～2014 年国外中间需求和国外最终需求的出口占比大致为 9∶1。

（三）生产性服务业部门出口规模

生产性服务业是与制造业直接相关的配套服务业，分为十类：为生产活动提供的研发设计与其他技术服务、货物运输仓储和邮政快递服务、信息服务、金融服务、节能与环保服务、生产性租赁服务、商务服务、人力资源管理与培训服务、批发经纪代理服务、生产性支持服务。生产性服务业将人力资本和知识资本导入生产过程促进了制造业升级，其发展程度代表着一个国家或地区的现代化程度。脱胎于制造业的生产性服务业与制造业之间存在着休戚与共、唇齿相依的密切关系，它作为制造业生产的中间投入，能够使制造业的内部生产成本缩小，推动规模化经营生产，实现产品价值链上的攀升，从而增加其生产效率。

依托生产性服务业的发展带动制造业生产效率的提升，对于中国制造业转型升级具有重要意义。充分有效利用服务业资源已成为工业企业提高竞争力进而扩大出口贸易的必然选择。研究生产性服务业的出口至关重要。

1. 生产性服务业的细分部门出口趋势

由表 3.5 可知，国际投入产出表中生产性服务业部门包含 19 个细分部门。为减少烦琐，类似于资源和能源部门与基础性工业品部门，笔者选取生产性服务业中出口最高的三个细分部门进行分析，即批发（除汽车及摩托车）（r29），法律和会计、管理咨询（r45），零售（除汽车及摩托车）（r30）。由表 3.10 可知，2000～2014 年生产性服务业部门出口排名前

表 3.10　　　　生产性服务业部门的三个细分部门出口额和占比

年份	生产性服务业	批发（除汽车及摩托车）		零售（除汽车及摩托车）		法律和会计、管理咨询	
	出口总额（亿美元）	出口额（亿美元）	出口占比（%）	出口额（亿美元）	出口占比（%）	出口额（亿美元）	出口占比（%）
2000	401.58	152.30	37.90	31.51	7.80	80.26	20.00
2001	441.24	165.83	37.60	34.31	7.80	87.39	19.80
2002	554.38	216.05	39.00	44.69	8.10	113.86	20.50

续表

年份	生产性服务业	批发（除汽车及摩托车）		零售（除汽车及摩托车）		法律和会计、管理咨询	
	出口总额（亿美元）	出口额（亿美元）	出口占比（%）	出口额（亿美元）	出口占比（%）	出口额（亿美元）	出口占比（%）
2003	631.17	229.99	36.40	47.58	7.50	136.25	21.60
2004	804.41	266.98	33.20	55.23	6.90	177.80	22.10
2005	961.21	306.88	31.90	63.49	6.60	229.74	23.90
2006	1248.68	374.84	30.00	77.55	6.20	315.46	25.30
2007	1690.87	481.79	28.50	99.67	5.90	455.80	27.00
2008	2258.81	710.00	31.40	146.88	6.50	568.23	25.20
2009	2128.50	758.37	35.60	156.89	7.40	513.45	24.10
2010	2677.61	990.07	37.00	204.82	7.60	567.06	21.20
2011	3363.98	1339.57	39.80	277.12	8.20	649.05	19.30
2012	3657.19	1542.38	42.20	319.08	8.70	632.20	17.30
2013	3481.96	1436.71	41.30	297.22	8.50	588.89	16.90
2014	3642.59	1555.97	42.70	321.89	8.80	637.77	17.50

三的细分部门中，批发（除汽车及摩托车）出口占比最高，由37.9%略微升至42.7%；法律和会计、管理咨询出口占比由20%降至17.5%；零售除汽车及摩托车由7.8%升至8.8%。同时，根据这三个细分部门的技术密集度可知，中国生产性服务业出口尚处于低级要素密集的阶段。

2. 生产性服务业部门的出口趋势

覆盖全部19个细分部门的生产性服务业出口变化趋势如图3.3所示。自2000年以来，我国生产性服务业部门的出口值总体呈上升趋势，由2000年的401.58亿美元增长到了2014年的3642.59亿美元，15年间，出口总值翻了8倍之多。2004年生产性服务业部门出口总值为804.41亿美元，增长率为27.4%，2007年增长率达到峰值的35.4%。随后，增长

率发生小幅度波动，2009 年和 2013 年增长率一度出现负值，但出口值总
体上仍保持上升趋势。随着全球金融危机的爆发，2014 年生产性服务业
增长幅度较小，增长缓慢，降至 4.6%。

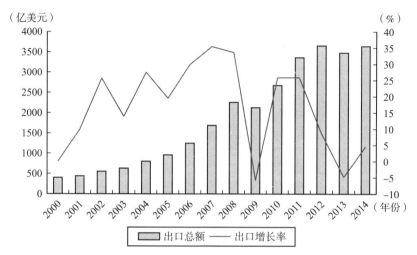

图 3.3　2000～2014 年生产性服务业类部门出口贸易变化

资料来源：World Input‐Output Database，http：//www. wiod. org/home。

3. 细分部门出口用途及其占比

通过国际投入产出表可知，生产性服务业部门及其细分部门的出口用
途分为国外中间需求和国外最终需求。2000～2014 年生产性服务业部门
及其出口规模靠前的三个细分部门，即批发（除汽车及摩托车），法律和
会计、管理咨询，零售（除汽车及摩托车）的出口用途及其出口占比
（见表 3.11）。

由表 3.11 可知：第一，生产性服务业部门的直接出口主要用于国外
中间需求，且 2000～2014 年国外中间需求和国外最终需求的出口占比大致
为 7∶3；第二，批发（除汽车及摩托车）部门的直接出口主要用于国外中
间需求，且 2000～2014 年国外中间需求和国外最终需求的出口占比大致为
6∶4；第三，法律和会计、管理咨询的直接出口主要用于国外中间需求，且

2000~2014年国外中间需求和国外最终需求的出口占比大致为6:4；第四，零售（除汽车及摩托车）部门的直接出口主要用于国外中间需求，且2000~2014年国外中间需求和国外最终需求的出口占比大致为8:2。

表3.11　　　　生产性服务业类细分部门出口用途及其出口占比

| 年份 | 项目 | 批发（除汽车及摩托车） | | 零售（除汽车及摩托车） | | 法律和会计、管理咨询 | | 生产性服务业 | |
		中间需求	最终需求	中间需求	最终需求	中间需求	最终需求	中间需求	最终需求
2000	用途（亿美元）	100.84	51.46	20.87	10.64	61.42	18.84	270.71	130.88
	占比（%）	66.2	33.8	66.2	33.8	76.5	23.5	67.4	32.6
2001	用途（亿美元）	109.89	55.94	22.74	11.57	66.54	20.85	297.57	143.7
	占比（%）	66.3	33.7	66.3	33.7	76.1	23.9	67.4	32.6
2002	用途（亿美元）	141.16	74.88	29.2	15.49	83.79	30.06	369.82	184.52
	占比（%）	65.3	34.7	65.3	34.7	73.6	26.4	66.7	33.3
2003	用途（亿美元）	151.82	78.17	31.41	16.16	100.42	35.84	433.19	197.98
	占比（%）	66	34	66	34	73.7	26.3	68.6	31.4
2004	用途（亿美元）	176.43	90.56	36.51	18.73	127.12	50.68	541.44	263
	占比（%）	66.1	33.9	66.1	33.9	71.5	28.5	67.3	32.7
2005	用途（亿美元）	202.8	104.08	41.96	21.52	172.57	57.17	648.69	312.52
	占比（%）	66.1	33.9	66.1	33.9	75.1	24.9	67.5	32.5
2006	用途（亿美元）	248.01	126.83	51.32	26.23	230.38	85.08	837.66	411.03
	占比（%）	66.2	33.8	66.2	33.8	73	27	67.1	32.9
2007	用途（亿美元）	326.88	154.91	67.67	32	338.48	117.32	1152.35	538.53
	占比（%）	67.8	32.2	67.9	32.1	74.3	25.7	68.2	31.8
2008	用途（亿美元）	449.04	260.96	93.63	53.25	427.67	140.56	1501.14	757.67
	占比（%）	63.2	36.8	63.7	36.3	75.3	24.7	66.5	33.5
2009	用途（亿美元）	480.54	277.83	100.08	56.81	402.19	111.26	1428.11	700.38
	占比（%）	63.4	36.6	63.8	36.2	78.3	21.7	67.1	32.9

年份	项目	批发（除汽车及摩托车）		零售（除汽车及摩托车）		法律和会计、管理咨询		生产性服务业	
		中间需求	最终需求	中间需求	最终需求	中间需求	最终需求	中间需求	最终需求
2010	用途（亿美元）	650.51	339.56	134.41	70.41	458.77	108.3	1837.36	840.27
	占比（％）	65.7	34.3	65.6	34.4	80.9	19.1	68.6	31.4
2011	用途（亿美元）	879.24	460.33	181.76	95.36	526.38	122.67	2306.76	1057.22
	占比（％）	65.6	34.4	65.6	34.4	81.1	18.9	68.6	31.4
2012	用途（亿美元）	1027.85	514.52	212.55	106.54	506.48	125.72	2505.03	1152.15
	占比（％）	66.6	33.4	66.6	33.4	80.1	19.9	68.5	31.5
2013	用途（亿美元）	930.17	506.53	194.18	103.04	484.38	104.51	2342.38	1139.6
	占比（％）	64.7	35.3	65.3	34.7	82.3	17.7	67.3	32.7
2014	用途（亿美元）	1001.04	554.93	209.29	112.6	529.78	107.99	2457.8	1184.79
	占比（％）	64.3	35.7	65	35	83.1	16.9	67.5	32.5

三、三类部门出口商品结构

依据三类部门整体出口变化情况，可以看出，各类部门出口总值在总体上都呈上升趋势，本部分分析三类部门的商品结构变化。

（一）资源和能源类部门商品结构

资源和能源类部门由国际投入产出表中的三个部门构成，分别是林业和伐木、采矿和采石、石油加工和炼焦，根据历年国际投入产出表数据，可以知道该类部门出口商品结构变化情况（见图3.4）。

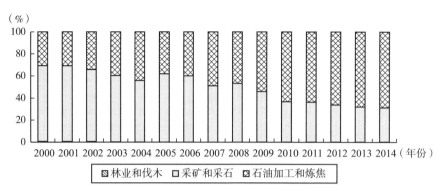

图 3.4 资源和能源类部门商品结构变化

资料来源：World Input – Output Database，http：//www.wiod.org/home。

如图 3.4 所示，2000～2014 年，林业和伐木部门出口商品所占比例微乎其微，大约在 0.23%，在图中几不可见。采矿和采石部门出口商品所占比例逐渐减少，由 2000 年所占的 68.62% 下降到 2014 年所占的 31.12%。石油加工和炼焦部门出口商品所占比例逐渐增加，由 2000 年所占的 30.70% 上升到 2014 年的 68.58%。由此可见，资源和能源类部门出口商品结构在 2000～2014 年这 15 年间发生了较大的变化，采矿和采石业出口所占比例逐渐减少，石油加工和炼焦部门出口所占比例逐渐增加。这说明，随着科技水平的提高，我国资源和能源类部门的出口正逐渐由原料物资型向深加工型转变。

（二）基础性工业品类部门商品结构

基础性工业品类部门由国际投入产出表中的三个部门构成，分别是塑料和橡胶制品、非金属矿物制品业和金融冶炼，根据历年国际投入产出表数据，可以知道该类部门出口商品结构变化情况（见图 3.5）。

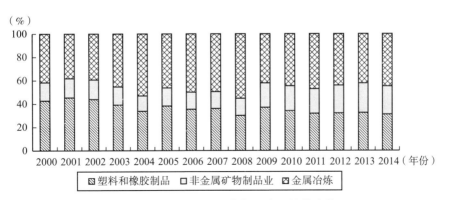

图 3.5　基础性工业品类部门商品结构变化

资料来源：World Input – Output Database，http：//www. wiod. org/home。

如图 3.5 所示，2000～2014 年，各部门出口商品所占比例并无太大变化。三个部门中，非金属矿物制品业部门所占比例最小，大约在 18%，塑料和橡胶制品与金属冶炼两部门所占比例大致相同，大约在 41%。由此可知，在这 15 年来，基础性工业品类部门商品结构并未发生太大变化，较为稳定。这说明我国基础性工业品类部门出口并未发生太大转变。

（三）　生产性服务业类部门商品结构

生产性服务业部门由国际投入产出表中的 19 个部门构成，出口值排在前 6 位的 6 个部门分别是：批发（除汽车及摩托车），法律和会计、管理咨询，水路运输，航空运输，零售（除汽车及摩托车），陆运和管道运输。根据历年国际投入产出表数据，可以知道该类部门出口商品结构变化情况（见图 3.6）。

如图 3.6 所示，批发（除汽车及摩托车）在生产性服务业类部门中所占比例最大，2000～2014 年，该部门出口商品所占比例先下降后上升，由 2000 年的 37.93% 下降到 2007 年的 28.49%，再上升到 2014 年的 42.72%，

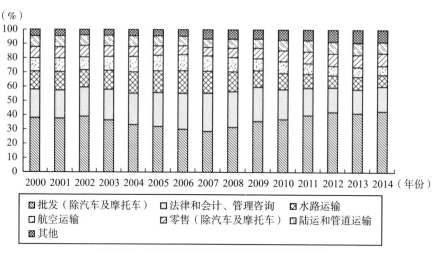

图 3.6　生产性服务业类部门商品结构变化

资料来源：World Input – Output Database，http：//www. wiod. org/home。

平均占比 36. 30%。法律和会计、管理咨询在生产性服务业类部门中所占比例第二大，2000～2014 年，该部门出口商品所占比例先上升后下降，由 2000 年的 19. 99% 上升到 2007 年的 26. 96%，2014 年下降到 17. 51%，平均占比 21. 44%。所占比例排在第三位和第四位的分别是水路运输和航空运输，2000～2014 年，这两个部门的变化趋势均为先上升后下降，平均占比分别为 12. 32% 和 8. 98%。零售（除汽车及摩托车）以及陆运和管道运输，这两个部门所占比例相当，变化趋势较为平稳，2000～2014 年这 15 年间，平均占比分别是 7. 51% 和 7. 43%。剩余 13 个部门所占比例很小，总体呈上升趋势。由此可以看出，生产性服务业类部门的商品结构总体上并无明显变化。

四、三类部门占世界出口的比例

从前面可以知道，我国的资源与能源类部门，基础性工业品类部门和生产性服务业类部门在 2000~2014 年的出口额都呈增长态势,但仅靠中国的出口数据并不能准确地把握这三类部门出口情况的变化趋势,本部分将从全球视角对上述三类部门的出口状况进行分析。

(一)资源与能源类部门的占比

根据 2000~2014 年的世界投入产出表,计算出了世界各国历年来资源与能源类部门的商品出口额,进一步得到中国资源与能源类部门商品出口额占世界该类部门商品出口总额的比例,如图 3.7 所示。

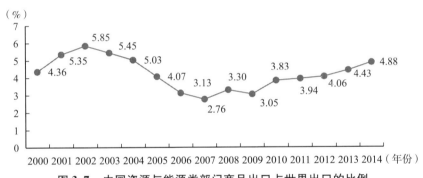

图 3.7 中国资源与能源类部门商品出口占世界出口的比例

资料来源:World Input - Output Database,http://www.wiod.org/home。

从图 3.7 中可以看出,2000~2014 年,中国资源与能源类部门商品出口额占世界资源与能源类部门商品出口总额比例的变化趋势,与中国历年该部门商品出口额的变化趋势是不相同的。2000 年,中国资源与能源部门商品出口额占世界该部门商品出口总额的 4.36%,随后 2 年所占比重持续增加,到 2002 年,出口额占世界出口总额的 5.85%,达到近 15 年来的峰值。之后,该部门出口额占世界出口总额的比重开始逐年下降,2007 年降到历年最低水平,比例为 2.76%,虽然 2008 年有所回升,但随着全球金融危机的爆发,资源与能源类部门的商品出口也受到影响,2009 年降为 3.05%。从 2009 年开始,我国资源与能源类部门的商品出口额占世界资源与能源类部门商品出口总额的比例一直呈上升趋势，一直增长到2014年的4.88%。从全球视角来看，虽然中国资源与能源类部门的商品出口额占世界该类部门出口总额比例的变化趋势有所波动，但近几年一直呈上升趋势，说明我国该类部门的直接出口的发展态势良好。

（二） 基础性工业品类部门的占比

根据2000～2014年的世界投入产出表，计算出了世界各国历年来基础性工业品类部门的商品出口额，进一步得到中国基础性工业品类部门商品出口额占世界该类部门商品出口总额的比例，如图3.8所示。

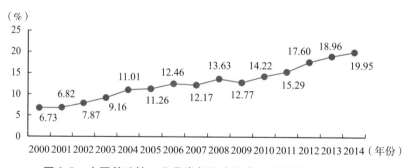

图3.8 中国基础性工业品类部门商品出口占世界出口的比例

资料来源：World Input – Output Database，http：//www.wiod.org/home。

从图3.8中可以看出，2000～2014年，中国基础性工业品类部门商品出口额占世界基础性工业品类部门商品出口总额比例的变化趋势，与中国历年该部门商品出口额的变化趋势大致相同，都是呈上升趋势。中国该类部门商品出口额占世界出口总额的比例，由2000年的6.73%上升到2014年的19.95%，增长近3倍。由此可以看出，随着工业化进程的加快，世界各国基础性工业品的需求逐年增多，我国作为基础型工业品的生产大国，在基础性工业品出口方面做得越来越好。

（三）生产性服务业类部门的占比

根据 2000～2014 年的世界投入产出表，计算出了世界各国历年来生产性服务业类部门的商品出口额，进一步得到中国生产性服务业类部门商品出口额占世界该类部门商品出口总额的比例，如图 3.9 所示。

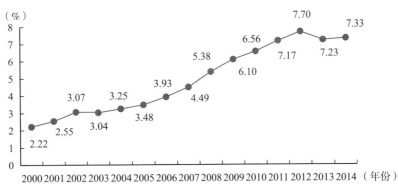

图 3.9　中国生产性服务业类部门商品出口占世界出口的比例

资料来源：World Input – Output Database，http：//www. wiod. org/home。

从图 3.9 中可以看出，2000～2014 年，中国生产性服务业类部门商品出口额占世界生产性服务业类部门商品出口总额比例的变化趋势，与中国历年该部门商品出口额的变化趋势大致相同，总体均呈上升趋势。中国该类部门商品出口额占世界出口总额的比例，由 2000 年的 2.22%上升到 2012 年的 7.70%，增长 3 倍之多。在 2013 年，所占比例有所下降，为 7.23%，但随后 2014 年，所占比例回升至 7.33%。从全球视角来看，生产性服务业的发展程度可以作为评判一个国家现代化发展程度的标准之一，我国生产性服务业类部门商品出口额占世界生产性服务业类商品出口总额的比例逐年增加，既说明了我国生产性服务业类部门商品的出口状况良好，也从侧面展现了我国现代化进程发展的良好态势。

第四章

间接贸易的测算方法

随着产品内分工的深入，间接贸易持续增长。由于间接贸易的隐蔽性，统计表无法测算间接贸易的规模。基于投入产出方法，本部分提出间接贸易的测算方法，并以钢铁间接贸易为例，检验间接贸易的测算方法。

选择钢铁为例，因为中国钢铁间接出口的规模应较为可观。一方面，钢铁①是工业的"血液"，钢铁工业是为机械制造和金属加工、燃料动力、化学工业、建筑业、宇航和军工，以及交通运输业、农业等部门提供原材料的基础性工业。钢铁作为原材料，被广泛地投入各个产业的生产中。另一方面，中国对外贸易总额屡创新高，2013年超过美国成为世界上最大的货物贸易国，同时，出口产品中包含大量的机械及运输设备等耗钢制成品，如2020年机械及运输设备出口额为12583.1亿美元，在中国出口总额中占比达48.6%。

一、测算方法和测算步骤

（一）测算方法

对间接贸易量的测算，是研究间接贸易的关键，本书采用的方法与前

---

① 生铁、粗钢和钢材是不同的钢铁产品，可通过冶炼，由生铁得到粗钢、进而得到钢材。生铁、粗钢和钢材的产量，都能反映一国的钢铁生产能力。本书选取钢材为研究对象。

面测算直接出口的方法一致，依旧采用投入产出法。

间接贸易出口的测算思路：首先，整理和补充国际投入产出表的出口数据。鉴于2000～2014年国际投入产出表中无出口统计，本书根据第三章的计算结果，补全出口数据；其次，通过完全消耗系数，计算 y 部门（如金属冶炼）对各部门的投入，即各部门单位产品中包含的金属冶炼产品；再次，基于投入产出模型，计算各部门出口产品中包含的金属冶炼产品；最后，计算钢材产值占金属冶炼产值的比值，将该比值估为金属冶炼产品中钢材的含量，进而得到出口货物总额中"隐含"的钢材出口数量（见图4.1）。

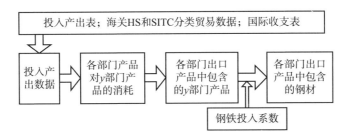

图4.1　间接贸易出口的测算思路

（二）测算步骤

（1）计算各部门对金属冶炼部门的钢材直接消耗系数。直接消耗系数又称单耗，是指某一产品部门（如 j 列部门）在生产经营过程中单位总产出直接消耗的各产品部门（如 i 行部门）的产品或服务的数量。直接消耗系数可以直接反映生产某种产品对其他产品的消耗，其计算方法是依据投入产出表的数据，用 j 产品部门的总投入（X_j），去除该部门生产经营中所直接消耗的 i 产品部门的产品数量（X_{ij}），其计算公式为：

$$A_{ij} = \frac{X_{ij}}{X_j} \ (i, j = 1, 2, \cdots, n) \tag{4.1}$$

根据式（4.1），各部门（j 部门）对金属冶炼部门（y 部门）的直接消耗系数 A_{yj}，计算公式为：

$$A_{yj} = \frac{X_{yj}}{X_j} \ (j = 1, \ 2, \ \cdots, \ n) \tag{4.2}$$

（2）计算各部门对金属冶炼部门的钢材完全消耗系数。完全消耗系数表示 j 部门每提供一个单位最终产品对 i 部门产品或服务的完全消耗量。完全消耗系数不仅反映产品部门之间的直接联系，还反映产品部门之间的间接联系。其计算方法是根据直接消耗系数矩阵，得到里昂惕夫逆阵 $(I - A)^{-1}$，随后减去一个单位矩阵 I，其计算公式为：

$$B = (I - A)^{-1} - I \tag{4.3}$$

根据式（4.3），各部门（j 部门）对金属冶炼部门（y 部门）的完全消耗系数 B_{yj}，计算公式为：

$$B_{yj} = (I - A_{yj})^{-1} - I \tag{4.4}$$

（3）测算金属冶炼部门的钢材间接出口量。由于各部门出口的每一种产品中，都或多或少包含或消耗金属冶炼部门的产品，因此，各部门对金属冶炼部门（y 部门）的间接出口总量，用钢材直接消耗系数计算可得：

$$IE_y = \sum_{j=1}^{n} A_{yj} \times E_j \ (j = 1, \ 2, \ \cdots, \ n) \tag{4.5}$$

各部门对金属冶炼部门（y 部门）的间接出口总量，用钢材完全消耗系数计算可得：

$$IE_y = \sum_{j-1}^{n} B_{yj} \times E_j \ (j = 1, \ 2, \ \cdots, \ n) \tag{4.6}$$

式（4.5）和式（4.6）中，IE_y 为冶炼部门的钢材间接出口总量，A_{yj} 为 j 部门对金属冶炼部门的直接消耗系数，B_{yj} 为 j 部门对金属冶炼部门的完全消耗系数，E_j 为 j 部门的出口量。

（4）计算钢材的间接贸易出口量。钢材属于金属冶炼部门（y 部门）的一种产品，由于无法直接获得该部门各种产品的出口比率，本书用产品产值占部门产值的比例，估算产品占部门的出口比率。因此，钢材的间接出口量可表示为：

$$IE_s = IE_y \times \frac{U_s}{U_y} \qquad\qquad (4.7)$$

式（4.7）中，IE_s 为钢材的间接贸易出口量，IE_y 为金属冶炼部门（y 部门）的间接贸易出口量，U_s 为钢材的产值，U_y 为金属冶炼部门的产值。

计算步骤涉及变量，可描述为表 4.1。

表 4.1　　　　　　　　　　间接出口的测算步骤和变量

投入产出		中间产品					最终产品			进口	总产出
		部门 J_1	部门 J_y	……	部门 J_n	合计	最终消费	资本形成	出口		
中间投入	部门 I_1 部门 I_y …… 部门 I_n 合计	A_{y1}　$A_{yj} = x_{yy}/X_y$　$\cdots$　A_{yn} 第一象限						E_1 E_y 第二象限… E_n			X_1 X_y $\cdots$ X_n
增加值		第三象限					第四象限				
总投入		X_1　X_y　$\cdots$　X_n									

注：y 部门为包含钢铁生产部门的上一级部门，如金属冶炼及压延加工业。

（三）　数据整理

通常，投入产出（IO）表第二象限有出口数据的统计，但 1987～1995 年中国投入产出表中只有净出口，而无测算间接贸易所需要的出口数据。为获得 1987～1995 年投入产出表各部门的出口数据，本书参照海关出口统计表[①]和国际收支平衡表，按照部门相同或相近的原则，构造包

---

① 海关出口统计表中，1987 年和 1990 年依据 SITC 分类进行统计，1992 年和 1995 年依据 HS 分类。

含出口数据的新的投入产出表。例如，新 IO 表中的部门 2，将《标准国际贸易分类》（SITC）中的"矿物燃料、润滑油及有关原料"部门中的"煤、焦炭及煤砖"，代替原 IO 表的部门 2（煤炭采选业）和部门 13（炼焦、煤气及煤制品业）。

为此，本书通过比对 1987 年和 1990 年海关 SITC 分类的出口统计表和国际收支平衡表，将原有 33 个部门[①]包含净出口的投入产出表，合并为 21 个部门含有出口数据的投入产出表。新的 21 个部门投入产出表中，第一象限的投入产出数据只需将 33 个部门进行叠加，第二象限中出口数据来源于海关统计和国际收支平衡表[②]，第三象限不变，第四象限仍为零。新 21 个部门投入产出表的合并方法以及 1987 年和 1990 年出口数据（见表 4.2）。

表 4.2　　　　　　　　1987 年和 1990 年 21 个部门投入产出表的

合并方法及其出口数据　　　　　　　单位：亿美元

新部门	原表部门	SITC 出口统计表和国际收支平衡表的部门分类	1987 年	1990 年
1	1	食品及主要供食用的活动物部门	47.81	66.09
2	2、13	矿物燃料、润滑油及有关原料部门中的煤、焦炭及煤砖	5.36	7.55
3	3、4、5、12	矿物燃料、润滑油及有关原料部门中的石油、石油产品及有关原料	40.08	44.82
4	6	饮料及烟类部门；动、植物油、脂及蜡部门；非食用原料部门中的油籽及含油果实和动植物原料	15.75	19.31

① 33 个部门为：农业；煤炭采选业；石油和天然气开采业；金属矿采选业；其他非金属矿采选业；食品制造业；纺织业；缝纫及皮革制品业；木材加工及家具制造业；造纸及文教用品制造业；电力及蒸汽、热水生产和供应业；石油加工业；炼焦、煤气及煤制品业；化学工业；建筑材料及其他非金属矿物制品业；金属冶炼及压延加工业；金属制品业；机械工业；交通运输设备制造业；电气机械及器材制造业；电子及通信设备制造业；仪器仪表及其他计量器具制造业；机械设备修理业；其他工业；建筑业；货运邮电业；商业；饮食业；旅客运输业；公用事业及居民服务业；文教卫生科研事业；金融保险业；行政机关。

② 新 21 个部门中，1～17 部门为第一和第二产业，用货物出口统计表的相近部门替换；而 18～21 部门为第三产业，用国际收支平衡表中经常项目项下的非贸易往来差额进行比对和替换。

续表

新部门	原表部门	SITC 出口统计表和国际收支平衡表的部门分类	1987 年	1990 年
5	7	轻纺产品、橡胶制品、矿业产品及其制品部门中的纺纱、织物、制成品及有关产品	57.9	69.99
6	8	非食用原料部门中的生皮及未硝毛皮和纺织纤维及其废料；杂项制品部门中的服装及衣着用品和鞋类	65.65	105.64
7	9、10	杂项制品部门中的其他杂项制品	18.74	36.73
8	11、25	未分类的其他商品部门	73.87	116.25
9	14	化学品及有关产品	22.35	37.3
10	15	轻纺产品、橡胶制品、矿业产品及其制品部门中的非金属矿产制品	4.39	13.16
11	16、17	轻纺产品、橡胶制品、矿业产品及其制品部门中的金属制品	23.41	42.61
12	18	机械及运输设备部门中的动力机械及设备和特种工业专用机械	2.7	8.07
13	19	机械及运输设备部门中的其他运输设备	1.96	2.52
14	20	机械及运输设备部门中的电力机械、电器及配件	3.36	12.19
15	21	机械及运输设备部门中的电讯器材、收音、录音及重放装置设备	5.03	17.38
16	22	杂项制品部门中的摄影器材、光学物品及钟表	1.65	5.58
17	23、24	机械及运输设备部门的其余产品（除 12、13、14、15 部门的产品）	4.36	15.72
18	26	经常项目项下的非贸易往来差额，其中的货运	11.55	21.63
19	27、28、30、31、33	经常项目项下的非贸易往来差额，其中的港口供应与服务和其他非贸易往来	14.37	14.73
20	29	经常项目项下的非贸易往来差额，其中的旅游收支	18.52	22.18
21	32	经常项目项下的非贸易往来差额，其中的投资收支	9.85	30.18

同样，依据上述方法，通过比对 1992 年和 1995 年的海关 HS 分类的出口统计和国际收支平衡表，得到含有出口数据的包含 21 个部门的新投

入产出表（见表4.3）。

表4.3　　　　　1992 年和 1995 年 21 个部门投入产出表的
合并方法及其出口数据　　　　　　　单位：亿美元

新部门	原 IO 表部门	HS 出口统计表和国际收支平衡表的部门分类	1992 年	1995 年
1	1	第一类、第二类	71.14	86.24
2	2、3、12、13	第五类中除去盐，硫黄，泥土及石料，石膏料、石灰及水泥和矿砂、矿渣及矿灰	46.92	53.32
3	4	第五类中的矿砂、矿渣及矿灰	1.02	1.23
4	5	第五类中的盐，硫黄，泥土及石料，石膏料、石灰及水泥	8.24	12.66
5	6	第三类、第四类	34.36	50.86
6	7	第十一类	246.30	358.78
7	8	第八类、第十二类	80.57	138.02
8	9	第九类	11.74	21.47
9	10	第十类	5.25	11.08
10	11、25	第十九类	55.62	97.32
11	14	第六类、第七类	59.52	127.02
12	15	第十三类	13.00	26.63
13	16、17	第十五类	45.51	120.79
14	18、20、21、23	第十六类	115.42	276.67
15	19	第十七类	22.03	41.16
16	22	第十八类	23.29	47.03
17	24	第十四类	10.05	17.52
18	26	经常项目项下的非贸易往来差额，其中的货运	17.80	43.30
19	27、28、30、31、33	经常项目项下的非贸易往来差额，其中的港口供应与服务和其他非贸易往来	35.22	60.70
20	29	经常项目项下的非贸易往来差额，其中的旅游收支	39.47	87.30
21	32	经常项目项下的非贸易往来差额，其中的投资收支	55.95	51.91

注：HS 统计共有 19 类商品，不一一列明，读者可查询海关统计表。

经过上述方法，笔者可以将不同年份和格式的投入产出数据进行整理和归类。由于中国投入产出表的编表制度规定逢 2、逢 7 年份编制基准年国家投入产出表，逢 0、逢 5 年份编制投入产出延长表。2020 年底，统计局发布《2018 年全国投入产出表》。因此，笔者通过数据搜集和整理，可以获得 1987～2018 年连续 30 年的投入产出数据，为间接贸易的实证分析奠定扎实的数据基础。

由于国际投入产出表和中国投入产出表的计算逻辑相同，除了使用中国投入产出表测算间接贸易外，还可以使用国际投入产出表测算间接贸易。截至 2021 年，中国投入产出表更新至 2018 年，但国际投入产出表仅更新至 2014 年。因此，使用中国投入产出表的优点在于数据的时效性更强；而国际投入产出表的优点在于，该表统计范围更广，数据分析更为深入。例如，使用国际投入产出表可以获得间接贸易结构的数据，而中国投入产出表仅能获得间接贸易规模的数据。可见，两种数据来源各有利弊，视研究目的而定，由于本书研究目的在于揭示间接贸易的经济规律，需要深层次的数据支撑，因此选用国际投入产出数据。

二、测算结果及比较

（一）测算各部门的直接消耗系数

根据 2000～2014 年国际投入产出表、历年中国钢铁年鉴中的数据，参照公式（4.1）、公式（4.2）、公式（4.5）、公式（4.7）的测算步骤，用直接消耗系数测算出的钢铁间接出口规模。2000～2014 年，中国各个部门对金属冶炼部门的直接消耗系数见表 4.4。直接消耗系数反映各部门在生产中投入的金属冶炼部门产品在总投入中所占的比重，由表可知对金属冶炼部门投入占比较高的五个部门依序分别为金属冶炼（15）、金属制品和机械设备（16）、电气设备制造（18）、机械设备制造（19）和建筑业（27），生产投入占比分别为29.2%、27%、19.2%、13%和12.3%。

表4.4 2000～2014年中国各部门对金属冶炼（部门15）的直接消耗系数

部门	2000年	2001年	2002年	2003年	2004年	2005年	2006年	2007年	2008年	2009年	2010年	2011年	2012年	2013年	2014年
1	0.1	0.1	0.1	0.1	0.1	0.1	0.1	0.1	0.1	0.1	0.1	0.1	0.1	0.1	0.1
2	0.4	0.4	0.4	0.4	0.3	0.4	0.3	0.2	0.3	0.2	0.2	0.2	0.2	0.2	0.2
3	0.3	0.3	0.3	0.3	0.2	0.2	0.2	0.1	0.1	0.1	0.1	0.1	0	0	0
4	2.2	2.4	2.3	2.8	3.0	3.5	3.3	3.3	3.3	3.1	2.9	3.0	3.0	3.0	2.8
5	0.2	0.2	0.2	0.1	0.2	0.2	0.1	0.1	0.1	0.1	0.1	0.1	0.1	0.1	0.1
6	0.2	0.2	0.2	0.2	0.2	0.3	0.3	0.3	0.3	0.2	0.2	0.2	0.2	0.2	0.2
7	0.4	0.4	0.4	0.3	0.3	0.3	0.3	0.3	0.3	0.3	0.3	0.3	0.3	0.3	0.3
8	0.4	0.4	0.4	0.4	0.3	0.4	0.4	0.4	0.5	0.4	0.4	0.5	0.4	0.5	0.4
9	0.8	0.8	0.7	0.7	0.6	0.7	0.6	0.5	0.8	0.7	0.8	1.0	1.0	1.1	1.0
10	0.9	1.0	1.0	0.9	0.8	0.6	0.6	0.6	0.6	0.8	0.7	0.8	1.0	1.0	0.9
11	0.9	0.9	0.8	1.1	1.1	1.3	1.2	1.2	1.3	1.1	1.0	1.0	1.1	1.1	1.0
12	0.4	0.4	0.4	0.3	0.3	0.3	0.3	0.3	0.3	0.2	0.2	0.2	0.2	0.2	0.2
13	1.2	1.2	1.1	1.2	1.2	1.4	1.3	1.3	1.2	1.0	0.9	0.8	0.8	0.8	0.8
14	2.4	2.5	2.4	2.5	2.6	2.7	2.5	2.4	2.5	2.2	2.2	2.2	2.3	2.3	2.2
15	28.3	28.5	27.0	29.1	30.0	30.7	29.7	29.9	29.9	28.6	27.5	27.7	29.5	29.6	29.2
16	29.8	30.2	29.2	30.4	30.7	33.0	31.9	31.0	32.1	28.0	27.7	28.3	27.6	27.3	27.0
17	2.1	2.3	2.2	2.6	2.7	3.2	3.0	2.9	3.3	2.8	2.4	2.6	2.5	2.4	2.4
18	17.8	18.2	17.5	21.1	22.7	25.4	25.3	24.9	24.9	21.5	20.0	20.3	19.5	19.3	19.2
19	15.7	16.2	15.8	17.1	17.7	20.0	18.9	18.1	17.9	14.7	13.7	13.7	13.4	13.1	13.0
20	10.5	10.5	9.6	9.6	10.4	11.7	10.7	9.6	10.2	8.2	7.4	7.9	7.9	7.5	7.3
21	10.8	10.8	10.3	11.2	12.1	13.8	12.8	11.8	12.4	10.2	9.4	9.7	9.5	8.9	8.8

续表

部门	2000年	2001年	2002年	2003年	2004年	2005年	2006年	2007年	2008年	2009年	2010年	2011年	2012年	2013年	2014年
22	3.3	3.4	3.3	4.1	4.4	4.9	4.8	4.7	5.7	5.0	5.5	6.0	6.0	6.2	6.0
23	0	0	0	0	0	0	0	0	0	0	0	0	0	0	0
24	0.6	0.6	0.6	0.5	0.4	0.4	0.4	0.4	0.5	0.5	0.5	0.5	0.6	0.6	0.5
25	0.4	0.4	0.4	0.4	0.4	0.4	0.4	0.4	0.6	0.5	0.5	0.6	0.6	0.6	0.5
26	1.1	1.1	1.0	1.0	1.0	1.1	0.9	0.8	0.8	0.6	0.5	0.5	0.4	0.4	0.3
27	8.8	9.8	10.1	12.0	12.7	13.7	13.8	13.8	14.7	12.7	12.8	13.2	13.0	12.5	12.3
28	0	0	0	0	0	0	0	0	0	0	0	0	0	0	0
29	0.1	0.1	0.1	0.1	0.1	0.1	0.1	0.1	0.1	0	0	0	0	0	0
30	0.1	0.1	0.1	0.1	0.1	0.1	0.1	0.1	0.1	0	0	0	0	0	0
31	0.5	0.5	0.5	0.5	0.5	0.6	0.5	0.4	0.5	0.3	0.3	0.3	0.3	0.3	0.3
32	0.3	0.3	0.2	0.4	0.4	0.5	0.4	0.4	0.4	0.3	0.3	0.3	0.3	0.3	0.2
33	0.2	0.2	0.1	0.2	0.3	0.4	0.4	0.3	0.4	0.3	0.2	0.2	0.2	0.2	0.2
34	1.3	1.4	1.3	1.4	1.4	1.6	1.4	1.2	1.1	0.7	0.6	0.6	0.5	0.5	0.5
35	0.2	0.2	0.2	0.2	0.2	0.2	0.1	0.1	0.2	0.1	0.1	0.2	0.2	0.2	0.2
36	0	0	0	0	0.1	0.1	0.1	0.1	0.1	0	0	0	0	0	0
37	0	0	0	0	0	0	0	0	0	0	0	0	0	0	0
38	0	0	0	0	0	0	0	0	0	0	0	0	0	0	0
39	0	0	0	0.1	0.1	0.1	0.1	0.1	0.1	0	0	0	0	0	0
40	0	0	0	0.1	0.1	0.1	0	0	0	0	0	0	0	0	0
41	0	0	0	0	0	0	0	0	0	0	0	0	0	0	0
42	0	0	0	0	0	0	0	0	0.1	0.1	0.1	0.1	0.1	0.1	0
43	0	0	0	0	0	0	0	0	0	0	0	0	0	0	0
44	0.4	0.3	0.3	0.2	0.2	0.1	0.1	0.1	0.1	0	0	0	0	0	0
45	0.1	0.1	0.1	0.1	0.1	0.2	0.2	0.2	0.2	0.2	0.2	0.2	0.2	0.2	0.2
46	0	0	0	0	0	0	0	0	0	0	0	0	0	0	0
47	0.6	0.7	0.7	0.7	0.6	0.7	0.6	0.5	0.4	0.3	0.2	0.3	0.2	0.2	0.2
48	0	0	0	0	0	0	0	0	0	0	0	0	0	0	0

续表

部门	2000年	2001年	2002年	2003年	2004年	2005年	2006年	2007年	2008年	2009年	2010年	2011年	2012年	2013年	2014年
49	0.6	0.6	0.6	0.7	0.7	0.9	0.7	0.6	0.5	0.4	0.4	0.4	0.4	0.4	0.4
50	0.6	0.6	0.6	0.6	0.6	0.8	0.7	0.6	0.4	0.3	0.2	0.2	0.2	0.2	0.2
51	0	0	0	0	0.1	0.1	0.1	0.1	0.1	0.1	0.1	0.1	0.1	0.1	0.1
52	0.2	0.2	0.2	0.2	0.2	0.2	0.2	0.2	0.2	0.1	0.1	0.1	0.1	0.1	0.1
53	0.2	0.2	0.1	0.2	0.2	0.2	0.2	0.2	0.3	0.3	0.3	0.3	0.3	0.3	0.2
54	0.3	0.3	0.3	0.3	0.3	0.3	0.3	0.3	0.3	0.2	0.2	0.3	0.3	0.3	0.3
55	0	0	0	0	0	0	0	0	0	0	0	0	0	0	0
56	0	0	0	0	0	0	0	0	0	0	0	0	0	0	0

注：由于直接消耗系数较小，为避免繁冗，表中为扩大 100 倍后的数据。
资料来源：笔者根据 World Input – Output Database 测算得出，其中部门编号对应见表 3.3。

（二） 测算各部门的最终产品出口

根据国际投入产出表的数据，计算 2000～2014 年中国各部门的总出口（包括中间使用出口和最终使用出口）。2000～2014 年，中国各部门的总出口，如表 4.5 所示。由表可知，中国出口较多的五个部门依序分别为计算机和电子产品（17）、纺织品和服装（6）、电气设备制造（18）、机械设备制造（19）和批发（29），分别出口 5.61 千亿美元、2.99 千亿美元、2.21 千亿美元、1.89 千亿美元和 1.56 千亿美元。

表 4.5　　　　　　　　2000～2014 年中国各部门的总出口　　　单位：千亿美元

部门	2000年	2001年	2002年	2003年	2004年	2005年	2006年	2007年	2008年	2009年	2010年	2011年	2012年	2013年	2014年
1	0.04	0.04	0.05	0.07	0.06	0.08	0.08	0.10	0.09	0.09	0.12	0.12	0.11	0.12	0.13
2	0	0	0	0	0	0	0	0	0	0	0	0	0	0	0
3	0	0	0	0.01	0.01	0.01	0.01	0.01	0.01	0.01	0.01	0.01	0.01	0.01	0.01

续表

部门	2000年	2001年	2002年	2003年	2004年	2005年	2006年	2007年	2008年	2009年	2010年	2011年	2012年	2013年	2014年
4	0.06	0.07	0.07	0.08	0.08	0.10	0.09	0.08	0.13	0.07	0.10	0.13	0.12	0.13	0.13
5	0.08	0.09	0.10	0.13	0.16	0.20	0.25	0.30	0.33	0.30	0.37	0.46	0.47	0.52	0.54
6	0.51	0.53	0.61	0.80	1.03	1.31	1.62	1.94	2.05	1.75	2.20	2.57	2.57	2.87	2.99
7	0.02	0.02	0.02	0.03	0.05	0.06	0.07	0.09	0.10	0.09	0.11	0.14	0.16	0.17	0.19
8	0.01	0.01	0.02	0.02	0.02	0.02	0.02	0.02	0.03	0.03	0.05	0.08	0.10	0.12	0.13
9	0.01	0.01	0.01	0.01	0.01	0.01	0.01	0.01	0.02	0.02	0.02	0.03	0.03	0.03	0.04
10	0.03	0.03	0.04	0.05	0.07	0.06	0.06	0.07	0.11	0.08	0.17	0.23	0.24	0.27	0.28
11	0.09	0.10	0.12	0.17	0.23	0.30	0.37	0.49	0.63	0.44	0.64	0.86	0.81	0.88	0.97
12	0.01	0.02	0.02	0.03	0.04	0.05	0.07	0.10	0.13	0.13	0.16	0.18	0.18	0.20	0.20
13	0.09	0.09	0.11	0.14	0.19	0.24	0.31	0.37	0.38	0.31	0.40	0.48	0.53	0.58	0.60
14	0.03	0.03	0.04	0.06	0.07	0.10	0.13	0.15	0.19	0.17	0.25	0.32	0.40	0.46	0.47
15	0.09	0.08	0.10	0.16	0.30	0.30	0.43	0.50	0.70	0.35	0.52	0.72	0.73	0.76	0.87
16	0.07	0.08	0.10	0.13	0.19	0.25	0.33	0.44	0.52	0.41	0.51	0.63	0.73	0.80	0.85
17	0.48	0.51	0.69	1.09	1.66	2.22	2.81	3.32	3.66	3.14	4.25	4.69	5.03	5.33	5.61
18	0.18	0.18	0.22	0.30	0.42	0.55	0.72	0.95	1.17	0.96	1.36	1.61	1.78	2.01	2.21
19	0.09	0.11	0.14	0.21	0.33	0.42	0.59	0.99	1.28	1.04	1.37	1.71	1.62	1.77	1.89
20	0.02	0.02	0.03	0.04	0.08	0.11	0.16	0.26	0.32	0.22	0.37	0.48	0.52	0.57	0.61
21	0.04	0.04	0.05	0.08	0.10	0.13	0.18	0.25	0.35	0.37	0.53	0.60	0.59	0.55	0.54
22	0.15	0.15	0.18	0.23	0.25	0.38	0.49	0.64	0.63	0.55	0.48	0.59	0.79	0.87	0.95
23	0	0	0	0	0	0	0	0	0	0	0	0	0	0	0
24	0.01	0.01	0.01	0.01	0.01	0.01	0.02	0.02	0.02	0.02	0.02	0.02	0.03	0.03	0.03
25	0	0	0	0	0	0	0	0	0	0	0	0	0	0	0
26	0	0	0	0	0	0	0	0	0	0	0	0.01	0.01	0.02	
27	0.01	0.01	0.01	0.02	0.02	0.02	0.04	0.06	0.07	0.07	0.08	0.11	0.12	0.16	0.14
28	0	0	0	0	0	0	0	0	0	0	0	0	0	0	
29	0.15	0.17	0.22	0.23	0.27	0.31	0.37	0.48	0.71	0.76	0.99	1.34	1.54	1.44	1.56
30	0.03	0.03	0.04	0.05	0.06	0.06	0.08	0.10	0.15	0.16	0.20	0.28	0.32	0.30	0.32

续表

部门	2000年	2001年	2002年	2003年	2004年	2005年	2006年	2007年	2008年	2009年	2010年	2011年	2012年	2013年	2014年
31	0.03	0.04	0.04	0.05	0.06	0.07	0.09	0.10	0.15	0.14	0.20	0.26	0.30	0.29	0.29
32	0.05	0.06	0.07	0.08	0.12	0.15	0.20	0.26	0.31	0.25	0.30	0.33	0.31	0.31	0.30
33	0.04	0.04	0.05	0.06	0.09	0.10	0.14	0.18	0.22	0.18	0.22	0.25	0.24	0.24	0.23
34	0	0	0	0	0	0	0	0.02	0.02	0.02	0.03	0.04	0.04	0.04	0.04
35	0	0	0	0	0	0.01	0.01	0.01	0.01	0.01	0.01	0.01	0.01	0.01	0.01
36	0.03	0.03	0.04	0.05	0.06	0.07	0.08	0.11	0.12	0.10	0.10	0.10	0.09	0.09	0.09
37	0	0	0	0	0	0	0	0	0	0	0	0	0	0	0
38	0	0	0	0	0	0	0	0	0	0	0	0	0	0	0
39	0.01	0.01	0.01	0.01	0.01	0.01	0.01	0.02	0.02	0.01	0.02	0.02	0.02	0.02	0.02
40	0.01	0.01	0.01	0.01	0.01	0.02	0.03	0.05	0.07	0.07	0.09	0.12	0.14	0.16	0.14
41	0	0	0	0	0	0	0	0.01	0.01	0.02	0.03	0.02	0.02		
42	0	0	0	0	0	0	0.01	0.01	0.02	0.02	0.02	0.04	0.04	0.04	0.05
43	0	0	0	0	0	0	0	0	0	0	0	0	0	0	0
44	0	0	0	0	0	0	0	0	0	0	0	0	0	0	0
45	0.08	0.09	0.11	0.14	0.18	0.23	0.32	0.46	0.57	0.51	0.57	0.65	0.63	0.59	0.64
46	0	0	0	0	0	0	0	0	0	0	0	0	0	0	0
47	0	0	0	0	0	0	0	0	0	0	0	0	0	0	0
48	0	0	0	0	0	0	0	0	0	0	0	0	0	0	0
49	0	0	0	0	0	0	0	0	0	0	0	0	0	0	0
50	0	0	0	0	0	0	0	0	0	0	0	0	0.03	0.03	0.03
51	0	0	0	0	0	0	0	0.01	0.01	0.01	0.01	0.01	0.01	0.01	0.01
52	0	0	0	0	0	0	0	0	0	0.01	0.01	0.01	0.01	0.01	0.01
53	0	0	0	0	0	0	0	0.01	0.01	0.01	0.01	0.01	0.01	0.01	0.01
54	0.08	0.10	0.11	0.10	0.08	0.09	0.08	0.09	0.10	0.08	0.09	0.10	0.11	0.11	0.10
55	0	0	0	0	0	0	0	0	0	0	0	0	0	0	0
56	0	0	0	0	0	0	0	0	0	0	0	0	0	0	0

资料来源：笔者根据 World Input - Output Database 测算得出，其中部门编号对应见表3.3。

（三） 测算各部门出口中包含的金属冶金

通过表 4.4 中各部门对金属冶炼部门的直接消耗系数和表 4.5 中各部门的总出口额，可计算得到各部门总出口中包含的金属冶炼产品。2000～2014 年中国各部门总出口中包含的金属冶炼产品（见表 4.6）。由表可知，中国间接出口金属冶炼产品的部门较为集中，较多的五个部门依序分别为电气设备制造（18）、金属冶炼（15）、机械设备制造（19）、金属制品（16）和计算机和电子产品（17），分别间接出口金属冶炼产品 424 亿美元、254 亿美元、246 亿美元、230 亿美元和 135 亿美元。

表 4.6　　2000～2014 年中国各部门总出口中包含的金属冶炼产品

单位：亿美元

部门	2000年	2001年	2002年	2003年	2004年	2005年	2006年	2007年	2008年	2009年	2010年	2011年	2012年	2013年	2014年
1	0	0	0.1	0.1	0.1	0.1	0.1	0.1	0.1	0.1	0.1	0.1	0.1	0.1	0.1
2	0	0	0	0	0	0	0	0	0	0	0	0	0	0	0
3	0	0	0	0	0	0	0	0	0	0	0	0	0	0	0
4	1.3	1.7	1.6	2.2	2.4	3.5	3.0	2.6	4.3	2.2	2.9	3.9	3.6	3.9	3.6
5	0.2	0.2	0.2	0.3	0.2	0.4	0.3	0.3	0.3	0.3	0.4	0.5	0.5	0.5	0.5
6	1.0	1.1	1.2	1.6	2.1	3.9	4.9	5.8	6.2	3.5	4.4	5.1	5.1	5.7	6.0
7	0.1	0.1	0.1	0.2	0.2	0.2	0.2	0.2	0.2	0.2	0.4	0.5	0.5	0.5	0.6
8	0	0	0	0.1	0.1	0.1	0.1	0.1	0.2	0.1	0.2	0.2	0.2	0.6	0.5
9	0.1	0.1	0.1	0.1	0.1	0.1	0.1	0.1	0.2	0.1	0.2	0.3	0.3	0.3	0.4
10	0.3	0.3	0.4	0.5	0.6	0.4	0.4	0.4	0.7	0.6	1.2	1.8	2.4	2.7	2.5
11	0.8	0.9	1.0	1.9	2.5	3.9	4.4	5.9	8.2	4.8	6.4	8.6	8.9	9.7	9.7
12	0	0	0.1	0.1	0.1	0.2	0.2	0.2	0.4	0.3	0.3	0.4	0.4	0.4	0.4
13	1.1	1.1	1.2	1.7	2.3	3.4	4.0	4.8	4.6	3.1	3.6	4.3	4.2	4.6	4.8

续表

部门	2000年	2001年	2002年	2003年	2004年	2005年	2006年	2007年	2008年	2009年	2010年	2011年	2012年	2013年	2014年
14	0.7	0.8	1.0	1.5	1.8	2.7	3.3	3.6	4.8	3.7	5.5	7.0	9.2	10.6	10.3
15	25.5	22.8	27.0	46.6	90.0	92.1	128.0	150.0	209.0	100.0	143.0	199.0	215.0	225.0	254.0
16	20.9	24.2	29.2	39.5	58.3	82.5	105.0	136.0	167.0	114.0	141.0	178.0	202.0	218.0	230.0
17	10.1	11.7	15.2	28.3	44.8	71.0	84.3	96.3	121.0	88.0	102.0	122.0	126.0	128.0	134.0
18	32.0	32.8	38.5	63.3	95.3	140.0	182.0	237.0	291.0	206.0	272.0	327.0	347.0	388.0	424.0
19	14.1	17.8	22.1	35.9	58.4	84.0	112.0	179.0	229.0	153.0	188.0	234.0	217.0	232.0	246.0
20	2.1	2.1	2.9	3.8	8.3	12.9	17.1	25.0	32.6	18.0	27.4	37.9	41.1	42.8	44.5
21	4.3	4.3	5.2	9.0	12.1	17.9	23.0	29.5	43.4	37.7	49.8	58.2	56.1	49.0	47.5
22	5.0	5.1	5.9	9.4	11.0	18.6	23.5	30.1	35.9	27.5	26.4	35.4	47.4	53.9	57.0
23	0	0	0	0	0	0	0	0	0	0	0	0	0	0	0
24	0.1	0.1	0.1	0.1	0	0	0.1	0.1	0.1	0.1	0.1	0.1	0.2	0.2	0.2
25	0	0	0	0	0	0	0	0	0	0	0	0	0	0	0
26	0	0	0	0	0	0	0	0	0	0	0	0	0	0	0.1
27	0.9	1.0	1.0	2.4	2.5	2.7	5.5	8.3	10.3	8.9	10.2	14.5	15.6	20.0	17.2
28															
29	0.2	0.2	0.2	0.2	0.3	0.3	0.4	0.5	0.7	0	0	0	0	0	0
30	0	0	0	0.1	0.1	0.1	0.1	0.1	0.2	0	0	0	0	0	0
31	0.2	0.2	0.2	0.3	0.3	0.4	0.5	0.4	0.8	0.4	0.6	0.8	0.9	0.9	0.9
32	0.2	0.2	0.1	0.3	0.5	0.8	0.8	1.0	1.2	0.8	0.9	1.0	0.9	0.9	0.6
33	0.1	0.1	0.1	0.1	0.3	0.4	0.6	0.5	0.9	0.5	0.4	0.5	0.5	0.5	0.5
34	0	0	0	0	0	0	0.2	0.2	0.1	0.2	0.2	0.2	0.2	0.2	0.2
35	0	0	0	0	0	0	0	0	0	0	0	0	0	0	0
36	0	0	0	0	0.1	0.1	0.1	0.1	0.1	0	0	0	0	0	0
37	0	0	0	0	0	0	0	0	0	0	0	0	0	0	0
38	0	0	0	0	0	0	0	0	0	0	0	0	0	0	0
39	0	0	0	0	0	0	0	0	0	0	0	0	0	0	0
40	0	0	0	0	0	0	0	0	0	0	0	0	0	0	0

部门	2000年	2001年	2002年	2003年	2004年	2005年	2006年	2007年	2008年	2009年	2010年	2011年	2012年	2013年	2014年
41	0	0	0	0	0	0	0	0	0	0	0	0	0	0	0
42	0	0	0	0	0	0	0	0	0	0	0	0	0	0	0
43	0	0	0	0	0	0	0	0	0	0	0	0	0	0	0
44	0	0	0	0	0	0	0	0	0	0	0	0	0	0	0
45	0.1	0.1	0.1	0.1	0.2	0.5	0.6	0.9	1.1	1.0	1.1	1.3	1.3	1.2	1.3
46	0	0	0	0	0	0	0	0	0	0	0	0	0	0	0
47	0	0	0	0	0	0	0	0	0	0	0	0	0	0	0
48	0	0	0	0	0	0	0	0	0	0	0	0	0	0	0
49	0	0	0	0	0	0	0	0	0	0	0	0	0	0	0
50	0	0	0	0	0	0	0	0	0	0	0	0	0.1	0.1	0.1
51	0	0	0	0	0	0	0	0	0	0	0	0	0	0	0
52	0	0	0	0	0	0	0	0	0	0	0	0	0	0	0
53	0	0	0	0	0	0	0	0	0	0	0	0	0	0	0
54	0.2	0.3	0.2	0.3	0.2	0.3	0.2	0.3	0.3	0.2	0.2	0.3	0.3	0.2	0.2
55	0	0	0	0	0	0	0	0	0	0	0	0	0	0	0
56	0	0	0	0	0	0	0	0	0	0	0	0	0	0	0

资料来源：笔者根据 World Input – Output Database 测算得出，其中部门编号对应见表3.3。

（四） 测算各部门对钢铁的间接出口

基于表4.6各部门总出口中包含的金属冶炼产品，结合钢材产值占金属冶金的比重，可得2000~2014年中国钢铁的间接出口额（见表4.7）。由表可知，基于直接消耗系数测算出的中国间接出口钢铁数量不断提升，尤其从2002年开始，随着中国加入WTO，货物贸易迅猛发展，钢材的间接出口额从2002年的80.6亿美元升至2008年的752.3亿美元，增长8倍之多。随着2008年全球金融危机的爆发，钢铁的间接出口也受到影响，出口额下降为 566.7 亿美元。2010 年开始钢铁间接出口额开始回升，上升到 2013 年的 1022.4 亿美元，之后 2014 年有所下降。总体来看，随着中国工业化进程的不断加快和对外贸易的迅速增长，耗钢产业出口量逐年增长，中国钢铁的间接出口额也在逐年增加。

表 4.7　　　　　　　直接消耗系数测算的 2000～2014 年中国
钢铁的间接出口额

年份	各部门产品消耗的金属冶金产品金额（亿美元）	钢材产值占金属冶金的比重	钢材的间接出口金额（亿美元）
2000	121.6	0.44	53.5
2001	129.4	0.48	62.1
2002	155.0	0.52	80.6
2003	249.9	0.57	142.4
2004	395.2	0.66	260.8
2005	543.2	0.69	374.8
2006	704.5	0.66	465.0
2007	919.1	0.67	615.8
2008	1175.5	0.64	752.3
2009	776.3	0.73	566.7
2010	988.8	0.79	781.2
2011	1243.7	0.76	945.2
2012	1307.1	0.76	993.4
2013	1400.6	0.73	1022.4
2014	1497.8	0.60	898.7

资料来源：根据 World Input – Output Database，笔者测算得出。

（五）基于完全消耗系数测算间接贸易

在直接消耗系数的基础上，完全消耗系数反映 j 部门产出单位最终产

品对 i 部门产品的完全消耗。使用完全消耗系数，将提升间接贸易的统计深度，显著提升间接贸易的统计规模。对照基于直接消耗系数对钢铁间接出口的测算过程，基于完全消耗系数的测算可分为三个步骤：（1）测算各部门的完全消耗系数；（2）测算各部门出口中包含的金属冶金；（3）测算完全消耗系数测算钢铁的间接出口。

1. 测算各部门的完全消耗系数

2000～2014 年，中国各个部门对金属冶炼部门的完全消耗系数（见表 4.8）。由表 4.8 可知对金属冶炼部门完全投入占比较高的五个部门依序分别为：金属制品和机械设备（16）、金属冶炼（15）、电气设备制造（18）、机械设备制造（19）、其他交通运输设备制造（21），生产完全投入占比分别为 50%、48%、41%、32% 和 28%，大大超过直接投入占比。

表 4.8　　　　　　　　2000～2014 年中国各部门对金属冶炼

（部门 15）的完全消耗系数　　　　　　单位：10^{-1}

部门	2000年	2001年	2002年	2003年	2004年	2005年	2006年	2007年	2008年	2009年	2010年	2011年	2012年	2013年	2014年
1	0.02	0.02	0.02	0.02	0.02	0.02	0.02	0.02	0.02	0.02	0.01	0.02	0.02	0.02	0.02
2	0.03	0.03	0.03	0.03	0.03	0.04	0.05	0.05	0.04	0.04	0.04	0.04	0.04	0.04	0.04
3	0.03	0.04	0.03	0.03	0.03	0.03	0.03	0.03	0.03	0.02	0.02	0.02	0.02	0.02	0.02
4	0.08	0.08	0.07	0.09	0.09	0.11	0.11	0.11	0.11	0.11	0.09	0.10	0.10	0.10	0.10
5	0.03	0.03	0.03	0.03	0.02	0.03	0.03	0.03	0.03	0.02	0.02	0.02	0.02	0.02	0.02
6	0.03	0.03	0.03	0.03	0.03	0.04	0.04	0.04	0.04	0.04	0.03	0.03	0.03	0.03	0.03
7	0.05	0.05	0.05	0.05	0.05	0.05	0.05	0.06	0.05	0.05	0.05	0.05	0.06	0.06	0.05
8	0.05	0.05	0.04	0.04	0.05	0.06	0.06	0.06	0.06	0.06	0.05	0.05	0.06	0.06	0.05
9	0.05	0.05	0.04	0.04	0.05	0.06	0.06	0.06	0.06	0.06	0.05	0.05	0.06	0.06	0.06
10	0.07	0.07	0.07	0.07	0.07	0.07	0.07	0.07	0.07	0.07	0.07	0.07	0.08	0.08	0.08
11	0.07	0.07	0.06	0.06	0.07	0.08	0.08	0.08	0.07	0.08	0.07	0.07	0.07	0.08	0.07
12	0.04	0.04	0.03	0.03	0.04	0.04	0.04	0.04	0.04	0.04	0.03	0.04	0.03	0.04	0.04

部门	2000年	2001年	2002年	2003年	2004年	2005年	2006年	2007年	2008年	2009年	2010年	2011年	2012年	2013年	2014年
13	0.07	0.07	0.06	0.06	0.07	0.08	0.08	0.08	0.08	0.07	0.06	0.07	0.07	0.07	0.07
14	0.10	0.10	0.09	0.10	0.10	0.12	0.11	0.11	0.12	0.11	0.10	0.10	0.11	0.11	0.11
15	0.46	0.46	0.42	0.47	0.49	0.51	0.49	0.50	0.50	0.47	0.44	0.45	0.49	0.49	0.48
16	0.53	0.53	0.49	0.53	0.54	0.59	0.57	0.57	0.59	0.52	0.49	0.50	0.51	0.51	0.50
17	0.12	0.11	0.10	0.11	0.11	0.13	0.13	0.12	0.14	0.13	0.12	0.13	0.13	0.13	0.13
18	0.36	0.36	0.33	0.39	0.43	0.48	0.48	0.49	0.50	0.44	0.40	0.41	0.41	0.42	0.41
19	0.33	0.34	0.32	0.35	0.37	0.42	0.41	0.40	0.41	0.35	0.32	0.32	0.33	0.33	0.32
20	0.28	0.28	0.25	0.26	0.28	0.32	0.31	0.31	0.32	0.27	0.24	0.26	0.26	0.26	0.25
21	0.30	0.29	0.26	0.29	0.31	0.35	0.34	0.33	0.35	0.30	0.28	0.29	0.29	0.29	0.28
22	0.10	0.10	0.09	0.10	0.11	0.12	0.12	0.12	0.13	0.12	0.12	0.12	0.13	0.13	0.13
23	0	0	0	0	0	0	0	0	0	0	0	0	0	0	0
24	0.08	0.08	0.07	0.08	0.08	0.09	0.09	0.09	0.10	0.09	0.08	0.08	0.09	0.09	0.08
25	0.09	0.09	0.08	0.08	0.08	0.08	0.08	0.08	0.08	0.07	0.06	0.06	0.06	0.07	0.06
26	0.11	0.11	0.10	0.10	0.09	0.10	0.09	0.08	0.08	0.07	0.07	0.07	0.07	0.07	0.06
27	0.21	0.22	0.21	0.25	0.26	0.29	0.29	0.29	0.32	0.27	0.27	0.27	0.28	0.28	0.27
28	0	0	0	0	0	0	0	0	0	0	0	0	0	0	0
29	0.05	0.04	0.03	0.03	0.03	0.02	0.03	0.03	0.03	0.03	0.02	0.02	0.02	0.03	0.02
30	0.05	0.04	0.03	0.03	0.03	0.02	0.03	0.03	0.03	0.03	0.02	0.02	0.02	0.03	0.02
31	0.05	0.05	0.05	0.05	0.05	0.06	0.06	0.06	0.06	0.05	0.05	0.05	0.05	0.05	0.05
32	0.06	0.06	0.05	0.06	0.06	0.07	0.07	0.06	0.07	0.06	0.06	0.06	0.06	0.06	0.06
33	0.06	0.07	0.06	0.07	0.07	0.09	0.09	0.09	0.09	0.08	0.07	0.07	0.07	0.08	0.08
34	0.08	0.08	0.07	0.07	0.07	0.08	0.07	0.07	0.07	0.06	0.05	0.05	0.05	0.06	0.05
35	0.06	0.06	0.06	0.06	0.06	0.07	0.06	0.06	0.06	0.05	0.05	0.05	0.05	0.05	0.05
36	0.03	0.03	0.02	0.03	0.02	0.03	0.03	0.03	0.03	0.02	0.02	0.02	0.02	0.02	0.02
37	0	0	0	0	0	0	0	0	0	0	0	0	0	0	0
38	0	0	0	0	0	0	0	0	0	0	0	0	0	0	0

部门	2000年	2001年	2002年	2003年	2004年	2005年	2006年	2007年	2008年	2009年	2010年	2011年	2012年	2013年	2014年
39	0.04	0.05	0.04	0.05	0.05	0.07	0.06	0.05	0.06	0.05	0.04	0.05	0.04	0.05	0.04
40	0.09	0.08	0.07	0.07	0.06	0.07	0.05	0.04	0.05	0.04	0.04	0.04	0.04	0.05	0.04
41	0.01	0.02	0.02	0.02	0.02	0.02	0.02	0.01	0.01	0.01	0.01	0.01	0.01	0.01	0.01
42	0.03	0.04	0.03	0.03	0.03	0.04	0.04	0.04	0.03	0.03	0.02	0.02	0.02	0.02	0.02
43	0	0	0	0	0	0	0	0	0	0	0	0	0	0	0
44	0.04	0.03	0.02	0.02	0.02	0.02	0.02	0.02	0.02	0.02	0.01	0.02	0.01	0.01	0.01
45	0.06	0.06	0.05	0.06	0.06	0.08	0.08	0.08	0.09	0.07	0.07	0.07	0.07	0.08	0.07
46	0	0	0	0	0	0	0	0	0	0	0	0	0	0	0
47	0.07	0.07	0.06	0.07	0.07	0.08	0.07	0.07	0.07	0.07	0.06	0.07	0.07	0.07	0.07
48	0	0	0	0	0	0	0	0	0	0	0	0	0	0	0
49	0.04	0.04	0.04	0.05	0.05	0.07	0.07	0.06	0.07	0.06	0.06	0.06	0.06	0.07	0.06
50	0.06	0.06	0.05	0.06	0.06	0.07	0.07	0.07	0.06	0.06	0.05	0.05	0.05	0.05	0.05
51	0.04	0.04	0.03	0.03	0.03	0.03	0.03	0.03	0.04	0.03	0.03	0.03	0.03	0.03	0.03
52	0.04	0.04	0.03	0.03	0.03	0.04	0.04	0.04	0.03	0.03	0.03	0.02	0.02	0.02	0.02
53	0.05	0.04	0.03	0.04	0.04	0.06	0.06	0.06	0.06	0.05	0.05	0.05	0.04	0.04	0.04
54	0.04	0.04	0.03	0.04	0.04	0.05	0.05	0.05	0.06	0.05	0.05	0.05	0.05	0.05	0.05
55	0	0	0	0	0	0	0	0	0	0	0	0	0	0	0
56	0	0	0	0	0	0	0	0	0	0	0	0	0	0	0

2. 测算各部门出口中包含的金属冶炼

通过表4.8中各部门对金属冶炼部门的完全消耗系数和表4.5中各部门的总出口额，可计算得到各部门总出口中包含的金属冶炼产品。2000～2014年中国各部门总出口中包含的金属冶炼产品（见表4.9）。由表可知，中国间接出口金属冶炼产品的部门较为集中，较多的五个部门依序分别为电气设备制造（18）、计算机和电子产品（17）、机械设备制造（19）、金属制品（16）和金属冶炼（15），分别间接出口金属冶炼产品

906亿美元、729亿美元、605亿美元、425亿美元和418亿美元，五部门间接出口额占全部间接出口额的76.4%。

表4.9　　　　2000~2014年中国各部门出口中包含的金属冶炼产品

单位：亿美元

部门	2000年	2001年	2002年	2003年	2004年	2005年	2006年	2007年	2008年	2009年	2010年	2011年	2012年	2013年	2014年
1	1	1	1	1	1	2	2	2	2	2	1	2	2	2	3
2	0	0	0	0	0	0	0	0	0	0	0	0	0	0	0
3	0	0	0	0	0	0	0	0	0	0	0	0	0	0	0
4	5	6	5	7	7	11	10	9	14	8	9	13	12	13	13
5	2	3	3	4	3	6	8	9	10	6	7	9	9	10	11
6	15	16	18	24	31	52	65	78	82	70	66	77	77	86	90
7	1	1	1	2	2	3	4	5	6	5	6	7	8	10	10
8	1	1	1	1	1	1	1	1	2	2	3	4	5	7	7
9	1	1	0	0	1	1	1	1	1	1	1	2	2	2	2
10	2	2	3	4	5	5	5	6	9	6	12	16	19	22	22
11	6	7	7	10	16	24	30	39	50	35	45	60	57	70	68
12	0	1	1	1	2	2	3	4	5	5	5	5	5	8	8
13	6	6	7	8	13	19	25	30	30	22	24	34	37	41	42
14	3	3	4	6	7	12	14	17	23	19	25	32	44	51	52
15	41	37	42	75	147	153	211	250	350	165	229	324	358	372	418
16	37	42	49	69	103	148	188	251	307	213	250	315	372	408	425
17	58	56	69	120	183	289	365	398	512	408	510	610	654	693	729
18	65	65	73	117	181	264	346	466	585	422	544	660	730	844	906
19	30	37	45	74	122	176	242	396	525	364	438	547	535	584	605
20	6	6	8	10	22	35	50	81	102	59	89	125	135	148	153
21	12	12	13	23	31	46	61	83	123	111	148	174	171	160	151
22	15	15	16	23	28	46	59	77	82	66	58	71	103	113	124

续表

部门	2000年	2001年	2002年	2003年	2004年	2005年	2006年	2007年	2008年	2009年	2010年	2011年	2012年	2013年	2014年
23	0	0	0	0	0	0	0	0	0	0	0	0	0	0	0
24	1	1	1	1	1	1	2	2	2	2	2	2	3	3	2
25	0	0	0	0	0	0	0	0	0	0	0	0	0	0	0
26	0	0	0	0	0	0	0	0	0	0	0	0	1	1	1
27	2	2	2	5	5	6	12	17	22	19	22	30	34	45	38
28	0	0	0	0	0	0	0	0	0	0	0	0	0	0	0
29	8	7	7	7	8	6	11	14	21	23	20	27	31	43	31
30	2	1	1	2	2	1	2	3	5	5	4	6	6	9	6
31	2	2	2	3	3	4	5	6	9	7	10	13	15	15	15
32	3	4	4	5	7	11	14	16	22	15	18	20	19	19	18
33	2	3	3	4	6	9	13	16	20	14	15	18	17	19	18
34	0	0	0	0	0	0	0	1	1	1	2	2	2	2	2
35	0	0	0	0	0	1	1	1	1	1	1	1	1	1	1
36	1	1	1	2	1	2	2	3	4	2	2	2	2	2	2
37	0	0	0	0	0	0	0	0	0	0	0	0	0	0	0
38	0	0	0	0	0	0	0	0	0	0	0	0	0	0	0
39	0	1	0	1	1	1	1	1	1	1	1	1	1	1	1
40	1	1	1	1	1	1	2	2	4	3	4	5	6	8	6
41	0	0	0	0	0	0	0	0	0	0	0	0	0	0	0
42	0	0	0	0	0	0	0	0	1	1	0	1	1	1	1
43	0	0	0	0	0	0	0	0	0	0	0	0	0	0	0
44	0	0	0	0	0	0	0	0	0	0	0	0	0	0	0
45	5	5	6	8	11	18	26	37	51	36	40	46	44	47	45
46	0	0	0	0	0	0	0	0	0	0	0	0	0	0	0
47	0	0	0	0	0	0	0	0	0	0	0	0	0	0	0
48	0	0	0	0	0	0	0	0	0	0	0	0	0	0	0

部门	2000年	2001年	2002年	2003年	2004年	2005年	2006年	2007年	2008年	2009年	2010年	2011年	2012年	2013年	2014年
49	0	0	0	0	0	0	0	0	0	0	0	0	0	0	0
50	0	0	0	0	0	0	0	0	0	0	0	0	2	2	2
51	0	0	0	0	0	0	0	0	0	0	0	0	0	0	0
52	0	0	0	0	0	0	0	0	0	0	0	0	0	0	0
53	0	0	0	0	0	0	0	1	1	1	1	1	0	0	0
54	3	4	3	4	3	5	4	5	6	4	5	5	6	6	5
55	0	0	0	0	0	0	0	0	0	0	0	0	0	0	0
56	0	0	0	0	0	0	0	0	0	0	0	0	0	0	0

3. 完全消耗系数测算钢铁的间接出口

基于完全消耗系数视角的各部门总出口中包含的金属冶炼产品，结合钢材产值占金属冶金的比重，可得 2000～2014 年中国钢铁的间接出口额（见表4.10）。

表 4.10　完全消耗系数测算的 2000～2014 年中国钢铁的间接出口额

年份	各部门产品消耗的金属冶金产品（亿美元）	钢材产值占金属冶金的比重（%）	钢材的间接出口（亿美元）
2000	337	0.44	148.28
2001	350	0.48	168.00
2002	397	0.52	206.44
2003	622	0.57	354.54
2004	955	0.66	630.30
2005	1361	0.69	939.09
2006	1785	0.66	1178.10
2007	2328	0.67	1559.76

年份	各部门产品消耗的金属冶金产品（亿美元）	钢材产值占金属冶金的比重（%）	钢材的间接出口（亿美元）
2008	2991	0.64	1914.24
2009	2124	0.73	1550.52
2010	2617	0.79	2067.43
2011	3269	0.76	2484.44
2012	3526	0.76	2679.76
2013	3868	0.73	2823.64
2014	4033	0.6	2419.80

资料来源：根据 World Input – Output Database，笔者测算得出。

如表 4.10 所示，自 2000 年以来，基于完全消耗系数测算的我国钢铁产业间接出口额总体呈增长趋势，由 2000 年的 148.28 亿美元增长到 2014 年的 2419.8 亿美元，整体增长近 20 倍之多。2008 年出口值达到 1914.24 亿美元，比 2007 年增长了 23.29%。同年，全球爆发金融危机，世界经济受其影响严重，国际市场需求也明显减少，2009 年，中国钢铁产业的间接出口总值下降为 1550.52 亿美元，增长率为负值。在此之后，经济形势有所缓和，2010 年，间接出口值回升至 2067.43 亿美元。随后几年，钢铁产业间接出口额一直呈上升趋势，到 2013 年，间接出口额达到 2823.64 亿美元。2014 年，出口总值下滑，增长率为负值。

（六）两种测算方法的比较

在上述计算钢铁间接出口额的过程中，笔者采用两组数据进行计算，得出两组不同的结果。一组结果是根据各部门对钢铁的直接消耗系数所测算出的，另一种结果则是根据各部门对钢铁的完全消耗系数所测算出的。

直接消耗系数，是指某一产品部门（如 j 部门）在生产经营过程中单位总产出直接消耗的各产品部门（如 i 部门）的产品或服务的数量，揭示了国民经济各部门之间的直接联系。完全消耗系数是全部直接消耗系数和全部间接消耗系数之和。完全消耗系数揭示了部门之间的直接和间接的联系，它更全面、更深刻地反映部门之间相互依存的数量关系。我们知道，在国民经济各部门之间除了直接联系外，还有间接联系。这使得各种产品间的相互消耗除了直接消耗外，还有间接消耗。完全消耗系数则是这种直接消耗和间接消耗的全面反映。下面以炼钢消耗电力为例来说明各部门之间的直接联系和间接联系，如图4.2所示。

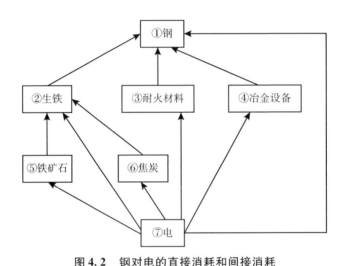

图 4.2　钢对电的直接消耗和间接消耗

从图4.2中可以看出，生产钢需要直接消耗电力，还要消耗生铁、耐火材料和冶金设备等，而在生产生铁、耐火材料、冶金设备和其他所消耗的产品时又要消耗电力。这就是钢对电的第一次间接消耗。由于所有供消耗的产品都有可能消耗电力，依此类推，还有第二次、第三次以致无穷次的间接消耗。于是，钢对电力的直接消耗和无数次间接消耗之和，就构成了钢对电的完全消耗。

同理，在钢铁间接出口方面，钢铁伴随着其他耗钢产品的出口而得到出口，如船舶和汽车的出口中，带动着钢材的间接出口。以汽车为例，在汽车的生产过程中所需要的由钢铁制成的汽车零部件，是汽车对钢铁的直接消耗，而生产零部件所需要的设备在生产过程中也要消耗钢铁，这就是汽车对钢铁的第一次间接消耗。将直接消耗与所有的间接消耗相加，就构成了汽车对钢铁的完全消耗。

基于直接消耗系数测算的钢铁间接出口额和基于完全消耗系数测算的钢铁间接出口额的比较结果，如图 4.3 所示。

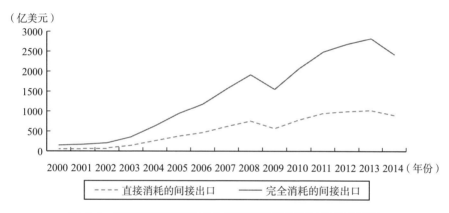

图 4.3　直接消耗系数和完全消耗系数测度钢材间接出口额

资料来源：根据 World Input‑Output Database，笔者自行测算。

如图 4.3 所示，运用直接消耗系数测算出的中国钢铁间接出口额和运用完全消耗系数测算出的中国钢铁间接出口额结果比较可以看出：一方面，运用直接消耗系数测算出的结果曲线整体在运用完全消耗系数测算出的结果曲线之下，直接消耗系数测算出的结果平均为完全消耗系数测算结果的约 50%，因为运用完全消耗系数测算出的结果包括了各部门在生产过程中对于钢铁的直接消耗和间接消耗，正好说明完全消耗系数是直接消耗与间接消耗的全面反映。另一方面，两种结果的变化趋势大致相同，整体都呈上升趋势，且在 2009 年前后，二者变化趋势都为先下降后上升，总体上增加了测算结果的可信度。

三、测算方法的实证检验

（一） 测算结果的国外检验

目前，钢材间接出口的研究不多，但无独有偶，世界钢铁协会也一直关注着钢材的间接贸易。虽然与世界钢铁协会的测算方法不同，但殊途同归，笔者预期两种方法计算的结果大体相同。

根据 HS 编码的产品分类，世界钢铁协会指出有六类含钢量较多的产品：金属产品、机械设备、电器设备、家用电器、汽车和其他运输业。世界钢铁协会定义钢铁系数为产品的钢材含量，表示为产品重量的百分比，即生产 1 吨产品所需的钢材量，如表 4.11 所示。

表 4.11 六类产品的钢铁系数 （按照 HS 制度商品分类）

产品分类	含钢商品的商品分组	钢铁系数范围
金属产品	锅炉和锅炉房、钢结构工程、金属家具、罐头、金属盒和盖子、大桶、贮罐和圆桶、其他金属商品	0.80 ~ 1.10
机械设备	机床、金属搬运设备、建筑施工和采矿机械、办公机械、机械设备、泵和机械组件、加热通风设备、农业机械	0.10 ~ 1.65
电器设备	相关产品	0.35 ~ 0.60
家用电器	相关产品	0.40 ~ 0.60
汽车	汽车和商用车辆、部件	0.20 ~ 1.00
其他运输业	脚踏车和摩托车、铁路车辆、轮船和海洋工程、航空	0.15 ~ 1.20

资料来源：World Steel Association. Indirect trade in steel, 2000 – 2013 ［R］. 2015, World Steel Association working paper.

参照世界钢铁协会对间接出口的定义，即汽车和船舶等商品出口中包含的钢铁出口，该测算逻辑类似于直接消耗系数的方法。基于钢铁系数，世界钢铁协会测度的中国钢材间接出口数据与基于投入产出方法，笔者测度的中国钢材间接出口数据的轨迹比较（见图4.4）。由于世界钢铁协会统计口径为出口数量（千吨），而投入产出方法测算结构为价格单位（亿美元），由于两个单位无法进行横向比较（若进行折算，则由于汇率和出口价格波动，将损失大量数据信息），因此笔者将两种测算结果的数据轨迹进行比较。数据轨迹相似度越高，则两种方法测算结果的一致性越强。

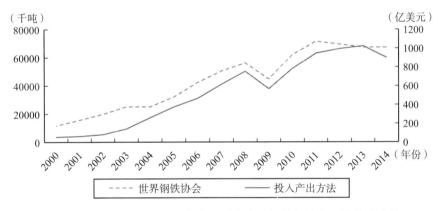

图4.4 钢铁系数法和投入产出法测度中国钢材间接出口的轨迹比较

依据图4.4，钢铁系数法和投入产出法测度中国钢材间接出口的结果比较可知：第一，两种方法测度的中国钢材间接出口数量，虽有差距，但总体差别不大，数据轨迹一致性较高；第二，两种方法测度的中国钢材间接出口数量的变化轨迹趋同，只是投入产出法测算的钢材间接出口额波动更快，且振幅更强。总体看来，世界钢铁协会测度的中国钢材间接出口额与本书基于投入产出方法测算的结果大致相同，通过与世界钢铁协会的比较，增加了投入产出测算方法和测算结果的可信度。

（二） 测算结果的国内检验

测算钢材间接出口规模的正确与否，主要取决于钢材投入量的计算。不同于世界钢铁协会基于生产的角度，测度各部门生产单位产品中需投入的钢材数量，中国钢铁工业协会（以下简称"中钢协"）基于消费的角度，测度主要耗钢部门消耗的钢材数量。预期中钢协测度的钢材投入量，与本书投入产出法测度的结果相似，则进一步检验了基于投入产出方法测算钢铁间接出口额的结果。

针对主要用钢行业，《中国钢铁工业年鉴》分析 2014 年钢材消费情况，诸如房屋建设、汽车行业和船舶行业等。投入产出系数反映了经济系统各个部分之间的投入产出关系，是生产技术的一种体现，短期内变化较小。因此，基于 2012 年投入产出表和 2014 年《中国钢铁工业年鉴》，本书选取房屋建设、汽车行业和船舶行业，比较钢铁投入量（见表 4.12）。

表 4.12　　　　投入产出表和钢铁工业年鉴计算的三部门钢材投入量

部门	投入产出表				中国钢铁工业年鉴		
	对金属冶炼部门的直接消耗系数	部门产值（亿元）	部门的钢材投入（亿元）	钢材投入（万吨）	2012 年产值	2012 年钢材投入（万吨）	钢材投入的前后之比
汽车整车	0.0529	26804	1121	2981	1927 万辆	2769	1.07
船舶及相关装置	0.1282	5875	595	1583	6021 万吨	1865	0.85
房屋建筑	0.1324	85127	8909	23687	34.6 亿平方米	21128	1.12

依据表 4.12 可知，分别基于 2012 年投入产出表和 2014 年《中国钢铁工业年鉴》而计算的汽车整车、船舶及相关装置和房屋建筑三个部门的钢材投入量大致相同，钢材投入的前后之比分别为 1.07、0.85 和 1.12，数据偏离度小于 15%。考虑统计口径的不同和估算的偏差，比较结果符

合预期，即中钢协测度的钢材投入量与投入产出法测度的结果相似。

四、投入产出法和钢铁系数法比较

（一）测算方法的不同

对比图4.6中两个方法测算的间接出口轨迹发现，针对中国钢材间接出口数量，世界钢铁协会的钢铁系数法与本书的投入产出方法测度结果存在一定差异。两种测算方法的不同表现为以下三个方面：

第一，钢铁系数的计算方法不同。世界钢铁协会依据联合国商品贸易统计数据库，通过对钢铁生产商的调查，对制成品生产商的调查，进行相关市场研究以及统计资料的计算而得出钢铁系数（具体方法并未公布）。本书依据历年国际投入产出表和中国钢铁年鉴数据，通过投入产出关系，测算各种产品的耗钢系数。

第二，测算偏差的来源不同。钢铁系数法的偏差主要来源于调查判断和数据统计，前者受制于钢铁生产商和制成品生产商的判断力，后者受制于各国统计数据的统计惯例和上报情况。投入产出法的偏差来源于两个方面：一是使用钢铁产值占 y 部门（钢铁从属部门）的产值比例，估算 y 部门的钢铁投入比例；二是由于投入产出表统计口径的变化，y 部门的选取也随之变化。

第三，涵盖商品的种类不同。世界钢铁协会针对六种主要的含钢产品，测算钢铁系数，计算间接出口量。基于投入产出的思想，笔者认为现实中任何产品都或多或少地包含钢材，如生产大米需要投入含钢的机械设备。依据国际投入产出表中所有部门，本书计算每个部门出口产品中投入的钢材数量，从而得到钢材的间接出口数量。

（二）投入产出方法的利弊

1. 与世界钢铁协会的测算方法比较，投入产出方法的优点

第一，逻辑可行，结果可信，且测算方法可知。运用投入产出测算间接出口，测算逻辑可行，且经过世界钢铁协会和中国钢铁工业协会测算结果的对比，测算结果可信。更重要的是，世界钢铁协会并未公布钢铁系数的测算方法，其他学者"知其然，而不知其所以然"，难以推进间接贸易的深入研究。

第二，测算方法简便，且统计范围更广。投入产出表的编制较为复杂，国际投入产出表的编制包括43个国家（地区）的56个部门。基于投入产出表测算钢铁系数，测算方法简便，无须进行大范围的市场调查和市场分析。并且，世界钢铁协会只测算六类主要含钢产品出口中包含的钢材，而投入产出测算方法视钢材为一种投入品，计算所有出口产品中所消耗的钢材量。

2. 与世界钢铁协会的测算方法比较，投入产出方法的不足

第一，投入产出法使用钢铁产值占 y 部门（钢铁从属部门）的产值比例，估算 y 部门的钢铁投入比例。而世界钢铁协会通过市场调查和市场分析，构建钢铁系数。前者作为一种近似替代，偏差在所难免，只能被动地寄希望于投入产出表的部门细化；而随着调查和分析的延续，调查和分析的方法将不断成熟，后者的测算结果将不断优化。

第二，y 部门（钢铁从属部门）的选取将影响投入产出方法的测算结果。不同于世界钢铁协会的研究对象始终锁定六种主要含钢产品，随着投入产出表统计口径的变化，y 部门选取也随之变化。而选取 y 部门取决于研究者的主观判断，这将影响投入产出方法的测算结果。

（三） 测算方法小结

虽然研究目的相同，都是为测算钢铁的间接贸易额，但比较两种方法，钢铁系数的计算方法不同，测算偏差的来源不同，涵盖商品的种类不同。与世界钢铁协会的测算方法相比，投入产出方法利弊共存。前者测算结果将随着调查和分析方法的成熟，而不断优化。后者的两点不足将随着投入产出表的部门细化，而逐步得到改善。

综合看来，世界钢铁协会的钢铁系数方法和本书的投入产出方法，孰优孰劣难以定论，但作为一种研究钢材间接贸易的补充方法，投入产出法仍有其可取之处。

五、钢材间接出口的测算与分析

（一） 钢材的真实出口额

直接出口和间接出口是出口的两种形式，真实出口应为直接出口和间接出口的总和。其中，直接贸易出口可以通过海关统计直接查询；间接贸易出口通过投入产出方法加以测算。本部分以钢材贸易为例，分析钢材的真实贸易规模，并比较直接贸易和间接贸易的出口贡献程度。

中国历来重视钢铁工业的发展，1996 年粗钢产量首次达到 1 亿吨，标志着中国正式跨入钢铁大国行列。2000～2014 年，我国钢材的直接贸易出口额、基于直接消耗系数的间接贸易出口额、基于完全消耗系数的间接出口额和真实出口额统计，如表 4.13 所示。

表4.13   中国钢材的真实出口额   单位：亿美元

年份	钢材直接出口额	直接消耗的间接出口	完全消耗的间接出口	钢材的真实出口额*	钢材的真实出口额**
2000	22.3	53.5	148.3	75.8	170.6
2001	18.7	62.1	168.0	80.8	186.7
2002	21.8	80.6	206.4	102.4	228.3
2003	31.0	142.4	354.5	173.5	385.6
2004	83.4	260.8	630.3	344.2	713.7
2005	130.8	374.8	939.1	505.6	1069.9
2006	262.4	465.0	1178.1	727.4	1440.5
2007	441.3	615.8	1559.8	1057.1	2001.1
2008	633.7	752.3	1914.2	1386.0	2548.0
2009	222.7	566.7	1550.5	789.4	1773.2
2010	368.2	781.2	2067.4	1149.4	2435.6
2011	512.4	945.2	2484.4	1457.6	2996.9
2012	514.8	993.4	2679.8	1508.2	3194.6
2013	532.4	1022.4	2823.6	1554.8	3356.0
2014	708.3	898.7	2419.8	1606.9	3128.1
合计	4504.2	8014.9	21124.2	12519.1	25628.8

注：*钢材的真实出口额为直接消耗系数计算结果；**钢材的真实出口额为完全消耗系数的测算结果。

资料来源：World Input – Output Database。

（1）钢铁的间接出口额较高。运用直接消耗系数测算出的中国钢铁的间接出口额从2000年的53.5亿美元，攀升至2014年的898.7亿美元，15年间，间接出口额增长接近18倍。运用完全消耗系数测算出的中国钢铁的间接出口额从2000年的148.3亿美元，攀升至2014年的2419.8亿美元，15年间，间接出口额增长19倍之多。不管运用哪种方法，从其测算结果中都可以看出，我国钢铁的间接出口额较高。究其原因：一是钢铁是基础性工业品，在生产最终产品中，钢铁作为中间品而被大量投入；二是中国是耗钢产品的出口大国，机械及运输设备是出口占比最大的产品，如 2012 年为 47%。

（2）在真实出口额中，间接出口比直接出口所占比例更高。2000 年以来，我国钢铁间接出口额总是高于直接出口额。15 年间，正是中国钢材高速发展阶段，运用直接消耗系数测算出的钢铁间接出口额，平均占钢铁真实出口额的约 64%，直接出口额仅为真实出口额的约 36%。由此可见，将间接出口纳入出口统计后，钢材真实出口额将大幅提升，间接出口是钢材出口的主旋律（见表 4.14）。

表 4.14　　　　间接出口和直接出口占钢材真实出口的比例

年份	直接出口额（亿美元）	间接出口额（亿美元）	直接出口占比（%）	间接出口占比（%）	钢材的真实出口额（亿美元）
2000	22.3	53.5	29.4	70.6	75.8
2001	18.7	62.1	23.1	76.9	80.8
2002	21.8	80.6	21.3	78.7	102.4
2003	31.0	142.4	17.9	82.1	173.5
2004	83.4	260.8	24.2	75.8	344.2
2005	130.8	374.8	25.9	74.1	505.6
2006	262.4	465.0	36.1	63.9	727.4
2007	441.3	615.8	41.7	58.3	1057.1
2008	633.7	752.3	45.7	54.3	1386.0
2009	222.7	566.7	28.2	71.8	789.4
2010	368.2	781.2	32	68	1149.4
2011	512.4	945.2	35.2	64.8	1457.6
2012	514.8	993.4	34.1	65.9	1508.2
2013	532.4	1022.4	34.2	65.8	1554.8
2014	708.3	898.7	44.1	55.9	1606.9
合计	4504.2	8014.9	36	64	12519.1

资料来源：基于 World Input - Output Database，笔者结合直接消耗系数进行测算。

（3）考虑间接出口后，出口贸易对消化钢材产能的作用将更强。将间接出口纳入出口统计后，15 年间，钢铁真实出口额大大高于钢铁直接出口额。2000～2014 年直接出口总额为 4504.2 亿美元，基于直接消耗系数的真实出口总额为 12519.1 亿美元，是直接出口总额的 2.8 倍。2000～2014 年的 15 年间钢材产值为 85960.54 亿美元，加上钢材的间接出口后，在直接消耗视角下，钢材出口占产值之比从 5.3% 提升至 14.7%，扩大 9.4 个百分点。由此可见，通过间接出口，可以缓解钢材国内产能过剩。

（二）钢材的真实出口规模

1996 年，中国钢产量过亿吨，成为钢铁大国，中国钢材出口持续增长。到 2016 年短短 20 年时间，出口量增加了 63.6 倍。近年来，我国钢材间接出口量如图 4.5 所示。从图 4.5 中可以看出我国的间接出口从 2000 年的 11.7 百万吨持续呈现上升趋势，虽然间接出口量都有大幅增长，但不同时间的动态并不相同。"十一五"期间我国钢铁间接出口量和增长率呈现双上升趋势，增长幅度相对很大。2007 年国家加大宏观调控力度，将出口增长的势头降了下来。在 2008 年达到 56.1 百万吨的峰值，金融危机爆发以后，全球经济增长放缓，主要经济体经济复苏乏力，导致全球贸易增速放缓。2009 年出现下降，国家有意通过各种措施，缓解出口压力，实施灵活的出口税收政策，稳定钢铁产品国际市场份额，鼓励钢材间接出口。2010 年经济复苏，钢铁间接出口量同比上升 38.69%，钢铁间接出口量逐渐上升，我国钢铁间接出口量从 2000～2012 年足足增长了近 6 倍，我国钢铁产品遭遇越来越多的贸易制裁，钢材出口的难度随着贸易摩擦的增多而加大。2013 年受贸易摩擦影响钢材间接出口量下降到 67.2 百万吨，2015 年由于发达国家引领全球经济复苏，致使世界钢铁需求旺盛，在世界各国大规模改善基础设施需求下，我国依据高铁建设，带动中国钢铁间接出口，中国钢材出口大幅增长，出口 70.5 百万吨。

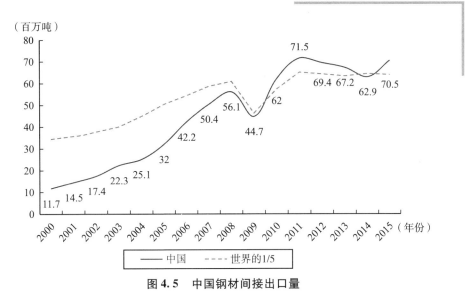

（百万吨）

图 4.5 中国钢材间接出口量

注：根据钢铁系数法测度间接出口量。

（三）钢材间接出口的贸易结构

为剖析隐藏在其他最终产品出口中的钢材间接出口，针对五类主要耗钢产品，研究钢材间接出口的贸易结构。

1. 机械设备

2016 年中国机械向欧盟国家的出口量仅增加了 0.4%，面向新兴国家及地区的出口规模大幅下降（见表 4.15）。依表可知，中国机械设备市场中美国占据 21.63%，占据第二位的日本与美国所占份额差距悬殊，其次是德国、韩国和英国。中国对巴西的机械出口下降的同时，对俄罗斯年出口的增幅却出现惊人的增长。这表明在西方国家对俄罗斯施行制裁后，中国迅速填补当地的市场空间。

表 4. 15　　　　　　　　中国钢材间接贸易市场结构　　　　　　单位：%

贱金属		机械设备		家电、电气设备		汽车		船舶	
美国	13.27	美国	21.63	美国	16.03	美国	25.33	中国香港	28.05
韩国	7.47	日本	5.60	韩国	5.81	日本	7.08	新加坡	21.28
越南	6.28	德国	3.95	日本	5.62	德国	3.47	俄罗斯	3.59
日本	4.71	韩国	2.68	荷兰	3.17	越南	3.02	荷兰	2.58
印度	3.12	英国	2.13	印度	2.91	韩国	2.77	阿拉伯	2.09

资料来源：中华人民共和国海关总署。

2. 金属产品

依表 4. 15 可知，我国金属出口美国占有 13. 27% 的市场份额，韩国 7. 47%，越南 6. 28%，各国所占份额相对比较均衡，从出口整体上看亚洲地区是我国金属出口的主要市场。

3. 家电和电气设备

目前我国电气设备出口的主要市场是南亚、中亚地区电力基础设施较为薄弱，有电力缺口或设备老旧的国家。2012 年，受欧债危机及全球经济形势不明朗等因素的影响，家电市场总体需求有所减弱，西欧等主要出口市场需求持续低迷，南美等新兴市场热度有所减缓，贸易壁垒有所抬头。

4. 汽车行业

中国依旧为全球最大的汽车市场，局限于中东、非洲、拉美、俄罗斯等新兴国家和地区，整车尤其是自主品牌整车几乎难以打入欧美等发达国家和地区。南美是中国汽车最大的出口市场，据中国汽车工业协会统计，发达国家集中的北美、西欧市场容量扩大，新兴市场比较集中的南美、东南亚地区由于经济下滑，政策法规的影响导致市场萎缩。出口市场以美国为主，占据我国汽车市场的 1/4，其次是日本、德国、越南及韩国，第五名韩国仅占 2. 77% 的市场份额。出口市场不均衡的市场分布降低了我国汽车企业在出口时抵御经济、金融危机的能力并且由于新兴市场不稳定的经济、政治格局，我国出口企业还面临进口国的政治动荡和外汇风险等不稳定因素。

5. 船舶行业

中国船舶产品出口到 188 个国家和地区，从船舶出口市场结构来看，亚洲仍然是我国船舶出口的主要地区。其中，向亚洲出口船舶的金额为 164.5 亿美元，占比 58.7%；向欧洲出口船舶的金额为 35.7 亿美元，占比 12.7%，向欧洲船舶出口同比增长近 30%，表明该地区船舶市场已开始复苏；向拉丁美洲出口船舶的金额为 33.4 亿美元，占比 11.9%；向大洋洲出口船舶的金额为 31.6 亿美元，占比 11.3%。表明该地区市场发展潜力较大。从国家和地区看，主要出口目的地为中国香港、新加坡及马绍尔群岛出口额较大，占比近 60%。马绍尔、葡萄牙、俄罗斯、巴拿马出口增幅较大。在出口额超过 1 亿美元的国家中，马绍尔群岛、葡萄牙、俄罗斯、巴拿马和印度尼西亚增长较快。

综上所述，我国主要耗钢产品的市场大部分集中在亚洲的新兴国家及地区，一小部分集中在美国、德国、日本这样的发达国家，同时受贸易壁垒影响，新兴市场减缓。

（四）间接出口商品结构的国际比较

世界各国（地区）经济发展程度不同，影响着各国（地区）主要出口耗钢商品的出口，因此将我国商品结构分别同发达国家和新兴国家进行比较分析，研判间接出口的贸易竞争力。

1. 与发达国家的比较

发达国家十分重视电气工业的发展，特别是在超高压电气传输、节约电能、低压电器智能化等方面进行了大量的研究工作，并取得了很大的成绩，中美德三国钢材间接贸易量见图 4.6。由图 4.6 不难看出美国和德国钢铁间接出口汽车行业占据46.7%的市场份额，同时在机械设备和电气设备的出口上也同样占据着优势。美国的电气工业是世界上最发达的国家之一，技术力量雄厚；德国电气设备发展很快，德国产品60%用于出口，仅次于美国和日本，居世界第三位，其中3/4销往欧洲各国。

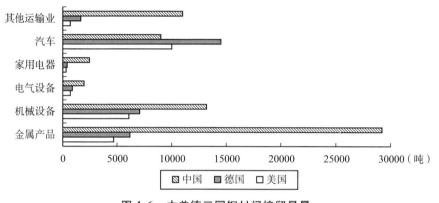

图4.6　中美德三国钢材间接贸易量

资料来源：World Steel Association. Indirect trade in steel，2000－2013［R］. 2015，World Steel Association working paper.

中国是金属制品生产大国，更是金属制品生产强国，中国依托钢丝及钢丝绳的出口间接带动钢材在金属产品中的间接出口。近年来，我国钢材间接出口中金属行业占据44.53%的比例，占据全世界钢材间接出口金属行业的23.04%，可见发展金属行业的出口可以大力带动钢材行业的出口。

2. 与新兴国家的比较

下游造船、汽车、房地产等行业的发展推动着钢铁行业发展，船舶、汽车、房地产订单与钢材的需求呈现正相关关系，刺激钢材的生产消费，钢铁企业调整产品结构、增加高附加值产品的生产更是为了适应需求的变化，中韩两国间接钢铁贸易部门分布比例如图4.7所示。据图可知，中国钢铁的间接出口着重依赖于金属产品的出口，韩国2000年着重通过其他运输业的出口间接带动钢铁的出口，13 年间韩国调整了间接钢铁贸易产业部门分布结构，加快了汽车出口的份额，实现了汽车与其他运输业双向带动的格局。

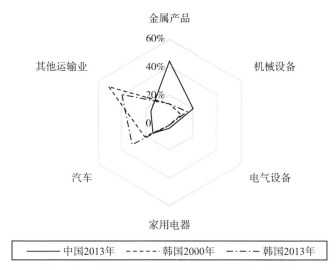

图 4.7　中日韩三国间接钢铁贸易部门分布比例

资料来源：World Steel Association. Indirect trade in steel，2000 – 2013 ［R］. World Steel Association working paper，2015.

　　建筑、汽车、船舶用钢是韩国钢材消费的主要市场，钢铁企业与汽车产业、造船业共同从事产品研发工作，推动产品质量升级，攻克技术难题的工作，促进经济效益的增长。金融危机期间，韩国钢铁需求大幅下降。国内钢铁过剩，韩国积极开拓海外市场，逐步扩大出口规模，有效缓解了市场压力。

（五）间接出口市场结构的国际比较

1. 机电出口市场结构

机电产品作为我国第一大类出口产品，其出口市场已基本呈现多元化结构，亚洲、欧洲以及北美洲三大重点市场的主导地位仍不容置疑，但对欧美日传统市场贸易增速放缓，市场份额下降，而新兴市场国家成为出口的新增长点。机电产品出口的商品结构在不断优化，高附加值和高技术产品出的比重及贡献率均有所上升，但目前仍然以劳动密集型产品出口为主，资本密集型产品不断增加；以中低端产品出口为主，新型产品更新速度慢，主要依靠老产品数量的增长拉动整体的出口增长（见表4.16）。依表可知，我国对传统市场过度出口，对潜力市场挖掘不足，尽管亚洲、欧洲和北美洲一直以来是我国机电产品出口的重点市场，但占到出口份额一半以上的亚洲市场整体处于拓展不足状态，而对欧洲和北美洲地区则处于过度集中状态。相反表中机电产品出口强国韩国和日本主要依赖于亚洲市场，德国、美国机电产品出口更具有多元化。

表4.16　　　　　　　　　　机电产品主要出口市场及其份额　　　　　　单位：%

中国		韩国		日本		德国		美国	
出口地	占比	出口地	占比	出口地	占比	出口地	占比	出口地	占比
欧盟	19.4	中国	30.8	中国	21.1	美国	9.3	墨西哥	23.1
中国香港	18.2	美国	12.9	美国	19.1	中国	8.2	加拿大	17.9
美国	18.2	中国香港	12	中国台湾	7.6	法国	6.9	中国	6.6
东盟	8.0	越南	9.6	韩国	7.2	英国	5.5	中国香港	3.4
日本	6.6	日本	3.7	中国香港	6.1	意大利	4.7	韩国	3.2

资料来源：中华人民共和国商务部，http：//www.mofcom.gov.cn。

2. 运输设备出口市场结构

根据中国商务部给出的数据整理出我国运输设备主要出口市场前五名及其份额（见表4.17）。依表可知中国运输设备占美国、中国香港市场份额增加较多，并逐年增加，主要依据亚洲市场，同韩国、日本对比看美国更倾向于从韩国、日本进口运输设备，同时在欧洲发达国家有较大的份额，德国、美国出口市场更多元化。

表 4.17　　　　　　　　　运输设备主要出口市场及其份额　　　　　　　单位：%

中国		韩国		日本		德国		美国	
出口地	占比	出口地	占比	出口地	占比	出口地	占比	出口地	占比
美国	17.9	美国	23.4	美国	33.8	美国	12.1	加拿大	21.5
中国香港	13.4	马绍尔群岛	7.9	中国	7.1	英国	10.9	墨西哥	9.8
日本	6.0	中国	5.1	澳大利亚	4.2	法国	10.7	中国	9.7
韩国	4.4	利比里亚	3.7	巴拿马	3.3	中国	9.3	英国	5.4
德国	3.0	挪威	3.5	阿联酋	2.9	意大利	4.4	德国	5.2

资料来源：中华人民共和国商务部，http://www.mofcom.gov.cn。

第五章

直接出口和间接出口的
竞争力比较

考虑隐藏的出口贸易后，任何商品的出口将同时包含直接出口和间接出口两种模式，且在出口量的衡量中，直接出口和间接出口两种模式互不包含。为进一步分析直接出口和间接出口的模式差异，鉴于钢铁产业直接出口和间接出口规模都较显著，本部分以钢铁产业为例，分析钢铁直接出口和钢铁间接出口国际竞争力之间的差异。

一、国际竞争力分析和指标选取

国际竞争力指标众多，常用指标如国际市场占有率、出口贡献率、显示性比较优势指数、可比净出口和显示性竞争优势指数等，各个国际竞争力指标对产业竞争力衡量的侧重各有不同。以单一贸易数据来衡量比较优势和国际竞争力的分析方法，所反映出的竞争能力是不全面的。

国际市场占有率、出口贡献率、显示性比较优势指数、可比净出口指数和显示性竞争优势指数等五个指标，对国际竞争力评价的侧重点各有不同，分别聚焦贸易总量、贸易结构和贸易差额等三个方面。因此，上述五个指标反映的竞争力内涵也各不相同，可分为三类（见表5.1）。

表 5.1　　　　　　　　　　　国际竞争力指标的比较

评价侧重点	指标名称	竞争力内涵
侧重市场份额	国际市场占有率	反映贸易总量竞争力比例关系
侧重出口比例	出口贡献率	反映贸易结构竞争力比例关系
	显示性比较优势	
侧重净出口比例	贸易竞争力	体现贸易差额衡量的贸易竞争力
	显示性竞争优势	

其中，国际市场占有率是衡量一国海运服务贸易市场占有率高低的依据，其计算结果越高，表明该国海运产业的竞争力越强。国际市场占有率 $M_{ij} = 100\% \times X_{ij}/X_{iw}$，其中，$M_{ij}$ 为国际市场占有率；X_{ij} 为 j 国在 i 产业上的出口额；X_{iw} 为世界在 i 产业上的出口额。

出口贡献率指一国海运服务贸易出口量与该国贸易总出口量之比，该指标越大，表示该国海运服务贸易的竞争优势越强。出口贡献率 $C_{ij} = X_{ij}/X_j$，其中，C_{ij} 为 j 国 i 产业出口贡献率，X_{ij} 为 j 国在 i 产业上的出口额，X_j 为 j 国货物贸易与服务贸易的总出口额。

显示性比较优势指数是指一国海运服务贸易出口额占其出口总值的份额与世界出口总额中该类产业出口额所占份额的比率，数值越大则竞争力越强。显示性比较优势指数 $RCA_{ij} = (X_{ij}/X_j)/(X_{iw}/X_w)$，其中，$X_{ij}$ 为 j 国在 i 产品上的出口额；X_j 为 j 国货物贸易与服务贸易的总出口额；X_{iw} 为世界出口 i 产品的总出口额；X_w 为世界总出口额。

贸易竞争力指数用于测算一国某产业出口额与进口额之差占进出口总额的比例，数值越大则竞争力越强。可比净出口指数 $NTB_{ij} = (X_{ij} - M_{ij})/(X_{ij} + M_{ij})$，其中，$X_{ij}$ 为 j 国在 i 产业上的出口额；M_{ij} 为 j 国在 i 产业上的进口额。

显示性竞争优势指数从某一产业出口的比较优势中，减去进口的比较优势，进而综合进口、出口两个方面，反映一国的竞争优势状况。该指标以 0 为界，越大则竞争力越强。显示性竞争优势指数 $CA = RCA - (M_{ij}/M_j)/(M_{iw}/M_w)$，其中，$M_{ij}$ 为国家 j 在 i 产品上的进口；M_j 为国家 j 的总进口；M_{iw} 为产业 i 在世界市场上的总进口；M_w 为世界市场的总进口。

为进一步揭示直接出口和间接出口的差异，本部分分别选取"国际市场占有率"和"贸易竞争力"指标展开分析。

二、钢铁产业国际竞争力的迭代成因

产量是衡量产业中心和产业竞争力的核心指标，钢铁产业全球转移和各国国际竞争力迭代都表现为该国钢铁产量占全球钢铁产量比重的变化。其中，产业转移是转出国产量占比的减少，而竞争力崛起是该国产量占比的增加。从世界钢铁产业转移的演变看，钢铁产业国际转移的路径大致是从英国到美国，再到日本和中国（李凯，2003）。同理，全球钢铁产业国际竞争力的迭代次序为美国取代英国、日本取代美国、中国又取代日本。通过 19 世纪中期以来全球钢铁产业转移和竞争力迭代的事实分析，结合生产要素和消费需求的视角，探讨其中的原因。

（一）英国阶段（1850~1890 年）

19 世纪 50 年代，英国发明家贝斯莫（Bessemer）发明低成本的转炉炼钢法，使得英国钢铁产业迅速发展成为世界的"领头羊"。1860 年前后，英国钢铁产量占全球产量 53%。19 世纪 70 年代到 80 年代，在国际贸易市场，英国钢铁制品处于主导地位。英国之所以能成为头号钢铁强国，主要是因为第二次工业革命使得英国炼钢技术大大提高，领先于世界，技术要素成为影响英国钢铁国际竞争力的主导因素。同时，由资本家主导的大规模厂房新建和城镇改造带来的钢铁需求也是功不可没。

19世纪末，英国粗钢产量占世界比重下滑至30%，而美国则攀升到30%。20世纪初，德国与美国的钢铁产量开始超过英国，钢铁产业转移悄然发生。其中主要有三点原因：首先生产技术更新慢，英国自恃煤炭资源丰富，1905年才大范围推广新式的炼焦炉；其次原料价格上涨，随着铁矿石储量下降和开采劳动成本上升，导致炼钢成本上升；最后钢铁消费需求不足，英国新兴工业部门发展滞后，工业用钢需求扩张不及美国和德国。

（二）美国阶段（1890~1970年）

1875年，美国钢铁产量不足40万吨，到1890年，美国钢铁产量达434万吨，占全球总产量34%，而英国产量占比不足30%，同期卡内基钢铁公司登上世界舞台。1918年，美国钢铁产量进一步达到全球六成水平。1953年产钢量突破亿吨，遥遥领先于其他国家。美国称雄世界钢铁产业的原因有三个：一是贸易保护政策为美国钢铁产业提供充足的国内市场需求；二是第三次科技革命使得美国钢铁产业技术达到世界领先水平，大大拉开与其他钢铁强国的距离；三是资源禀赋较为有利，不仅铁矿石储量丰富、品位较高，且铁路和水运较为发达。

20世纪70年代，美国钢铁产业逐步陷入衰退。在生产要素方面，石油危机的爆发对美国冲击很大，钢铁生产作为高耗能行业，生产成本被拉高；同时，美国技术革新步伐放缓，美国钢铁工业投资高峰在五六十年代，"错开"了六七十年代产生的连铸、大型高炉、计算机控制轧机等现代化技术。在消费需求方面，由于美国较早实现工业化，国内对于大型耗钢产品需求增长放缓，加之信息产业取代机器制造和汽车成为第一大产业，钢铁需求结构也随之改变。至此，全球钢铁产业转移再次发生。

（三）日本阶段（1970~2000年）

历经三次"合理规划"之后，随着千万吨级大型联合企业营业，日本钢铁企业逐渐实现生产设备规模化、自动化和高速化。1973 年日本粗钢产量达到峰值 1.19 亿吨，并于 1980 年超过美国成为全球钢铁产业的新枢纽，产钢量占全球产量 16%（同期，苏联产钢量 1.5 亿吨，居于世界首位，但于 1991 年解体，故此未纳入分析）。日本钢铁产业在恢复阶段引进国外先进技术，使其产业恢复迅速；在合理规划阶段，日本大量投资建厂，扩大规模，革新技术，使其钢铁产业国际竞争力大大提高。因此，主导日本钢铁产业国际竞争力的主要因素是资本要素和技术要素。值得一提的是，与英国和美国不同，日本钢铁出口需求较高，1980 年日本出口钢材占全球出口总量的 22%。

20 世纪八九十年代，日本钢铁产业世界领先的地位不断受到冲击。一是第二次石油危机出现，日本作为石油高度依赖进口的国家，国内钢铁产业成本大幅攀升；二是 1985 年"广场协议"导致日元迅猛升值，使得日本钢铁产业出现投机过度，国内供给和需求失衡，出现产能过剩（王海兵，2018）；三是企业经营情况恶化，日本钢铁联盟会员企业平均销售收益率从 1979 年约 10% 降至 1986 年不足 1%。之后，日本钢铁产业采取技术改造、成本控制、企业兼并、大幅裁员等措施，虽粗钢产量分别于 1996 年和 2019 年被中国和印度超过，但钢铁生产技术仍处于领先地位，钢铁强国的地位仍然稳固。

（四）中国阶段（2000 年至今）

中华人民共和国成立以来，中国高度重视钢铁产业发展，于 1996 年突破钢铁产量亿吨大关。自此，中国钢铁产量冠绝全球。21 世纪之后，钢铁产业发展迅猛，粗钢产量由 2001 年 1.52 亿吨增长到 2020 年 10.5 亿吨，粗钢产量占比超过世界半壁江山。近年来，钢铁产业技术水平不断更新，生产结构进一步优化，节能减排水平也明显提高，钢铁企业综合竞争能力持续提升。

中国钢铁产业取得如此辉煌成果与生产要素和消费需求密不可分。从生产要素看，首先技术改造和创新投入高，中华人民共和国成立初期，钢铁产业得到中央政府的高度重视，筹措大量资金投入产钢技术研发，并始终紧跟世界产钢技术的步伐；其次钢铁钢模效益较明显，1999～2005年大中型钢铁企业从不足400家增加至近千家，平均资产规模约20亿元。从消费需求看，一方面，钢铁作为重要工业原料，伴随着国家制造业的大力发展，钢铁需求旺盛；另一方面，中国注重城镇化建设，钢铁作为建设材料，被广泛投入房屋建设和工程建设之中。值得一提的是，随着世界经济增长放缓和钢铁贸易保护主义抬头，中国钢铁产业产能过剩问题逐步凸显，钢铁行业平均利润率在低位徘徊，如2018年，钢厂平均销售利润率为6.97%，2019年进一步下降到4.43%，而2019年工业平均销售利润率为5.91%。

三、生产要素和消费需求的国际比较

通过钢铁产业国际竞争力的迭代成因分析可知，生产要素和消费需求的动态变化是各国钢铁产业竞争力迭代的本质原因。本部分分别针对生产要素和消费需求进行国际比较，进而剖析中国钢铁产业国际竞争力的变化趋势。

（一）基于生产要素的国际竞争力比较

1. 基于生产要素的产业竞争力分析

由理论分析和实证检验可知，各国钢铁产业间资源、资本、劳动和技术四类生产要素禀赋的变化，以及钢铁产业要素密集度的转变，导致世界钢铁产业转移不断演进，从英国、美国、日本，进而来到中国。面对产业转移的不断演进，笔者不禁深思，作为世界钢铁第一大生产国和出口国（World Steel Association，2015），中国钢铁产业国际竞争力能否保持？追赶者印度，短期内能否赶超中国？基于生产要素成本，分析中国钢铁产业和典型企业国际竞争力及其变化趋势，进而探讨中国钢铁产业国际竞争力的可持续性。

2. 生产要素成本的国际比较

产量占据世界半壁江山，中国已是毋庸置疑地站在钢铁产业舞台中央，但面临着来自其他国家的追赶和挑战。生产成本是钢铁产业竞争力的核心体现，也是钢铁产业可持续性发展的保障（Peng P. et al.，2018）。以热轧卷为例，2018 年四季度世界主要产钢国生产成本（见图 5.1），中国热轧卷生产成本偏低，比最低的俄罗斯略高 3%，比生产成本最高的美国低出 21.6%，钢铁产业国际竞争优势明显。

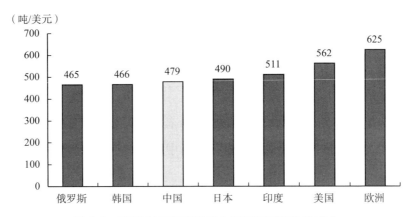

（吨/美元）

图 5.1　2018 年四季度世界主要产钢国热轧卷成本

资料来源：根据 2019 年《中国钢铁工业年鉴》整理。

在生产要素中，钢铁产业基础资源体现为资源、资本、劳动和技术等四类要素。要素成本反映各国钢铁产业基础资源的禀赋差异。2018 年四季度热轧卷基础资源的国际比较，如表 5.2 所示。静态来看，相对于国外平均水平，2018 年中国钢铁产业在资源、资本、劳动和技术等四类要素均存在竞争优势，且资金成本和技术能耗优势显著（数值越小则优势越强），同时资源要素中原材料为竞争优势、能源为竞争弱势。动态来看，2016～2018 年中国钢铁生产完全成本竞争优势由 74% 降至 87%，其中资本和技术竞争优势变化不显著，但资源和劳动竞争优势分别由 83% 和44% 降至 92% 和 87%。总体来看，中国钢铁产业竞争优势正逐步减弱。

表 5.2　　　　　　　2018 年四季度热轧卷基础资源的国际比较

基础资源	中国钢铁产业投入金额	国外钢铁产业平均投入	中国竞争优势 *	
			2016 年	2018 年
单位	美元/吨	美元/吨	%	%
资源（原材料和能源）	391	428	83	92
1. 原材料	217	278	71	78
2. 能源	174	150	104	116
资金成本	36	63	60	57
人力及综合费	52	59	44	87
完全成本	479	550	74	87
技术能耗 **	16	20	85	79

注：* 中国竞争优势为中国要素成本占国外均值的比值，比值越低，则竞争优势越强。
** 技术能耗单位为吉焦/吨，用千克标准煤/吨折算。
资料来源：笔者通过《中国钢铁工业年鉴》和《钢铁可持续报告》整理。

3. 生产要素核心能力的国际比较

核心能力代表性企业核心能力有效反映产业核心能力。世界钢铁动态公司（World Steel Dynamics）依据生产规模、市场需求、技术创新和成本控制等指标，评价钢铁企业核心能力，并持续发布"世界钢铁企业竞争力排名"（World-Class Steelmaker Rankings）。"世界级钢铁企业"国家分布的变化，可折射各国钢铁产业国际竞争力的变化。2009 年和 2019 年"世界级钢铁企业"的国家分布及其企业排名，如表 5.3 所示。一方面，从入围钢铁企业数量看，中国居首位。2009 年和 2019 年中国都有 5 家企业上榜，同时印度、美国、俄罗斯的入围钢铁企业数量紧随中国之后；另一方面，从企业竞争力排名看，在 7 个钢铁强国中，中国企业竞争力排名靠后，其中排名最高的宝钢集团①位于 15 位，仅属于中游水平。世界钢铁产业转移存在从中国继续转移的风险。

表 5.3　2009 年和 2019 年"世界级钢铁企业"的国家分布及其企业排名

类别	中国	印度	美国	俄罗斯	巴西	日本	韩国	其他	总计
2009 企业数（家）	5	6	5	4	2	2	1	7	32
2019 企业数（家）	5	4	4	4	3	2	2	12	34
2019 年入选企业排名	15 22 24 31 32	7 17 20 28	2 12 30 34	4 6 9 13	23 25 27	5 16	1 10		

注：2019 年中国 5 家入围企业分别为宝钢集团 15 名、中国钢铁公司 22 名、鞍钢集团 24 名、马钢集团 31 名和沙钢集团 32 名。

资料来源：根据世界钢铁动态公司发布的 2019 年《世界钢铁企业竞争力排名》整理。

　　综合表 5.2 和表 5.3 可知，中国钢铁产业生产成本具有显著竞争优势，但中国钢铁企业国际竞争力却大多在"世界级"企业下游水平。二者背离反映钢铁产业大而不强，中国钢铁产业核心能力优势和弱势各在何处？

　　围绕四类基础资源，2019 年"世界级钢铁企业"的核心能力如表 5.4 所示，表中企业为各个国家排名最高的企业。在资源要素中，宝钢全部低于均值，特别是自有铁矿不足，铁矿石进口依存度较高，谢维尔和西南钢铁自有铁矿充裕，浦项和新日铁对跨国产矿公司控制力强；在资本要素

---

　　① 虽宝武集团成立于 2016 年，但世界钢铁动态公司视宝钢集团为独立研究对象，鞍钢集团和马钢集团也是如此。

中，宝钢并购与合资能力强，但较弱的盈利能力造成资产负债表偏弱，谢维尔、浦项、纽柯和新日铁的资本要素表现较为突出；在技术要素中，宝钢生产规模得分最高，同时高附加值产品，宝钢大幅高于均值，仅落后于浦项和新日铁；在劳动要素中，宝钢竞争力略高于均值，西南钢铁和谢维尔劳务成本优势最强，浦项和纽柯熟练技术工人最为充裕。

表 5.4　　　　　　　2019 年世界级钢铁企业核心能力国际比较

基础资源	企业名称		浦项	纽柯	谢维尔	新日铁	西南钢铁	宝钢	34强均值
	企业排名		1	2	4	5	7	15	
	影响因素	权重*	韩国	美国	俄罗斯	日本	印度	中国	
资源	拥有铁矿	5	6	—	10	3	8	5	7.04
	能源成本	3	6	9	8	6	6	6	6.41
	采购原料	4	7	6	8	7	6	6	6.44
资本	资产负债表	5	8	8	10	7	4	5	6.35
	并购与合资	6	10	10	6	10	9	9	7.56
技术	生产规模	5	9	7	6	9	6	9	6.19
	高附加值	5	10	6	7	10	7	9	7.27
劳动	劳务成本	2	7	8	9	6	10	8	7.29
	技术工人	2	10	10	7	10	8	8	7.98

　　注：* 该表为 10 分制，得分越多则竞争力越强。权重为各因素的影响程度，篇幅有限，只选取部分影响因素，故此权重之和仅为 37。

　　资料来源：根据世界钢铁动态公司发布的《世界钢铁企业竞争力排名》整理。

4. 基于生产要素的竞争力动态趋势

　　依据经典钻石模型，在国际竞争优势的六个主要因素[1]中，生产要素

---

　　① 钻石模型六个因素分别为：生产要素、需求状况、相关及支持产业、企业战略结构和同业竞争、政府、机会。

居于首位，其重要性可见一斑。中国钢铁产业生产要素可持续性，取决于资源基础和核心能力的国内变化和国际比较。具体讨论如下：

第一，资源要素。一方面，表5.2表明中国原材料成本优势显著，但实际并非如此乐观。中国炼钢主要是长流程，使用铁矿石；发达国家大多是短流程，使用废钢为原料。因此，中国原材料成本优势与不同的生产流程有关，可比性有限，优势差距需下调。另一方面，表5.4体现中国资源要素具有明显劣势，尤其在铁矿拥有量方面，远不及谢维尔和西南钢铁。但在经济一体化时代，铁矿石已成为自由贸易的大宗商品①，加之贸易成本不断下降，进口铁矿石完全可以弥补国内不足的短板，日本即是佐证。当前，中国钢铁产业的原料采购能力略低于34家世界级钢铁企业均值（以下简称"34强均值"），特别是2020年铁矿石进口价格大幅飙涨60%值得警惕，本书认为资源要素将维持在中等水平。

第二，资本要素。一方面，表5.2反映中国钢铁产业资本成本对比国外均值略有优势；另一方面，表5.4说明国内钢铁企业并购与合资能力较强，紧随浦项和新日铁，但资产负债表表现羸弱，甚至不及34强均值水平，远不及谢维尔，仅强于垫底的西南钢铁。宝钢集团资产负债表的困境主要在于利润率较低，导致负债率居高不下。通过持续的供给侧改革和钢铁去产能，中国钢铁产业利润从谷底一路攀升，从2016年0.81%逐渐升至2019年4.43%。因此，在政府的支持下，企业并购能力将保持强势；随着利润率的提升，资产负债表将逐步修复，总体上，中国钢铁产业资本要素将维持于中游水平。

第三，劳动要素。表5.2指出，中国劳动成本虽低于国外平均水平，但竞争优势正大幅减弱。同时对比主要产钢国，与中国劳动成本较低的直觉判断不同，中国钢铁企业劳务成本不如谢维尔和西南钢铁，熟练技术工人不如美日韩三国企业。需指出，表5.4中劳动要素指标的影响权重在所

---

① 2018年12月，最大铁矿石衍生品清算所——新加坡交易所，在低品矿和62%基准品位合约的基础上，启动65%高品铁矿石衍生合约。

有要素中垫底，说明劳动要素对钢铁产业发展的影响有限。因此，在钢铁产业劳动密集型减弱的背景下，中国钢铁产业劳动要素竞争力大致将处于中游水平。

第四，技术要素。中国钢铁产业已基本脱离粗放型生产模型，表5.2表明钢铁生产技术能耗竞争优势显著，且趋于强化。依据表5.4可知，中国钢铁企业技术要素相对充裕。规模效应是反映钢铁产业生产技术的重要指标[①]，宝钢集团位列世界顶级水平。同时，在高附加值产品的生产方面，宝钢集团竞争力接近处于顶级的浦项和新日铁。反观其他产钢大国，印度技术与中国差距较大，如中国连铸比已高达99.8%，印度尚不及90%；美国钢铁产业国内市场尚难自保，频频寻求贸易保护，技术进步后劲不足。随着中国下游需求结构的变化，如各种机械设备和运输工具用钢需求超越建筑用钢，以及环保要求的不断提升，钢铁产业技术研发有着较强的需求动力和环保压力，技术研发有望长期居于国际领先水平。

综上所述，一方面，中国钢铁产业在技术要素保有强势的国际竞争优势，资本要素和劳动要素的竞争优势都处于中等水平，且可以通过进口贸易弥补资源短缺的竞争劣势；整体上，基础资源及其核心能力可形成中国钢铁产业持续竞争优势。另一方面，随着美国产业结构调整，服务业成为经济的主要支撑，钢铁产业难以再上巅峰；日本和韩国钢铁产量长期保持稳定，聚焦于高附加值钢材品种的开发，已不再追求数量目标；虽然印度和俄罗斯有替代中国的可能，但通过生产要素竞争力剖析，发现两国优势主要在于资源要素，其技术要素劣势明显。因此，中国钢铁产业若能继续保持现阶段发展势头，并通过供给侧改革不断完善生产要素短板，有望保持钢铁产业竞争优势。

---

① 技术是全要素生产率的体现，规模经济对钢材生产效率有着较强的影响，因此纳入技术要素。

（二）基于消费需求的国际竞争力比较

1. 居民需求增长放缓

居民收入刺激的钢铁消费需求应取决于两个方面：一是居民收入的增长水平。收入增加越多，居民将消费更多工业耐用品，钢铁消费需求也随之上涨。二是居民收入中消费钢铁的比例。依据产业结构升级的经验，一国从工业化时期，将逐步进入自动化和信息化时期，再演进至服务业为主导的阶段。在上述产业结构升级的过程中，居民对钢铁产业的消费倾向将不断减弱。1978～2019 年中国居民收入增长水平（用国民总收入增长率表示）和收入中消费钢铁的比例（用单位 GDP 耗钢量表示）如图 5.2 所示，国民总收入增长率和单位 GDP 耗钢量都呈现缓慢下降趋势。

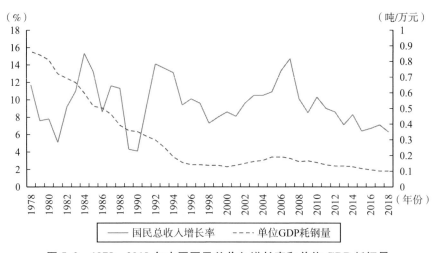

图 5.2　1978～2019 年中国国民总收入增长率和单位 GDP 耗钢量

资料来源：根据国家统计局和《中国钢铁工业年鉴》数据整理。

由图 5.2 可知：第一，国民总收入增长率趋稳，且略有下降。自 1978 年以来，中国国民总收入增长率大致经历三个阶段，波峰分别出现在

1984 年、1992 年和 2007 年，增长率分别为 15%、14% 和 15%。尤其是2007 年之后，国民总收入增长率持续下降，从 15% 降至 2018 年的 6%，但近几年降幅较小，且趋于稳定。第二，单位 GDP 耗钢量持续下降。且趋于稳定。随着中国产业结构不断升级，信息化和自动化水平不断提高，中国单位 GDP 耗钢量不断降低，尤其是中国已进入工业化后期，2018 年单位 GDP 耗钢量已跌至 0.10 吨/万元的水平。

从中长期看，一方面，中国国民总收入增长率将从高速增长阶段进入中速增长阶段。改革开放伊始，中国经济历经 30 年高速增长，自 2010 年以来经济增速明显回落，经济增长率从 10% 持续下滑至 2019 年 6%。2019 年中国人均国民收入达到 1 万美元，超过中等发达国家平均水平，中国经济稳中向好、长期向好的基本趋势没有改变，参照 GDP 中速增长的 5%～6% 目标①和 OECD 对中国预测②（Real GDP long-term forecast）结果，2020～2030 年国民总收入增长率预期维持在 4%～5% 水平。另一方面，单位 GDP 耗钢量将持续缓慢下降。随着中国进入工业化的中后期，以及 2015 年服务业占 GDP 比重首次突破 50%，中国已然迈入服务业主导的经济发展阶段。服务业是知识和技术密集型行业，对钢铁类投入品需求较低，进而导致单位 GDP 耗钢量缓慢下降，由 2015 年 0.12 吨/万元降至2019 年 0.10 吨/万元。

依据钢铁消费需求与居民收入增长率和单位 GDP 耗钢量成正比的分析，结合国民总收入增长率预期进入中速增长阶段和单位 GDP 耗钢量预期缓慢下降的预判，中长期视角下，居民收入上升刺激的钢铁产品消费需求将呈现增长逐步放缓的趋势。

2. 投资需求缓慢下降

相对于其他国家，中国投资率长期保持在较高水平，如图 5.3 所示。

---

① 2019 年 11 月，全国政协经济委员会副主任刘世锦在第六届中国"引进来"与"走出去"论坛的发言指出，中速增长平台的目标稳定下来是 5%～6% 左右。

② https：//data.oecd.org/gdp/real-gdp-long-term-forecast.htm#indicator-chart.

1980～2018 年世界平均投资率约在 25% 水平波动[1]，其中以美国为代表的发达国家和以印度为代表发展中国家的投资率分别平均为 22% 和 29%，而中国投资率平均为 40%，远远高于世界其他国家。中国投资率高位运行，究其原因有二：一是中国作为发展中国家，长期以来经济发展势头良好，尤其是改革开放之后，中国平均经济增速超过 9%，远高于 2.9% 的世界平均水平。良好经济预期推动固定资产的大规模投资。二是中国虽经济快速增长，但作为发展中国家，一直以来处于经济追赶阶段，迫切需要通过投资驱动经济增长。

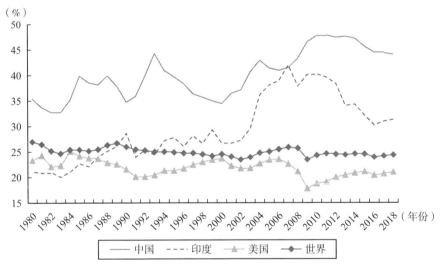

图 5.3　1980～2018 年中国、美国、印度和世界投资率水平

资料来源：世界银行，http：//www. worldbank. org/。

由图 5.3 可知，中国投资率峰值出现在 2011 年，投资率高达 48%，此后，投资率不断下跌，2019 年投资率跌至 43%，9 年来投资率下跌近 5 个百分点。笔者认为，投资率连续 9 年下跌，不是短期波动，而是投资率将进入一个略低的区间运行，理由如下：第一，经济发展阶段发生变化。

---

[1]　参考世界银行数据，用资本形成总额占比（Gross capital formation of GDP）表示投资率。

自 2012 年以来，中国经济告别过往 30 年超 10% 的高速增长阶段，逐步转入中高速增长阶段，2019 年经济增速为 6%。随着经济增速的放缓，预期投资收益率也随之下降，投资步伐也将放缓。第二，资金密集型行业投资效益下降。依据经济发展阶段理论，一国经济增长将历经要素导向、投资导向、创新导向和富裕导向四个阶段。中国已然跨过投资导向阶段，经济发展模式由粗放型逐步向集约型转变，资金密集型行业投资效益下降明显。例如，钢铁产业 2017 年平均利润仅为 3%，远低于整个工业平均 6% 的水平。第三，内需驱动型经济逐步建立。党的十九大报告指出：中国社会主要矛盾已经转化为人民日益增长的美好生活需要和不平衡不充分的发展之间的矛盾。同时国际贸易保护主义不断抬头和投资边际效应持续递减，面对内在需求和外部环境的变化，消费将替代投资成为支撑中国经济发展的基石。第四，投资水平仍将保持较高水平。由于中国经济社会发展仍旧存在较多短板，尤其在民生保障、生态环境保护和建设以及西部地区基础设施建设等方面，加之中国将大力推进高端制造业和新型基础设施领域建设，中国仍旧会保持较高的投资水平。

综上所述，中国投资率将放缓，但投资水平仍将保持高位。在此背景下，中国钢铁产业投资需求将缓慢下降，但底部支撑明显。一方面，随着投资率进入略低的运行区间，钢铁投资需求将下跌；另一方面，受益于中国投资水平仍将保持高位，钢铁投资需求仍有强大的底部支撑。

3. 生产需求强劲且可持续

钢材生产需求约七成来源于建筑行业和机械行业（见第四章表 4.1），建筑行业用钢分为房屋工程建筑和基建工程建筑。其中，房屋工程包括住宅房屋、商业及服务用房屋和办公房屋，基建工程包括铁路建设、交通建设和能源建设。机械行业则涵盖通用设备、专用设备、电气机械等制造业部门。

改革开放以来，中国大力推进城镇化和制造业建设。一方面，城镇化伴随着大量农村人口向城市的转移，在人口转移和安置过程中，既需要建设大量住宅房屋、商业房屋和办公房屋满足人们居住和办公的需求，又需要开展铁路建设、交通建设和能源建设满足人们的生活和生产需求。另一方面，机械制造业是工业的核心部分，承担着为其他生产部门提供工作设备的重任，被称为国民经济的生命线。由此可见，主要耗钢产业，即建筑行业和机械行业的发展分别取决于中国城镇化和机械制造业的发展前景。

第一，中国城镇化建设可持续 20 年。改革开放之后，伴随着中国经济的腾飞，中国城镇化建设也稳步提升，按照城镇人口占总人口的比重，1990 年中国城镇化率为 26%，2000 年和 2010 年城镇化率分别升至 36% 和 49%，2019 年城镇建设取得标志性进展，城镇化率突破 60%，30 年间城镇化水平合计提升 34 个百分点，年均提升约 1 个百分点。但作为中高等收入国家①，中国城镇化建设水平还未达到中高等收入国家平均水平，与高收入国家差距明显（见图5.4）。

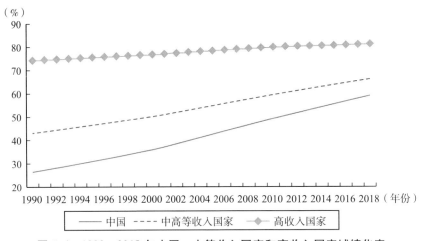

图 5.4　1990～2018 年中国、中等收入国家和高收入国家城镇化率

资料来源：世界银行，http://www.worldbank.org/。

---

① 2019 年中国人均国内生产总值为 10276 美元，按照世界银行 2019 年的标准，3996～12375 美元为中高等收入国家。

由图 5.4 可知，中国与中等收入国家和高收入国家城镇化差距不断缩小，截至 2018 年，中国城镇化率比中高等收入国家低 7 个百分点，比高收入国家低 22 个百分点。2019 年中共中央办公厅、国务院办公厅印发《关于促进劳动力和人才社会性流动体制机制改革的意见》，中央经济工作会议指出要提高中心城市和城市群综合承载能力，结合 5G 商用、工业互联网和人工智能等新型基础设施领域建设，中国推进城镇化建设的力度有望加强。参照高收入国家的城镇化水平①，以及近 30 年来每年城镇化建设提高 1 个百分点的趋势，中国城镇化还需要建设 20 年才能达到高收入国家目前的水平。因此，中国城镇化建设可持续 20 年，城镇化建设将引发大量房屋工程建设和基建工程建设，最终对建筑行业用钢形成强力和持续的支撑。

第二，中国制造业技术差距明显，建设周期较长。中国始终将制造业视为立国之本和强国之基，已建成门类齐全和独立完整的产业体系，工业产值从 1990 年 6904 亿元攀升至 2019 年 38.6 万亿元，提升 40 多倍。早在 2010 年，中国制造业产值超过美国成为世界第一，占世界比重高达 20%。2018 年中国和美国制造业总产值分别为 4 万亿美元和 2.33 万亿美元，中国已是毋庸置疑的世界制造业大国。但从制造业增加值率、核心技术拥有和高端产业占比等视角考量，中国制造业尚且"大而不强"（黄慧群，2018）。单位 GDP 能源消耗量反映生产单位 GDP 所需消耗的能源数量，生产技术越强则单位 GDP 能源消耗越低，该指标常用来衡量制造业技术水平。中国、高收入国家和世界单位 GDP 能源消耗量，如图 5.5 所示。

由图 5.5 可知，一方面，中国单位 GDP 能源消耗量不断下降，由 1990 年 0.78 千克石油/美元逐步降至 2014 年 0.17 千克石油/美元，单位 GDP 能源消耗量下降近 80%，制造业生产技术显著提升；另一方面，中国单位 GDP 能源消耗量远不及世界和高收入国家水平，但差距稳步缩小。

---

① 中国经济学家协会主席李稻葵预测，中国将在 2025 年左右进入高收入国家行列，2049 年达到高收入国家平均水平。详见《21 世纪经济报道》，2019 年 9 月 23 日。

截至 2014 年，中国单位 GDP 能源消耗量比世界平均和高收入国家分别高出 39% 和 57%。在国外制造业回流和国内资本脱实向虚的背景下，打造制造业竞争力是提升中国综合国力的必由之路。2015 年国务院印发《中国制造 2025》指出通过"三步走"的战略，即大体上每一步用 10 年左右的时间，最终实现制造业强国。在今后的二三十年内，中国制造业还有长足的发展空间，通用设备、专用设备、电气机械等机械制造部门将蓬勃发展，机械行业用钢仍将长盛不衰。

（千克石油/美元）

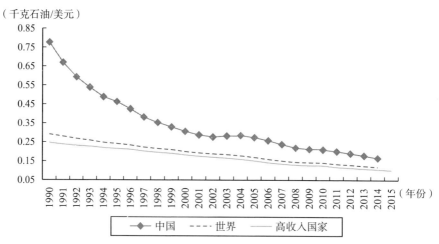

图 5.5　1990~2015 年中国、高收入国家和世界单位 GDP 能源消耗量

资料来源：世界银行和国际能源机构，GDP 按购买力平价计算。

4. 出口需求趋降

自 2015 年以来，中国钢材出口量从峰值 1 亿吨逐年下降，2019 年出口钢材仅 0.64 亿吨，下降 42%。中国钢材出口主要集中在亚洲，占比达七成，其中韩国、越南和菲律宾等国家长期居于前列，见表 5.5。

由表 5.5 可知，中国钢铁出口需求将呈现逐步下降的趋势。一方面，受制于国际经济增长放缓和国内进口替代，以及全球贸易保护主义抬头的影响，主要钢材进口国进口需求下降。例如，韩国国内钢材进口替代增加，且工业品出口下降，越南仅台塑河静钢铁厂规划产能超 2000 万吨。

另一方面，主要进口国的城镇化水平大多较低，支撑钢铁进口需求。除韩国外，越南、菲律宾、泰国和印度尼西亚四国城镇化率平均为47%，城镇化建设周期较长，钢材进口需求前景稳定。

表 5.5　　　　　　　　中国钢材主要出口国家及其城镇化率

出口排名	2015 年	2016 年	2017 年
第一	韩国	韩国	韩国（81%）
第二	越南	越南	越南（36%）
第三	菲律宾	菲律宾	菲律宾（47%）
第四	印度尼西亚	泰国	泰国（50%）
第五	印度	印度尼西亚	印度尼西亚（55%）
五国出口总量（万吨）	3909	4455	2913
五国出口占比（%）	35	41	39

注：括号中数据为城镇化率。
资料来源：依据《中国钢铁工业统计年鉴》整理。

5. 消费需求核心能力的国际比较

基于需求视角，2019 年"世界级钢铁企业"竞争力比较见表5.6。由表5.6可知：第一，"国内市场定价能力"权重为6%（权重最高值），而宝钢集团作为中国最优秀的钢铁企业，其国内市场定价能力在六国钢铁企业中排名垫底，与34强均值差距显著。究其原因在于中国钢铁产业集中度偏低，2018年日本、韩国和美国CR3（前三家企业产量占总产量比重）分别为80%、93%和54%，而中国CR10不足40%。第二，随着中国经济增长速度的放缓，中国钢铁产业面临的消费市场也趋于减弱，宝钢集团"高速增长市场"指标略低于34强均值。第三，中国仍具有大规模钢铁消费市场，因此"靠近下游用户"中宝钢集团独占鳌头，大幅高于均值。消费需求的国际比较可知：与中国钢铁消费需求趋降，但仍存在较强支撑，佐证了上述国内消费的分析结果。

表5.6　　　消费需求视角的2019年"世界级钢铁企业"竞争力强度

企业名称	浦项	纽柯	谢维尔	新日铁	西南钢铁	宝钢	34强均值
企业排名	1	2	4	5	7	15	
影响因素	权重	韩国	美国	俄罗斯	日本	印度	中国	
国内市场定价	6	8	6	8	8	7	5	7.04
高速增长市场	3	7	6	6	4	10	6	6.18
靠近下游用户	3	8	7	7	8	7	10	8.1

资料来源：根据世界钢铁动态公司发布的2018年《世界钢铁企业竞争力排名》整理。

6. 基于消费需求的竞争力动态趋势

中国强劲的钢铁需求是钢铁产业高速发展的基石，四类钢铁消费需求表现如下：第一，中国居民收入持续增长刺激钢铁居民需求上升；第二，国内高水平投资率拉动钢铁投资需求；第三，下游产业高速扩张带动钢铁生产需求；第四，虽然中国已连年稳居钢铁出口第一大国，但是国外出口需求的消费贡献较低。

基于中长期视角，结合国内外经济和社会形势的变化趋势，钢铁产业四类消费需求的动态变化如下：第一，随着中国经济进入"新常态"经济增长速度趋缓，以及工业化中后期钢铁消费偏好（单位GDP耗钢量）趋降，钢铁居民需求增长趋缓；第二，随着整体预期投资收益率下降、资金密集型行业投资效益减少和内需驱动型经济逐步建立，并结合中国仍将保持较高水平投资的判断，钢铁投资需求将缓慢下降；第三，建筑行业和机械行业是钢铁产业主要下游行业，结合中国城镇化建设可持续20年和中国制造业仍需长期建设的判断，钢铁生产需求旺盛，且可持续性强；第四，在全球经济增长放缓和贸易保护主义抬头的背景下，中国钢材主要出口国进口替代趋势增强，并考虑除韩国外，多个国家城镇化建设需求强烈，钢铁出口需求长期将缓慢下降。

综上所述，若国内外经济形势和钢铁产业自身发展不出现重大变化，中国钢铁居民需求增长趋缓、投资需求将缓慢下降、生产需求将保持强劲、出口需求将缓慢下降。由于钢材出口对消费贡献较低，增长趋缓的居民需求和缓慢下降的投资需求对钢铁产业消费贡献大致抵消，加之仍将保持强劲的生产需求，在 20 年的中长周期内，中国钢铁消费需求缓慢下降，但仍可继续支撑钢铁产业的不断发展。

四、钢铁直接出口的国际竞争力

依据国际市场占有率和贸易竞争力指标，本部分分析中国钢铁直接出口的国际竞争力，其中选取日本、韩国、美国和德国等四个产钢大国为比较对象。

（一）国际市场占有率的比较

国际市场占有率，反映一国某产品出口总额占世界该产品出口总额的比重，比重越高，则国际竞争力越强，反之则越弱。1996 年中国钢铁产量迈入亿吨大关，以此为节点，分析中国钢铁直接出口的国际竞争力。1996～2019 年中国、日本、韩国、美国和德国等产钢大国的国际市场占有率，见表 5.7。

由表 5.7 可知：第一，中国直接出口规模不断扩张，至 2015 年达到峰值 1.1 亿吨，而后逐步下降至 2019 年 0.6 亿吨；第二，中国国际市场占有率不断上升，由 1996 年的 3.02% 升至 2015 年峰值 23.87%，而后逐步下降至 2019 年 14.51%；第三，1996～2019 年，日本市场占有率维持在不足 10% 左右，韩国市场占有率由 4% 升至 7%；美国市场占有率维持在 2% 左右，德国市场占有率由 8.65% 降至 5.48%。

表 5.7　　　　　　1996～2019 年五个产钢大国的国际市场占有率

年份	中国钢材		日本钢材		韩国钢材		美国钢材		德国钢材	
	直接出口（万吨）	市场占有率（%）	直接出口（万吨）	市场占有率（%）	直接出口（万吨）	市场占有率（%）	直接出口（万吨）	市场占有率（%）	直接出口（万吨）	市场占有率（%）
1996	713	3.02	1926	8.15	1044	4.42	480	2.03	2044	8.65
1997	891	3.32	2289	8.54	1174	4.38	575	2.15	2366	8.83
1998	586	2.18	2500	9.30	1748	6.51	528	1.96	2240	8.34
1999	598	2.13	2609	9.29	1413	5.03	519	1.85	2093	7.45
2000	1116	3.63	2848	9.27	1385	4.51	619	2.02	2458	8.00
2001	749	2.49	2949	9.82	1408	4.69	582	1.94	2389	7.95
2002	664	2.08	3516	11.02	1295	4.06	567	1.78	2468	7.74
2003	824	2.48	3373	10.15	1409	4.24	773	2.33	2467	7.42
2004	2007	5.48	3477	9.50	1502	4.10	781	2.13	2728	7.45
2005	2741	7.32	3204	8.56	1612	4.31	941	2.51	2604	6.96
2006	5171	12.32	3456	8.23	1802	4.29	957	2.28	2922	6.96
2007	6636	14.82	3563	7.95	1826	4.08	980	2.19	2987	6.67
2008	5630	12.84	3692	8.42	1972	4.50	1196	2.73	2864	6.53
2009	2397	7.26	3330	10.09	2024	6.13	924	2.80	2078	6.29
2010	4165	10.60	4295	10.93	2463	6.27	1180	3.00	2535	6.45
2011	4790	11.44	4066	9.71	2887	6.90	1329	3.17	2638	6.30
2012	5479	13.17	4146	9.97	3023	7.27	1356	3.26	2582	6.21
2013	6154	14.91	4250	10.30	2893	7.01	1251	3.03	2416	5.85
2014	9291	20.31	4135	9.04	3191	6.98	1196	2.61	2476	5.41
2015	11156	23.87	4080	8.73	3117	6.67	1000	2.14	2515	5.38
2016	10807	22.68	4051	8.50	3059	6.42	925	1.94	2552	5.35
2017	7481	16.16	3747	8.09	3136	6.77	1021	2.21	2637	5.70
2018	6877	15.03	3584	7.83	3006	6.57	862	1.88	2600	5.68
2019	6374	14.51	3313	7.54	2999	6.82	727	1.65	2406	5.48

资料来源：根据《国际钢铁统计年鉴》，笔者自行计算。

（二）贸易竞争力的比较

贸易竞争力指数表示一国某产品进出口贸易差额与该产品进出口总额的比重，比重越接近1，则竞争力越强，反之则越弱。1996～2019年中国、日本、韩国、美国和德国产钢大国的贸易竞争力，如表5.8所示。

表5.8　　　　　　　　　1996～2019年五个产钢大国的贸易竞争力

年份	中国直接出口		日本直接出口		韩国直接出口		美国直接出口		德国直接出口	
	贸易顺差（万吨）	贸易竞争力	贸易顺差（万吨）	贸易竞争力	贸易顺差（万吨）	贸易竞争力	贸易顺差（万吨）	贸易竞争力	贸易顺差（万吨）	贸易竞争力
1996	-885	-0.38	1331	0.53	-69	-0.03	-2184	-0.69	505	0.14
1997	-455	-0.20	1648	0.56	227	0.11	-2272	-0.66	619	0.15
1998	-708	-0.38	2014	0.67	1390	0.66	-3266	-0.76	373	0.09
1999	-1098	-0.48	2136	0.69	521	0.23	-2754	-0.73	326	0.08
2000	-974	-0.30	2340	0.70	240	0.09	-2856	-0.70	438	0.10
2001	-1815	-0.55	2540	0.76	324	0.13	-2197	-0.65	485	0.11
2002	-2265	-0.63	3195	0.83	-125	-0.05	-2462	-0.68	688	0.16
2003	-3495	-0.68	3046	0.82	-156	-0.05	-1390	-0.47	657	0.15
2004	-1315	-0.25	3057	0.78	-270	-0.08	-2494	-0.61	734	0.16
2005	10	0	2685	0.72	-272	-0.08	-2078	-0.52	565	0.12
2006	3260	0.46	3011	0.77	-440	-0.11	-3262	-0.63	486	0.09
2007	4917	0.59	3088	0.76	-792	-0.18	-1788	-0.48	245	0.04
2008	4068	0.57	3244	0.78	-884	-0.18	-1268	-0.35	115	0.02
2009	162	0.03	3026	0.83	-10	0	-610	-0.25	312	0.08
2010	2447	0.42	3851	0.81	-15	0	-1073	-0.31	262	0.05
2011	3155	0.49	3510	0.76	604	0.12	-1361	-0.34	153	0.03
2012	4064	0.59	3573	0.76	983	0.19	-1733	-0.39	309	0.06
2013	4677	0.61	3709	0.77	990	0.21	-1730	-0.41	228	0.05
2014	7800	0.72	3462	0.72	950	0.17	-2941	-0.55	50	0.01

年份	中国直接出口		日本直接出口		韩国直接出口		美国直接出口		德国直接出口	
	贸易顺差（万吨）	贸易竞争力	贸易顺差（万吨）	贸易竞争力	贸易顺差（万吨）	贸易竞争力	贸易顺差（万吨）	贸易竞争力	贸易顺差（万吨）	贸易竞争力
2015	9838	0.79	3488	0.75	950	0.18	−2649	−0.57	33	0.01
2016	9449	0.78	3450	0.74	730	0.14	−2166	−0.54	−110	−0.02
2017	6090	0.69	3124	0.71	1204	0.24	−2546	−0.55	−72	−0.01
2018	5440	0.65	2980	0.71	1513	0.34	−2311	−0.57	−58	−0.01
2019	4823	0.61	2667	0.67	1364	0.29	−1985	−0.58	96	0.02

资料来源：根据《国际钢铁统计年鉴》，笔者自行计算。

由表可知：第一，中国钢铁贸易顺差规模不断扩张，2015年达到峰值0.98亿吨，而后逐步下降至2019年0.48亿吨；第二，中国钢铁贸易竞争力不断上升，由1996年的−0.38升至2015年峰值0.79，而后逐步下降至2019年0.61；第三，1996～2019年，日本钢铁贸易竞争力峰值为0.83，2019年降至0.67，韩国贸易竞争力由−0.03升至0.29；美国贸易竞争力维持在−0.6左右，德国贸易竞争力由0.14降至0.02。

五、钢铁间接出口的国际竞争力

同样依据国际市场占有率和贸易竞争力指标，本部分分析中国钢铁间接出口的国际竞争力，并进一步对比直接出口和间接出口的国际竞争力。

（一）国际市场占有率的比较

在间接贸易视角下，2000～2018年中国、日本、韩国、美国和德国等产钢大国的国际市场占有率，见表5.9。由表5.9可知：第一，中国间接出口规模不断扩张，由2000年1169万吨持续上升至2018年8488万吨；第二，中国国际市场占有率不断上升，由 2000 年的 6.83％升至 2018 年 24.04％；第三，2000～2018 年，日本间接出口市场占有率降至 6.15％，韩国市场占有率维持在 6％左右；美国市场占有率由 9.62％降至 5.88％，德国市场占有率一直保持在 10％左右。

表 5.9　　　　　　　2000～2018 年五个产钢大国间接出口的国际市场占有率

年份	中国钢材		日本钢材		韩国钢材		美国钢材		德国钢材	
	间接出口（万吨）	市场占有率（％）	间接出口（万吨）	市场占有率（％）	间接出口（万吨）	市场占有率（％）	间接出口（万吨）	市场占有率（％）	间接出口（万吨）	市场占有率（％）
2000	1169	6.83	1901	11.10	1128	6.59	1646	9.62	1756	10.26
2002	1571	8.46	2134	11.49	1303	7.01	1503	8.09	2107	11.34
2003	1985	10.07	2284	11.59	1267	6.43	1440	7.31	2063	10.47
2004	2512	11.24	2604	11.65	1381	6.18	1591	7.12	2246	10.05
2005	3203	12.87	2703	10.87	1501	6.03	2374	9.54	2473	9.94
2006	4223	15.69	2737	10.17	1630	6.06	1982	7.36	2780	10.33
2007	5043	17.30	2913	9.99	1793	6.15	2086	7.16	3010	10.33
2008	5607	18.54	2920	9.66	1983	6.56	2016	6.67	3025	10.00
2009	4471	19.32	2086	9.01	2196	9.49	1379	5.96	2211	9.55
2010	6201	21.73	2653	9.30	2460	8.62	1868	6.55	2684	9.41
2011	7146	22.07	2688	8.30	2689	8.30	2294	7.08	3041	9.39
2012	6943	21.42	2697	8.32	2536	7.82	2201	6.79	3011	9.29
2013	6724	21.07	2419	7.58	2267	7.10	2132	6.68	3065	9.61
2014	6746	20.79	2296	7.08	2229	6.87	2240	6.90	3206	9.88
2015	7046	21.86	2175	6.75	2270	7.04	1994	6.19	3220	9.99
2016	7105	21.55	2266	6.87	2216	6.72	2079	6.31	3299	10.01
2017	7945	23.27	2181	6.39	2145	6.28	1982	5.80	3575	10.47
2018	8488	24.04	2172	6.15	1838	5.20	2077	5.88	3715	10.52

资料来源：根据《国际钢铁统计年鉴》和国际投入产出表，笔者自行计算，其中 2001 年数据缺失。

（二）贸易竞争力的比较

在间接贸易视角下，2000～2018 年中国、日本、韩国、美国和德国等产钢大国的贸易竞争力，如表5.10所示。由表5.10可知：第一，中国间接出口贸易顺差不断扩张，由2000年697万吨持续上升至2018年7340万吨；第二，中国间接出口贸易竞争力不断上升，由2000年0.42升至2018年0.76；第三，2000～2018年，日本间接出口贸易竞争力由0.71降至0.47，韩国间接出口贸易竞争力由0.78降至0.51；美国间接出口贸易竞争力由－0.29降至－0.4，德国间接出口贸易竞争力一直保持接近0.2的水平。

表5.10　　　2000～2018 年五个产钢大国间接出口的贸易竞争力

年份	中国间接出口		日本间接出口		韩国间接出口		美国间接出口		德国间接出口	
	贸易顺差（万吨）	贸易竞争力	贸易顺差（万吨）	贸易竞争力	贸易顺差（万吨）	贸易竞争力	贸易顺差（万吨）	贸易竞争力	贸易顺差（万吨）	贸易竞争力
2000	697	0.42	1575	0.71	986	0.78	－1356	－0.29	422	0.14
2002	1039	0.49	1763	0.70	1089	0.72	－1660	－0.36	723	0.21
2003	1242	0.46	1881	0.70	1036	0.69	－1669	－0.37	619	0.18
2004	1771	0.54	2142	0.70	1071	0.63	－1741	－0.35	771	0.21
2005	2581	0.67	2166	0.67	1197	0.66	－2038	－0.30	802	0.19
2006	3502	0.71	2144	0.64	1263	0.63	－2044	－0.34	731	0.15
2007	4288	0.74	2269	0.64	1311	0.58	－1880	－0.31	1050	0.21
2008	4715	0.73	2280	0.64	1437	0.57	－1289	－0.24	938	0.18
2009	3570	0.66	1606	0.63	1633	0.59	－970	－0.26	597	0.16
2010	5014	0.68	2060	0.63	1862	0.61	－1133	－0.23	636	0.13
2011	5782	0.68	2034	0.61	2083	0.63	－1240	－0.21	796	0.15

续表

| 年份 | 中国间接出口 | | 日本间接出口 | | 韩国间接出口 | | 美国间接出口 | | 德国间接出口 | |
	贸易顺差（万吨）	贸易竞争力	贸易顺差（万吨）	贸易竞争力	贸易顺差（万吨）	贸易竞争力	贸易顺差（万吨）	贸易竞争力	贸易顺差（万吨）	贸易竞争力
2012	5663	0.69	1992	0.59	1894	0.60	-1629	-0.27	888	0.17
2013	5466	0.68	1712	0.55	1617	0.55	-1777	-0.29	973	0.19
2014	5513	0.69	1557	0.51	1620	0.57	-1673	-0.27	1027	0.19
2015	6060	0.75	1461	0.51	1610	0.55	-2275	-0.36	1035	0.19
2016	6047	0.74	1524	0.51	1546	0.54	-2352	-0.36	945	0.17
2017	6765	0.74	1408	0.48	1460	0.52	-2443	-0.38	1072	0.18
2018	7340	0.76	1388	0.47	1241	0.51	-2729	-0.40	1123	0.18

资料来源：根据《国际钢铁统计年鉴》和国际投入产出表，笔者自行计算，其中2001年数据缺失。

六、两种出口模式的竞争力差异与原因

（一）两种模式的国际市场占有率比较

中国钢材的直接出口和间接出口的国际市场占有率比较见图5.6。由图5.6可知，在2015年之前，直接出口和间接出口国际市场占有率均为趋于上升的形态，但2015年之后，受制于国际贸易保护主义的抬头，钢材直接出口市场占有率大幅下滑，但受益于中国大规模耗钢产品的持续出口，中国钢铁间接出口国际市场占有率不降反升。两种出口模式的国际市场占有率走势出现显著的差异。

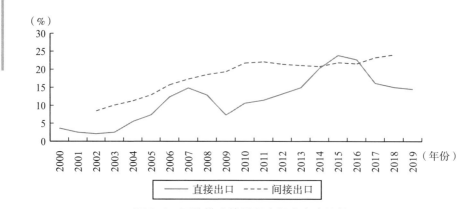

图 5.6　两种模式的国际市场占有率比较

资料来源：根据《国际钢铁统计年鉴》和国际投入产出表，笔者自行计算。

（二）两种模式的贸易竞争力比较

中国钢材的直接出口和间接出口的贸易竞争力比较见图 5.7。由图 5.7 可知，与国际市场占有率类似，在 2015 年之前，直接出口和间接出口贸易竞争力均为趋于上升的形态，但 2015 年之后，同样遭受国际贸易

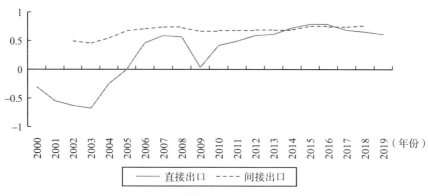

图 5.7　两种模式的贸易竞争力比较

资料来源：根据《国际钢铁统计年鉴》和国际投入产出表，笔者自行计算。

保护主义，钢材直接出口贸易竞争力大幅下滑，但由于中国仍然大规模出口耗钢产品，中国钢铁间接出口贸易竞争力仍保持上升的态势。两种出口模式的贸易竞争力走势出现显著的差异。

（三）竞争力指数差异的原因

分析直接出口和间接出口国际竞争力指数差异的原因，首先应比较两种出口模式内涵的区别。以钢铁出口为例，直接出口指中国将钢铁产品出口至全球其他国家，出口的统计对象是"钢铁产品"。而间接出口指中国出口的所有商品中，钢铁产品被包含在各类耗钢出口品中的数量，出口的统计对象是"耗钢产品中的钢铁"。由此可见，直接出口和间接出口的研究对象完全不同。

依据本章第二部分和第三部分所述，无论是钢铁的直接出口，还是间接出口都与生产要素供给和各类消费需求密切相关。以汽车出口中间接出口钢铁为例，从要素供给看，由于汽车用钢对钢材的技术要求较高，钢铁生产能力和技术水平应不断提升，方能提升汽车用钢的规模，进而通过汽车出口带动钢材间接出口；从消费需求看，当汽车的出口需求不断提升时，可同时带动钢材的间接出口。因此，生产要素供给和消费需求同时影响着直接出口和间接出口的国际竞争力。

进一步聚焦要素供给和消费需求，直接出口和间接出口的影响路径存在显著差异。一方面，在要素供给中，针对直接出口，要素供给即为生产钢铁的各类生产要素，通过各类要素供给的优化配置和效率改进，提升钢铁生产效率且降低生产成本，进而促进直接出口；而针对间接出口，要素供给通过提升钢铁使用效率和降低使用成本，扩大耗钢产品对钢铁的使用规模，进而提升间接出口。另一方面，在消费需求中，针对直接出口，通过提升钢材的出口需求进而促进直接出口；而在间接出口中，应提升耗钢产品的出口需求，方能促进间接出口。

（四） 指数差异原因的实证

机械和运输设备和汽车产品两类产品均为主要耗钢产品。基于"消费需求"视角，对比中国、日本、美国和德国四个产钢大国耗钢产品出口规模的变化趋势，进一步实证两种出口模式国际竞争力差异的原因。

1. 中国竞争力指数差异的实证

中国钢铁直接出口和间接出口贸易竞争力指数，以及"机械和运输设备"和"汽车产品"两类耗钢产品的国际市场占有率，如表 5.11 所示。由表 5.11 可知，中国钢铁直接出口竞争力与钢铁国际市场占有率波动轨迹相同，两者波峰同时出现在 2015 年，且之后皆逐年下降。但间接出口竞争力指数在 2015 年达到高位后，并未出现下降，而是继续抬升至 0.76，该变化与"机械和运输设备"和"汽车产品"两类耗钢产品的国际市场占有率变化完全一致。

表 5.11　　　　　　　2000～2019 年中国两类竞争力指数和

耗钢产品国际市场占有率

年份	贸易竞争力		国际市场占有率（％）		
	直接出口	间接出口	钢铁	机械和运输设备	汽车产品
2000	− 0. 3	0. 42	3. 63	3. 14	0. 27
2001	− 0. 55	——	2. 49	3. 82	0. 33
2002	− 0. 63	0. 49	2. 08	4. 94	0. 43
2003	− 0. 68	0. 46	2. 48	6. 39	0. 49
2004	− 0. 25	0. 54	5. 48	7. 61	0. 73
2005	0	0. 67	7. 32	9. 14	1. 08
2006	0. 46	0. 71	12. 32	10. 41	1. 41

续表

年份	贸易竞争力		国际市场占有率（%）		
	直接出口	间接出口	钢铁	机械和运输设备	汽车产品
2007	0.59	0.74	14.82	11.61	1.92
2008	0.57	0.73	12.84	12.57	2.32
2009	0.03	0.66	7.26	14.01	2.34
2010	0.42	0.68	10.6	15.32	2.56
2011	0.49	0.68	11.44	15.68	2.91
2012	0.59	0.69	13.17	16.67	3.31
2013	0.61	0.68	14.91	17.41	3.41
2014	0.72	0.69	20.31	17.4	3.62
2015	0.79	0.75	23.87	18.69	3.71
2016	0.78	0.74	22.68	17.55	3.53
2017	0.69	0.74	16.16	17.62	3.7
2018	0.65	0.76	15.03	18.27	3.93
2019	0.61	—	14.51	18.45	3.95

资料来源：笔者依据世贸组织数据库自行整理，https：//data.wto.org/。

2. 日本竞争力指数差异的实证

日本钢铁直接出口和间接出口贸易竞争力指数，以及"机械和运输设备"和"汽车产品"两类耗钢产品的国际市场占有率，如表5.12所示。由表5.12可知，日本钢铁直接出口竞争力与钢铁国际市场占有率波动轨迹大致相同，两者波峰相继出现在2009年和2010年，且之后皆逐年下降。但间接出口竞争力变化不同，呈现从2000年开始持续下降的状态，该变化与"机械和运输设备"和"汽车产品"两类耗钢产品的国际市场占有率变化完全一致。

表 5.12　　　　　　　　　　　2000～2019 年日本两类竞争力指数和

耗钢产品国际市场占有率

年份	贸易竞争力		国际市场占有率（%）		
	直接出口	间接出口	钢铁	机械和运输设备	汽车产品
2000	0.7	0.71	9.27	12.52	15.27
2001	0.76	—	9.82	10.93	14.1
2002	0.83	0.7	11.02	10.9	14.73
2003	0.82	0.7	10.15	10.73	14.07
2004	0.78	0.7	9.5	10.53	13.46
2005	0.72	0.67	8.56	9.89	13.34
2006	0.77	0.64	8.23	9.4	13.64
2007	0.76	0.64	7.95	9.08	13.26
2008	0.78	0.64	8.42	9.03	13.83
2009	0.83	0.63	10.09	8	12.18
2010	0.81	0.63	10.93	8.99	13.67
2011	0.76	0.61	9.71	8.34	11.69
2012	0.76	0.59	9.97	8.23	12.73
2013	0.77	0.55	10.3	6.94	11.26
2014	0.72	0.51	9.04	6.5	10.32
2015	0.75	0.51	8.73	6.46	10.26
2016	0.74	0.51	8.5	6.87	10.63
2017	0.71	0.48	8.09	6.67	10.24
2018	0.71	0.47	7.83	6.53	10.26
2019	0.67	—	7.54	6.35	10.14

资料来源：笔者依据世贸组织数据库自行整理，https：//data. wto. org/。

3. 美国竞争力指数差异的实证

美国钢铁直接出口和间接出口贸易竞争力指数，以及"机械和运输设备"和"汽车产品"两类耗钢产品的国际市场占有率，如表 5.13 所示。

由表 5.13 可知，美国钢铁直接出口竞争力与钢铁国际市场占有率波动轨迹大致相同，两者皆为小幅下降的趋势。同时，间接出口竞争力也为小幅下降的趋势，该变化与"机械和运输设备"和"汽车产品"两类耗钢产品的国际市场占有率变化大体一致。

表 5.13　　　　　　2000～2019 年美国两类竞争力指数和

耗钢产品国际市场占有率

年份	贸易竞争力		国际市场占有率（%）		
	直接出口	间接出口	钢铁	机械和运输设备	汽车产品
2000	－0.7	－0.29	2.02	15.65	11.65
2001	－0.65	——	1.94	15.11	11.14
2002	－0.68	－0.36	1.78	13.61	10.68
2003	－0.47	－0.37	2.33	11.96	9.49
2004	－0.61	－0.35	2.13	9.82	9
2005	－0.52	－0.3	2.51	9.75	9.42
2006	－0.63	－0.34	2.28	11.28	9.35
2007	－0.48	－0.31	2.19	10.79	9.09
2008	－0.35	－0.24	2.73	10.38	8.99
2009	－0.25	－0.26	2.8	8.7	8.54
2010	－0.31	－0.23	3	8.83	9.11
2011	－0.34	－0.21	3.17	8.73	9.29
2012	－0.39	－0.27	3.26	9.2	10.14
2013	－0.41	－0.29	3.03	8.94	9.97
2014	－0.55	－0.27	2.61	8.97	9.82
2015	－0.57	－0.36	2.14	9.29	9.72
2016	－0.54	－0.36	1.94	9.01	9.37
2017	－0.55	－0.38	2.21	8.56	9.21
2018	－0.57	－0.4	1.88	8.16	8.78
2019	－0.58	——	1.65	8.25	9.27

资料来源：笔者依据世贸组织数据库自行整理，https：//data. wto. org/。

4. 德国竞争力指数差异的实证

德国钢铁直接出口和间接出口贸易竞争力指数，以及"机械和运输设备"和"汽车产品"两类耗钢产品的国际市场占有率，如表 5.14 所示。由表 5.14 可知，德国钢铁直接出口竞争力与钢铁国际市场占有率波动轨迹大致相同，除 2019 年外，两者皆为持续小幅下降的趋势。但德国间接出口竞争力总体呈现略有上升的趋势，该变化与"机械和运输设备"和"汽车产品"两类耗钢产品的国际市场占有率基本保持稳定相关。

表5.14　　　　　　　　2000～2019 年德国两类竞争力指数和
耗钢产品国际市场占有率

年份	贸易竞争力		国际市场占有率（%）		
	直接出口	间接出口	钢铁	机械和运输设备	汽车产品
2000	0.1	0.14	8	11.04	17.47
2001	0.11	—	7.95	12.26	18.85
2002	0.16	0.21	7.74	12.85	19.38
2003	0.15	0.18	7.42	13.46	20.38
2004	0.16	0.21	7.45	13.45	19.62
2005	0.12	0.19	6.96	12.92	18.63
2006	0.09	0.15	6.96	12.66	18.23
2007	0.04	0.21	6.67	13.25	18.84
2008	0.02	0.18	6.53	13.11	18.74
2009	0.08	0.16	6.29	12.46	18.99
2010	0.05	0.13	6.45	11.86	18.57
2011	0.03	0.15	6.3	12.28	19.13
2012	0.06	0.17	6.21	11.7	18.06
2013	0.05	0.19	5.85	11.68	18.18
2014	0.01	0.19	5.41	11.8	18.77
2015	0.01	0.19	5.38	11.6	18.49

续表

年份	贸易竞争力		国际市场占有率（%）		
	直接出口	间接出口	钢铁	机械和运输设备	汽车产品
2016	−0.02	0.17	5.35	11.88	18.1
2017	−0.01	0.18	5.7	11.74	17.84
2018	−0.01	0.18	5.68	11.62	17.33
2019	0.02	—	5.48	11.28	16.42

资料来源：笔者依据世贸组织数据库自行整理，https：//data.wto.org/。

综上所述，直接出口和间接出口属于完全不同的两种出口模式。虽然钢铁产业的生产要素和消费需求都影响着直接出口和间接出口，但生产要素和消费需求的影响路径并不相同，且直接出口和间接出口的国际竞争力变化趋势差异显著。由此可见，间接贸易与直接贸易差异显著，间接出口的理论逻辑和发展路径尚待深入分析。

第六章

贸易理论逻辑体系和局限成因

新兴古典贸易理论的创立者杨小凯教授曾指出：经济理论模型预见的经济规律都只对特定模型的特定参数值区间成立，将模型稍做变动，或在同一模型中将参数的值加以变动，比较静态分析预见的规律就会改变①。虽然可能找到对很多效用函数都成立的一些决策的规律（如补偿需求函数总满足需求律），但不可能找到交互作用全部均衡的一般规律。

国际贸易纯理论的研究内容丰富，但学界尚没有一个统一的分析框架来研究国际贸易纯理论，使得人们难以深层次地把握国际贸易理论的演进逻辑，更是阻碍着国际贸易理论的新发展。本章在国际贸易理论演进的相关文献研究的基础上，基于贸易动因、贸易结构和贸易结果三个基本问题，构建国际贸易理论分析框架，探索国际贸易理论的演进逻辑，并揭示产品内分工视角下，经典国际贸易理论解释间接贸易的局限性。

一、国际贸易理论的逻辑体系

（一）贸易动因的逻辑演进

国际贸易理论对贸易产生原因的不同解释，源于各种理论不同的假设

---

① 杨小凯，张永生. 新兴古典发展经济学导论［J］. 经济研究，1999（7）：67－77.

前提，但理论的假设前提众多，如绝对优势理论的前提多达 10 条。因此，为便于比较，本章从生产技术、要素种类、产品质量、市场结构和企业差异五个方面比较各理论的假设，再讨论各理论对贸易动因的解释。

绝对优势和比较优势理论都假定完全竞争市场和企业同质，考虑在生产中只投入劳动力一种生产要素，使得商品成本差别能纯粹化为劳动成本。绝对优势是指在同种商品生产上，一国在劳动生产率上占有优势，所耗劳动成本低于贸易伙伴国；比较优势是指较之另一个国家，一个国家在生产同种商品上拥有较低的机会成本。绝对优势实质上是比较各国在生产同一产品时的劳动生产率，而比较优势将劳动生产率的差别进一步表现为生产某种产品的机会成本的差别。综上可知，古典贸易理论假设两国存在给定的，即外生性的技术差距；认为只有劳动一种生产要素；产品是无差异的，即同质的；完全竞争市场且企业同质。基于前提假设，古典贸易理论将商品质量差异、市场结构差异和企业其他生产要素差异同等化，在这种情况下，代表生产技术差异的劳动生产率差异就是国际贸易的起因。

新古典贸易理论是古典贸易理论的发展。要素禀赋理论认为要素禀赋是一个国家或经济体所拥有的可利用的经济资源的总量，相对要素充裕度是单位产品的相对要素投入比率，且后者决定了比较优势与专业化方向的确定。新古典理论沿用古典贸易理论大部分的假设，同样假定产品同质、企业同质和市场完全竞争。假设的区别有两点：一是新古典讨论的是相对要素充裕度，因此生产要素不同于古典假定的一种而是两种；二是虽然与古典一样都认为存在外生性的技术差距，但技术差距的来源却不相同，古典中是源于劳动生产率，而新古典认为源于相对要素充裕度。因此，新古典贸易理论认为生产要素禀赋的差异是国际贸易产生的原因。

二战后，行业内贸易的众多贸易新现象难以用传统贸易理论解释，因此，建立在不完全竞争与规模经济等全新的假设之上的新贸易理论应运而生。新贸易理论除同样假定企业同质外，在另外四个方面的假定都不相同：首先，新贸易理论引入不完全竞争市场，讨论垄断竞争和寡头垄断的情况；其次，除劳动和土地外，引入如资本等更多的生产要素；再次，由于同种产品无论是内在做工，还是外在品牌都不相同，新贸易理论引入差异化产品的概念；最后，内生性的技术差距替代外生性的技术差距。内生性的技术差距来源于迪克西特－斯蒂格利茨（DS）模型的思想，认为随着生产规模的不断扩大，产品的边际成本会递减，即产生规模经济效应。可见，不同于既定的外生性技术差距，新贸易理论认为会随着贸易的开展，规模扩大，技术能获得内生性的增长，导致商品生产成本下降。因此，获得源于规模经济的内生性技术进步是国际贸易产生的新动因。

杨小凯认为 DS 模型虽然精妙，但不能内生国内贸易向国际贸易的转变，即不能解释为何国际贸易都是从国内贸易开始。为此，杨小凯引入与新贸易理论不同的假设。新兴古典和新贸易理论都假定技术差距、多种要素、差异化产品、不完全竞争市场和企业同质，但有两点区别。第一，技术差异的来源不同，新贸易理论假定在没有外生技术差距时，规模经济能导致内生技术差距；而新兴古典贸易理论认为，在有外生技术差距下，同样存在来源于斯密的专业化分工的内生技术差距。第二，市场特征不同，虽都假定不完全竞争市场，但新贸易理论认为市场存在垄断所以不完全，而新兴古典贸易理论认为信息不完全导致的交易效率不足才是市场不完全的体现。因此，新兴古典理论认为交易效率的不断改进和专业化带来的技术进步是国际贸易产生的动因，而经济发展、贸易和市场结构变化现象都是这个演进过程的不同侧面。

新新贸易理论首次用微观视角代替宏观视角的研究，尝试解释为何高生产率的企业开展国际贸易，而低生产率的企业开展国内贸易。新新贸易理论同样假定技术差异、多种要素、差异化产品和不完全竞争市场，但引入企业异质的假设。梅里兹（Melitz）构建的企业利润模型中有多种企业因素，如企业面临的价格弹性、企业数量、冰山成本等，且梅里兹认为企业边际生产成本的差异是企业异质性的重要体现。异质性企业贸易理论提出，高生产率企业能更好地克服国际贸易的成本，获得比低生产率企业更多的利润，而随着低生产率企业的淘汰，更多的生产要素转移到高生产率企业，给企业带来更多的利润。可见，高生产率企业在利润驱动下会开展国际贸易。因此，企业的异质性是国际贸易产生的重要原因。

综上所述，随着假设条件的不断放宽，各种贸易理论对贸易动因的解释不断深入。这一趋势，实质上是影响贸易的边界条件在不断扩展，外生的劳动生产率差异—外生的生产要素禀赋—内生的规模经济效应—内生的专业化分工和交易效率—兼具外生性和内生性的企业异质性（见表6.1）。

表6.1　　　　　　　　国际贸易理论的基本假设和贸易动因

类别	古典贸易理论	新古典贸易理论	新贸易理论	新兴古典贸易理论	新新贸易理论
代表性理论	①绝对优势理论 ②比较优势理论	①生产要素禀赋理论 ②要素价格均等化理论 ③里昂惕夫之谜	①基于外部规模经济的新马歇尔模型 ②基于内部规模经济的新张伯伦模型 ③古诺双头垄断模型	内生贸易理论	①异质性企业贸易理论 ②企业内生边界理论
基本假设（技术、要素、产品、市场、企业）	外生技术差异、一种要素、同质产品、完全竞争市场、企业同质	外生技术差异、两种要素、同质产品、完全竞争市场、企业同质	内生技术差异（规模经济）、多种要素、差异化产品、不完全竞争市场（垄断竞争）、企业同质	外生和内生技术差异（专业化分工）、多种要素、差异化产品、不完全竞争市场（交易效率）、企业同质	内生和外生技术差异、多种要素、差异化产品、不完全竞争、企业异质
贸易动因	劳动生产率差异——外生比较优势	生产要素禀赋差异——外生比较优势	规模经济效应——内生比较优势	专业化分工和交易效率改进——内生比较优势	企业的异质性——外生和内生比较优势

注：新马歇尔模型提出外部规模经济效应，但仍承认完全竞争市场成立。

（二） 贸易结构的逻辑演进

国际贸易结构所要研究的是，在不同假定条件下商品和服务的跨国界流向和相互依存关系，要回答，国际贸易的生产结构或分工结构。本章同样从假设出发，再比较各种国际贸易理论对国际贸易分工结构的研究，在此分析决定贸易结构的三个假设：市场是否完全竞争、产品是否无差别以及企业是否同质。

依据表6.1可知，古典理论和新古典理论都假设市场完全竞争，而新贸易理论、新兴古典理论和新新贸易理论却假定市场不完全竞争。虽然各种贸易理论对于市场是否是完全竞争的观点并不一致，但都假定要素在国内可以自由流动，却不能在国际自由流动。

在完全竞争和要素不能自由流动的假定下，两国除要素外完全相同，而古典理论将要素仅限于劳动，新古典扩展为土地和劳动，因此，古典贸易理论认为分工只能是基于不同行业的劳动生产率差异展开，而新古典贸易理论认为应是基于不同行业的要素禀赋开展贸易。可见，古典和新古典贸易理论对国际贸易分工结构的研究聚焦在行业间贸易。

新贸易理论假设企业同质，但差异化产品和不完全竞争市场，且存在规模经济效应。在不完全竞争市场中，产品差异化导致行业内分工成为可能，而规模经济效应致使行业内分工有利可图，促成了行业内贸易。因此，在新贸易模型中，不存在外生技术差距，但是，由于规模经济的存在，如果人们后天选择不同的专业，内生技术差距就会出现。可见，新贸易理论很好地解释了行业内贸易。

新兴古典贸易理论虽同样假设不完全竞争市场、差异化产品、企业同质和存在规模经济，但引入交易效率的概念。萨克斯、杨小凯和张定胜（Sachs，Yang & Zhang，2001）证明一国有可能出口有外生比较劣势的产品，这是因为这个有递增报酬的模型可以产生所谓内生比较优势，并且该模型还引进交易效率（与交易费用成反比），认为每个国家都应依据外生内生的生产和交易效率的综合比较优势进行国际分工。可见，行业间贸易和行业内贸易都能运用新兴古典贸易理论解释，且该理论认为交易效率提高能促进市场一体化，描述国内贸易向国际贸易的演变过程，弥补新贸易理论的不足。

在新古典经济理论中，把企业看作是既定技术条件下的最优化生产者和交易者，由于完全竞争市场的存在，企业之间无成本的模仿行为将使超额利润在长期的均衡状况下消失，因此认为企业是同质的。新新贸易理论沿用不完全竞争市场、差异化产品的假设，同时引入基于微观视角的企业异质性假设。梅里兹的异质企业贸易模型认为高生产率企业会进入国际市场，而低生产率企业只能获得国内市场，国际分工在高生产率企业间依据企业的异质性展开。由此可见，新新贸易理论将国际分工进一步细化为企业间贸易。另外，安特斯（Antras）的企业内生边界理论讨论本土市场一体化、本土外包、国外一体化和国外外包四种国际分工方式，偏向企业组织形式，与本章逻辑不同，故不纳入本章讨论。

综上所述，各种贸易理论对贸易结构的解释是依据其假设前提不断细化的，而这一细化又是紧贴现实的。人们发现行业内贸易成为主流，贸易理论也随之从行业间分工转为行业内分工；当跨国公司间贸易成为贸易主要载体，贸易理论开始研究企业间贸易（见表6.2）。可以预见的是，国际贸易正在向全球化下的贸易演变，国界已经趋于模糊，国内贸易也是国际分工的结果，也是贸易结构的体现，生产大国也即贸易大国。

表6.2　　　　　　　国际贸易理论对贸易结构的不同解释

经典贸易理论	贸易结构
古典贸易理论	行业间贸易
新古典贸易理论	行业间贸易
新贸易理论	行业内贸易
新兴古典贸易理论	国内贸易演变成国际贸易
新新贸易理论	企业间贸易

（三） 贸易结果的逻辑演进

国际贸易的结果常常被阐述成国际贸易得以持续展开的效果，而贸易利益的获得和分配是效果的主要体现。生产者和消费者构成贸易利益获得的主体（自由贸易时国家无关税收入），在消费上，各种贸易理论都表现出商品消费的数量增加以及商品的价格下降的特征，即消费者福利增加（本章不再讨论）；在生产上，生产力的提升是共同的贸易结果，但提升的途径并不相同。本章从生产力提升途径出发，结合贸易利益分配方式，比较各种国际贸易理论。

古典贸易理论在生产要素不能流动但商品可以国际自由流动的前提下，依据外生的劳动生产率差异进行分工。各国都依据绝对优势或比较优势参与国际分工，在劳动总量不变的情况下产量获得提高。本质上是基于商品的国际流动，通过出口国的高生产率替代进口国低生产率的生产，从而获得生产力的提升。由于理论假设只有劳动一种生产要素，因此，劳动力的价值是贸易利益分配的基础，其中两国的高生产率企业受益、低生产率企业受损，消费者剩余增加（商品价格下降、消费数量增加），社会总福利获得提升。在此不难看出，古典贸易理论倡导自由贸易的初衷。

新古典贸易理论在生产要素不能跨国流动，但商品可以国际自由流动的前提下，依据外生的生产要素禀赋差异进行分工。各国依据要素禀赋参与国际分工，在劳动生产率不变的情况下产品成本下降。本质上是基于商品的国际流动，通过出口国的廉价生产要素代替进口国昂贵的生产要素，使得商品生产成本下降，从而提升生产力。在新古典贸易理论中，按照要素禀赋进行分工，国内廉价生产要素价格提升，昂贵要素价格下降，且同种要素有国际价格均等化的趋势。该理论同样得出社会总福利提升的结论，因此同样倡导自由贸易。

新贸易理论在不完全竞争市场和规模报酬的前提下，认为在不存在外部技术差异和外部要素禀赋差异的情况下，贸易可获得规模经济效应，同样带来福利的提升。可见，新贸易理论中，通过规模经济效应，降低商品生产成本，从而提升生产力。在产业内贸易中，出口方的利益就是不完全竞争厂商获得的市场与规模经济利益的总和。进口方利益则是从消费差异产品中获得消费上的满足，进而是福利水平的提高。因此，虽然克鲁格曼提出了战略性贸易政策，但考虑到以邻为壑的贸易前景，他更强调自由贸易。

新兴古典贸易理论同样认为在不存在外部技术差异和外部要素禀赋差异的情况下，可以获得贸易利益。该理论提出有两种提升生产力的途径：一是专业化分工可以提升生产效率；二是交易效率改进可以降低交易费用，节省商品成本。二者共同导致生产力提升，且促成国内贸易向国际贸易的转变。此时，生产者利益产生于专业化效率提升和交易费用下降，消费者为消费数量提升和价格下降。该理论应开展专业化分工，且不断改进交易效率，实现国内贸易向国际贸易的转变。

新新贸易理论从微观视角出发，认为可依据企业异质性开展国际贸易。该理论同样指出两种提升生产力的途径：一是在市场竞争环境下，企业优胜劣汰，高生产率企业淘汰低生产率企业，占领低生产率企业原有的市场，使行业的平均生产率提高；二是低生产率企业破产后，原有的生产资源流入高生产率企业，实现资源的优化配置。二者构成生产力提升的微观基础。该理论指出，高生产率企业将通过国际贸易获利、低生产率企业将受损，且生产要素总报酬将提升。那么，构建和强化企业的异质性，鼓励高生产率企业出口，成为一国的可行之策。

综上所述，贸易利益的本质是提升生产力，这是开展国际贸易的基本出发点，但获得途径各有不同；同样，贸易利益分配的方式也不同（见表6.3）。

表6.3 国际贸易理论的贸易结果

类别	古典贸易理论	新古典贸易理论	新贸易理论	新兴古典贸易理论	新新贸易理论
生产力提升的途径	高劳动生产率替代低劳动生产率	廉价生产要素替代昂贵生产要素	规模经济效应导致边际成本递减	①交易效率改进降低交易费用 ②专业化提升生产效率	①企业优胜劣汰，导致行业平均生产率提高 ②资源的优化配置
贸易利益的分配机制（生产方面）	劳动力的价值是贸易利益分配的基础	富裕且廉价的生产要素价格提升，稀缺且昂贵要素价格下降	不完全竞争厂商获得的市场与规模经济利益的总和	厂商受益于专业化效率提升和交易费用下降	高生产率企业获利、低生产率企业受损；生产要素总报酬提升
贸易政策	利用劳动生产率差异	利用生产要素禀赋	开展国际贸易，扩大企业规模。相对于战略性贸易政策，克鲁格曼更强调自由贸易	开展专业化分工，促进交易费用的改进	构建企业的异质性，鼓励大型企业出口

（四）贸易理论的分析框架

通过国际贸易理论三个重点问题的逻辑分析，即贸易动因、贸易结构和贸易结果，可以得出两点结论：

（1）从18世纪的古典贸易理论，至21世纪的新新贸易理论，国际贸易纯理论的发展，始终遵循着大致相同的研究方式：贸易动因、贸易结构和贸易结果。这三个方面犹如事情的起因、经过和结果一般，层层递进。因此，无论是分析已有国际贸易理论，还是研究国际贸易理论的新发展，都可以遵循贸易动因、贸易结构和贸易结果的三个问题分析框架（见表6.4）。

（2）国际贸易理论可以根据假设条件的不同归纳为五个阶段。假设的不同，源于不同的社会和经济背景，这又推动着理论不断深入发展。换句话说，贸易实践的不断发展，就是国际贸易纯理论的演进逻辑。因此，随着产品内分工的深化和间接贸易的出现和扩展，国际贸易纯理论有待于进一步的发展。

表6.4　　　　　　　　　　国际贸易理论的分析框架

类别	古典贸易理论	新古典贸易理论	新贸易理论	新兴古典贸易理论	新新贸易理论
贸易动因	劳动生产率差异——外生比较优势	生产要素禀赋差异——外生比较优势	规模经济效应——内生比较优势	专业化分工和交易效率改进——内生比较优势	企业的异质性——外生和内生比较优势
贸易结构	产业间贸易	产业间贸易	产业内贸易	国内贸易演变成国际贸易	企业间贸易
贸易结果	高劳动生产率替代低劳动生产率	廉价生产要素替代昂贵生产要素	规模经济效应导致边际成本递减	①交易效率改进降低交易费用②专业化提升生产效率	①企业优胜劣汰，导致行业平均生产率提高②资源的优化配置

二、产品内分工冲击经典贸易理论

（一）产品内分工引致间接贸易

产业间分工是国际分工产生和发展的最初阶段，是指各个国家按照要素结构或相对价格差异在不同产业间进行分工，通常形成以垂直分工为特征的国际分工格局。

产业内分工是基于不完全竞争市场和规模效应下，不同规格、不同款式的同类产品之间的专业化分工，通常表现为发达国家之间的水平贸易。

产品内分工与上述两种分工的区别在于：第一，产品内分工研究的是中间产品的交换或中间环节的分工；第二，产品内分工中，生产过程不再由一个企业独立完成，而是由众多企业依托供应链协作生产。

因此，随着经济全球化和生产模块化的不断深入，基于产品内分工的供应链间协作生产将逐步取代单个企业独自生产，成为主流的生产方式。而间接贸易，是这一生产方式的外在表现（见表6.5）。

表6.5　　　　　　分工方式、生产方式、贸易结构和贸易方式

分工方式	生产方式	贸易结构	贸易方式
产业间分工	独立生产	垂直型	产业间贸易
产业内分工	独立生产	水平型	产业内贸易
产品内分工	供应链协作生产	垂直型	包含产业间贸易和产业内贸易的直接贸易
		水平型	包含产业间贸易和产业内贸易的间接贸易

（二）间接贸易与直接贸易

依据前面定义可知，间接贸易指某产品隐含在其他货物贸易中，间接发生的贸易，如船舶和汽车的出口中，带动着钢材的间接出口。相应地，将直接贸易定义为某产品以最终产品的形式出口，如船舶贸易。

审视间接贸易和直接贸易定义，从以下方面剖析间接贸易和直接贸易的差异。

一是贸易主体的内涵不同。虽然企业都以营利为目的，但从事间接贸易的企业是被包含于供应链之中，为维系稳定的合作和持续的交易，企业会与上下游企业建立良好的关系。而从事直接贸易的企业，主要面对的是消费者，供需双方相对独立，难以固定交易对手。

二是贸易利益的来源不同。间接贸易中，企业通过参与全球产品内分工，实现与供应链上下游企业间的协同生产，分享产品内分工的利益，此时，间接贸易是产品内分工的必然结果。而直接贸易，只需供求双方确认，贸易利益来源于一次性交易的增值。

三是贸易客体的产品不同。直接贸易中贸易客体是参与出口的最终产

品，而间接贸易中，贸易客体是隐含在最终产品的生产中，随着最终产品一起出口的贸易品。理论上，对任何一种产品来说，都同时存在着直接贸易和间接贸易。

由于间接贸易属于一种较新的贸易形式，本书引入钢材的间接贸易，一方面，用以说明间接贸易的特征；另一方面，为后面的理论和实证分析提供依据。

1. 贸易主体

众所周知，钢材的生产企业一直积极寻求与上游供应商和下游客户结成战略合作伙伴关系，实现钢材的间接贸易。以上海宝钢为例，收购宝钢金属汽车零部件板块，大力开发汽车钢制零部件和车用钢板的生产，依托汽车出口，实现钢材的间接出口。

2. 贸易利益

炼钢企业产业链的流程大致如下：首先，矿山开掘企业把开采的铁矿石运往选矿厂；其次，选矿厂对铁矿石进一步加工，提供给炼钢企业；再次，炼钢企业根据工艺流程，生产各种钢材，为下游的造船厂提供中间产品（二级产品）；最后，最终产品（一级产品）船舶被销售至消费者，如图 6.1 所示。当消费者身处国外，该船舶即实现直接贸易，而钢材实现间接贸易。可见，基于产品内分工的间接贸易，是炼钢企业参与产业链上下游企业间协同生产，获取产业链利益的必然途径。

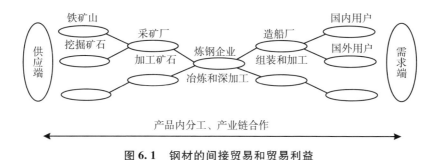

图 6.1　钢材的间接贸易和贸易利益

注：节点上方表示参与产品内分工的企业，下方表示各企业所参与的生产环节。

3. 贸易客体

回顾上图，钢厂既可以把钢材直接销售给国外用户，实现钢材的直接出口，也可以将钢材销售给下游船厂，进行组装和加工，并在船厂销售船舶至国外消费者的过程，实现间接出口。可见，钢材的出口中，同时包含直接贸易和间接贸易。

三、要素禀赋理论的局限和成因

（一） 现实解释的局限

当下，世界经济逐渐进入产品内分工时代，一方面，各国通过参与供应链中的某个环节的国际产品内分工，分享全球化的利益，使得间接贸易大量出现；另一方面，生产要素跨国流动的成本和制度阻碍正在降低，要素的跨国流动成为可能。传统的要素禀赋理论无法解释，作为铁矿石进口大国的中国，如何成为产钢大国？而日本的情况，铁矿石进口依存度接近100%，则更为极端。

因此，从产品内分工和要素跨国流动的视角，重新审视要素禀赋理论，探索中国参与全球产品内分工的路径和策略，具有一定的理论和现实意义。

（二） 产品内分工对 H – O 理论的影响

1. 基于传统分工的 H – O 模型

基于一个标准的 $2 \times 2 \times 2$ 模型，如图 6.2 所示，依据 H – O 理论，资本密集型产品 Y，应由资本充裕的 A 国生产并出口；劳动密集型产品 X，应由劳动充裕的 B 国生产并出口，详细分析可参见卢峰（2004）。

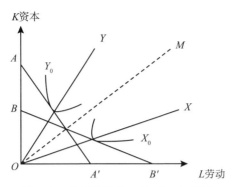

图 6.2　基于传统分工的 H－O 模型

其中，横轴 L 为劳动要素，纵轴 K 为资本要素，AA' 和 BB' 分别表示 A 国和 B 国两条假设价值相同的等成本线。射线 OM 表示某个给定的劳动和资本搭配比例，它通过两国的等成本交点，因而具有国际分工临界点的经济含义。X 表示劳动密集型产品，Y 表示资本密集型产品。X_0 和 Y_0 分别表示各自消费的无差异曲线。

2. 产品内分工的 H－O 模型

在产品内分工的条件下，可贸易品从完整的商品，延伸至产品内部的工序和流程。如图 6.3 中，假定生产 Y 可分解为 Y_1、Y_2 两阶段，扩张线

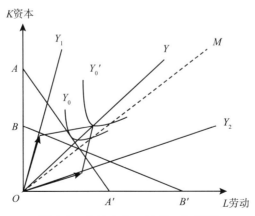

图 6.3　产品内分工的 H－O 模型

OY 表示要素密集度，代表着两道工序各自要素密集度的加权平均。且资本投入比较密集的 Y_1 阶段的生产扩张线 OY_1 位于 OM 线以上，而劳动投入比较密集的 Y_2 阶段的扩张线 OY_2 位于 OM 线以下。

则根据要素禀赋理论，Y_1 阶段应由资本充裕的 A 国生产，而 Y_2 阶段应转移至劳动充裕的 B 国生产。两国间更低成本的分工，则意味着资源的有效配置，最终商品 Y 将从 Y_0 提升到 Y'_0。

（三） 产品内分工对 H-O 理论的发展

传统视角下，国际分工体现为产业间分工和产业内分工。前者是指各个国家按照要素结构或相对价格差异，在不同产业间进行分工，通常形成以垂直分工为特征的国际分工格局；后者是基于不完全竞争市场和规模效应，不同规格、不同款式的同类产品之间的专业化分工，通常表现为发达国家之间的水平贸易。

作为一种更为深入的国际分工形态，产品内分工将两国之间基于要素禀赋的分工边界，从单一产品分工细化为产品生产环节分工，使得全球供应链生产越发广泛，一方面，促使间接贸易品的繁荣，诸如钢铁等基础性产品存在大量的"隐含"贸易；另一方面，使得单一产品的分工，也出现垂直分工的格局。但基于这两个视角的讨论，实质上说明要素禀赋仍然是参与国际分工的基础。

四、产业内贸易理论的局限和成因

（一） 现实解释的局限

钢铁产业是许多国家的支柱产业，备受重视，中国也不例外。自

1996 年中国粗钢生产超过 1 亿吨，中国自此进入世界产钢大国和钢铁贸易大国的行列。一方面，中国钢材①产量从 1996 年的 9338 万吨，上升到 2020 年的 132489 万吨，增长 13.2 倍，生产规模快速扩张；另一方面，钢材出口量从 1996 年的 422 万吨，上升到 2020 年的 5367 万吨，增长 11.7 倍。

在钢铁工业飞速发展的 25 年间，虽然产量和出口量都大幅提升，但二者的变动趋势却不一致，尤其在近些年差异明显，如 2015～2020 年，钢材产量年年小幅提升，但钢材出口量却持续大幅下降，从 11156 万吨降至 5367 万吨。

以克鲁格曼（Krugman）为代表的新贸易理论学者认为，即使两国的初始条件完全相同，没有李嘉图（Ricardo）所说的外生比较优势，但如果存在规模经济，两国同样可以选择不同的行业进行分工，开展贸易。尤其强调，规模经济的来源是：产品出口扩大导致的产品产量的提升。

显然，上述数据难以有效支持新贸易理论，生产规模的扩大并未引致国际贸易的同步扩大，甚至不升反降。

（二）产品内分工对产业内贸易理论的影响

为研究新贸易理论的需要，可将贸易的产品分为直接贸易和间接贸易。直接贸易是纳入海关进出口统计的产品，如钢材和船舶；间接贸易是不纳入海关统计，但通过组装或加工程序，以原生或转换形态构成最终贸易品的特定组成部分，如船舶和机械设备生产中所使用的钢材。

新贸易理论的局限在于，以产业内分工而不是产品内分工为理论前提。当最终贸易品的数量不足以反映真实的出口量时，生产规模与以最终贸易品衡量的出口数量之间的相关性分析，就会脱离实际，变得毫无意

---

① 钢铁统计多用粗钢、钢材和生铁三类产品，本书选取钢材为研究对象。

义，二者的轨迹自然难以趋同。

如海关在统计钢材出口时，仅将表现为直接贸易的钢材纳入统计，而包含于船舶和机械设备中的钢材，即间接贸易的钢材，却未纳入统计。显然，在一国大量出口船舶和机械设备时，海关统计的钢材出口量，不足以反映真实的钢材出口情况，而中国恰恰符合这一特征。

（三）产品内分工对产业内贸易理论的发展

新贸易理论认为，规模经济是国际贸易的动因，而规模经济的来源是，产品出口扩大导致的产品产量的提升。

在全球产品内分工视角下，发展新贸易理论的途径在于，将产业内分工的假设深化为产品内分工。此时，新贸易理论所衡量的出口产品，其"产品"的概念应当广义化，即应同时涵盖直接贸易产品和间接贸易产品两种形态。如钢材的出口统计，应将表现为直接贸易和间接贸易的钢材都包括。

此时，新贸易理论应重新表述为：规模经济是国际贸易的动因，而规模经济的来源是，包括直接贸易和间接贸易形态的全部产品，其出口扩大导致的产品产量的提升。

第七章

间接贸易的贸易动因

相对于直接贸易，间接贸易的特殊动因，指除经典贸易动因之外，存在的其他驱动因素。依据第二章中对"一级产品"和"二级产品"的界定，结合间接贸易视角，本章将"一级贸易品"定义为包含二级贸易品的贸易，例如，汽车作为一级贸易品，其出口包含了二级贸易品钢材的出口。本章研究聚焦"隐藏"在一级贸易品中的二级贸易品，即间接贸易的贸易动因。

一、一级贸易品中二级贸易品的投入

一级贸易品是包含二级贸易品的贸易品，在一级贸易品出口规模不变的前提下，一级贸易品中二级贸易品的投入越高，则二级贸易品的出口规模越大。资源与能源类产品、基础性工业品和生产性服务业产品等三类产品的间接贸易规模，则取决于一级产品生产中投入的该类产品比重。

以典型基础性工业品钢铁为例，我国钢铁间接出口的结构主要是在耗钢产品的出口上，大部分的钢材间接贸易是发生在机械、汽车、船舶、金属、家电、电气6大行业上。研究钢铁间接出口的影响因素，势必要分析这6大行业的耗钢量。从理论方面，基于产品内分工和供应链生产，生产一种产品需要借助其他国家的零部件的生产，然后进行加工装配环节。生产一台机器，中间需途经各个加工环节，作为最终产品的中转站，除直接耗费作为原材料的钢铁之外，还将带动其他设备的加工制造，进而使得钢铁消耗量持续增长。当最终产品出口时，也会带动相关产业的出口。本书认为耗钢行业的出口必将会带动钢材的间接出口，耗钢产品的钢材投入量越高，钢铁间接出口量就越大。本书从两个方面进行深入分析，一方面从钢材的使用量，另一方面从钢铁系数的角度进行阐述。

（一） 钢材投入量

依据《2019 年中国钢铁工业年鉴》可知，除建筑业消费钢材占总量比重为 37.4% 外，工业行业是消费钢材的第二大产业，尤其是机械行业、汽车行业和船舶行业。

1. 机械行业

工业行业中，机械工业是耗钢量最大的行业，2018 年消费占全部钢材消费总量的 19.5%。随着机械行业的不断更新改进，钢材的投入量有一定的下降，中国机械行业钢材投入量如表 7.1 所示。

表 7.1　　　　　　　　　中国机械行业钢材投入量　　　　　　　　单位：亿吨

2008 年	2009 年	2010 年	2011 年	2012 年	2013 年	2014 年	2015 年	2016 年	2017 年	2018 年
1.03	1.15	1.24	1.35	1.39	1.44	1.46	1.8	1.78	1.6	1.44

资料来源：《中国钢铁工业年鉴》。

由表 7.1 可以看出，我国机械行业钢铁投入量 2008 ~ 2018 年整体呈缓慢上升趋势，机械行业钢材投入量从 2008 年的 1.03 亿吨增长到 2018 年的 1.44 亿吨。特别是 2014 ~ 2015 年，从 1.46 亿吨增长到 1.80 亿吨，同比增长了 23%。然而 2016 年，机械行业钢材消费略降为 1.78 亿吨，2018 年消费量继续下跌至 1.44 亿吨。从趋势上不难看出，机械行业钢材投入量的增长幅度呈下降趋势。

2. 船舶行业

近年来，世界经济增长放缓，国际航运市场总体仍处于低位，以石油为代表的大宗商品价格不断下跌，船舶行业整体形势低迷，中国新接订单量同比继续下降，造船完工量虽然止跌企稳，但新接订单和手持订单的减少使得行业未来形势仍不乐观。2016年船舶市场继续呈低速发展态势，船舶企业市场竞争愈加激烈，船舶用钢量继续下降，2000～2018年中国船舶行业钢材投入量如表7.2所示。

表 7.2 中国船舶行业钢材投入量 单位：万吨

分类	2004 年	2006 年	2008 年	2010 年	2012 年	2014 年	2016 年	2018 年
造船完工量	855	1452	2881	6560	6021	3905	4000	3458
钢材投入量	230	566	1247	1700	1200	1380	1200	1220

注：为避免繁冗，故只标注双数年份。
资料来源：《中国钢铁工业年鉴》。

从表7.2中不难看出我国船舶行业钢材投入量从2004年230万吨到2010年1700万吨，短短10年间增长了8倍多，2014～2018年钢材投入量在逐年下降，下降幅度有所减缓。随着制造业的不断改善，造船业也进入了调整期，较比之前造船高峰期钢铁消费量有较大程度的下降。由于造船订单的逐渐减少和造船大型化、轻量化，我国船舶行业的钢铁投入量在不断减少。

3. 汽车行业

随着一国经济的发展，汽车成为人们必不可少的代步工具。近年来，人们不论是在汽车行业的舒适度和安全性能方面都有了更高的要求。此外，打造汽车轻量化的国际化现代理念不断深入，对汽车使用钢板的要求也越来越高，国外汽车对于钢板的使用情况比较常见，我国对此关注有待加强。我国汽车行业钢材投入如表 7.3 所示。

表 7.3 　　　　　　　　　　　中国汽车行业钢材投入量

分类	2009 年	2010 年	2011 年	2012 年	2013 年	2014 年	2015 年	2016 年	2017 年	2018 年
产量（万辆）	1383	1827	1842	1927	2211	2372	2450	2812	2902	2781
钢材投入量（万吨）	2700	3700	3931	4700	3330	3600	5500	6240	6440	6100

资料来源：《中国钢铁工业年鉴》。

根据表 7.3 可以看出，我国 2009 年汽车行业钢材投入量 2700 万吨，短短 10 年间，2018 年投入量 6100 万吨，汽车产量和钢材投入量基本都翻了一番。不过，期间钢材投入量受政策、有大幅度的经济变化。

4. 家电行业

在中国制造业持续低迷的背景下，家电行业是其中不可忽视的一大支柱，由于家电行业拉动力不足，导致需求量下降，家电行业呈现零增长甚至负增长趋势。家电行业是钢铁行业重要的下游企业，虽然相比于第一用钢大户建筑行业来说，家电行业虽然用钢占比才 4%，无法对钢材价格起到决定性的作用，但是它具有需求稳定和附加值高的特点，有助于钢铁企业进行品种结构的调整和服务体系的构建，我国家电行业钢材投入量如表 7.4 所示。

表 7.4 　　　　　　　　中国家电行业钢材投入量　　　　　　　　单位：万吨

2009 年	2010 年	2011 年	2012 年	2013 年	2014 年	2015 年
780	750	720	1160	1000	1260	1300

资料来源：《中国钢铁工业年鉴》。

由表 7.4 可以看出，家电行业用钢 2009 年为 780 万吨，随后 3 年受经济危机影响呈现下滑，2012 年家电行业经济复苏，呈现上升的趋势，2015 年消费钢材 1300 万吨。

5. 金属及电气行业

我国金属行业近年不断铸就辉煌，为国产钢材构筑了一个巨大的市场，钢材投入量呈现增加趋势同时增长速率也在加快（见表 7.5）。

表 7.5　　　　　　　　中国金属及电气行业钢材投入量　　　　　单位：万吨

分类	2009 年	2010 年	2011 年	2012 年	2013 年	2014 年	2015 年	2016 年
金属	1700	1850	1960	2070	2320	2630	2500	2654
电气	490	570	610	690	720	820	950	1030

资料来源：《中国钢铁工业年鉴》。

由表 7.5 可以看出，金属的钢材投入量由 2009 年 1700 万吨，到 2016 年已达到 2654 万吨，电气的钢铁投入量也从 490 万吨增长到 1030 万吨，2009～2016 年的整体数据变化可以看出，投入量逐年增长。

（二）钢铁投入系数的比较

1. 基于钢铁系数的国内比较

钢铁系数，顾名思义即为产品的钢材含量，表示为产品重量的百分比以及生产 1 吨产品所需的钢材量。本书采用投入产出法测算钢材投入比例，不同于世界钢铁协会基于生产的角度，测度各部门生产单位产品中需投入的钢材数量，对钢材的直接消耗系数，并将通过投入产出表计算所得数据与钢铁系数进行比较（见表 7.6）。

由表 7.6 我们不难看出，金属产品行业对钢材的直接消耗系数近 10 年始终在 0.25 左右上下波动，依旧距离钢铁系数给定的范围有一定的差距；汽车行业由 2000 年的 0.066 上升到 2015 年的 0.278，已经达到了钢

表 7.6   中国六类产品对钢材的直接消耗系数

年份	金属产品	汽车整车	船舶及相关装置	家电行业	机械设备	电气设备
2000	0.252	0.066	0.129	—	0.160	0.040
2002	0.260	0.086	0.153	—	0.150	0.046
2005	0.357	0.129			0.196	0.187
2007	0.224	0.067	0.130	0.032	0.130	0.026
2010	0.203	0.054	0.119	0.031	0.127	0.045
2012	0.257	0.052	0.128	0.031	0.126	0.022
2015	—	0.278	0.315	0.021	0.141	—
钢铁系数	0.80~1.10	0.20~1.00	0.15~1.20	0.40~0.60	0.10~1.65	0.35~0.60

注：由于《中国投入产出》及其延长表，逢 0、2、5、7 编制，故此年份不连续。

资料来源：《中国投入产出表》。

铁系数的标准；船舶行业钢材的直接消耗系数在 2002 年达到钢铁系数标准，2007 年直接消耗系数下降，钢材投入量削弱，2015 年起投入量大幅提高；家电行业钢材直接消耗系数距离钢铁系数范围差距较大；机械设备行业消耗系数在 2005 年达到最高值 0.196，随后消耗系数呈现下降趋势，始终在 0.130 左右徘徊；电气设备行业钢材消耗系数仅为钢铁系数的 1/10。

2. 单位含钢商品钢材投入量的国际比较

本书根据世界钢铁协会给出的 2016 年各国六部门钢铁间接出口量数据，分别乘以对应时期的钢铁均价在与该行业出口总额对比，进而估算世界钢铁出口强国六个行业的钢材消耗系数（见表 7.7）。

依据表 7.7 计算出来的数据我们可以看出，美国和德国在单位金属产品钢材投入量要远大于中国，汽车行业虽然接近钢铁系数，但是同其他钢铁出口强国相比差距仍旧很大，船舶行业钢材投入量与其他国家差距不大，家电行业、机械设备、电气设备确是我国薄弱之处。

表 7.7　　　　　　　　钢铁出口强国六类产品对钢材的消耗系数

国家	金属产品	汽车整车	船舶及相关装置	家电行业	机械设备	电气设备
中国	0.257	0.134	0.353	0.028	0.118	0.022
日本	0.071	0.358	0.675	0.040	0.726	0.381
韩国	0.233	0.543	——	——	0.964	0.242
美国	1.159	0.365	——	——	0.524	0.783
德国	0.464	1.184	0.235	0.206	1.468	0.479
钢铁系数	0.80～1.10	0.20～1.00	0.15～1.20	0.40～0.60	0.10～1.65	0.35～0.60

资料来源：World Steel Association. Indirect trade in steel，2000－2013［R］. 2015，World Steel Association working paper；中华人民共和国商务部，http：//www. mofcom. gov. cn。

二、一级产品的国际竞争力

　　追溯至 1776 年，亚当·斯密首次提出绝对优势理论，是一种关于产品出口竞争力研究的理论。亚当·斯密认为两国发生贸易主要原因在于产品绝对成本间的差异，但是该理论只能解释有关产品之间的贸易问题，不能解释具有绝对优势的国家与不具有绝对优势的国家之间的贸易往来。因此基于绝对优势理论，大卫·李嘉图在 1817 年提出了著名的比较优势原理，即"两优相权取其重，两劣相衡取其轻"。该理论认为，并不是所有产品在劳动生产率上的差距都是平等的，那么可以从相对生产率和技术水平角度分析一国选择进口还是选择出口某种产品，从而获得更大收益。美国商学院教授迈克尔·波特（Michael Porter，1990）也曾正式提出"国家竞争优势理论"，又称"钻石理论"。波特认为要想研究某一国家某一行业产品竞争力的问题，必须进行多方面综合考量，各个因素相互影响，形成了一个动态双向强化的竞争系统。

　　根据比较优势理论以及竞争优势理论可知，一级产品的国际竞争力越强，则一级产品出口规模越大，进而促进二级产品的间接出口。例如，我国含钢行业的国际竞争力越强，则代表我国此行业贸易程度越强，钢材间接出口量也随之增大。

在研究国际竞争力时，经常用到贸易竞争力指数（trade competitiveness index），其英文简称为 TC。该指标用来分析和评价贸易竞争力状况，其计算公式如下。

$$TC = \frac{X - M}{X + M} \tag{7.1}$$

其中，TC 指某种产品的易竞争指数；X 为某种产品的出口额；M 为某种产品的进口额。忽略宏观因素，包括经济膨胀、通货膨胀等方面的影响，一般而言，该指标的数值介于 $-1 \sim +1$，该指标作为一国货物总额的相对值，可以用来表示该产品的国际竞争力，当 TC 值越接近于 -1 说明某一个国家或地区的产业竞争力越薄弱，越接近于 1 则表示某一个国家或地区的产业竞争力越大。

以钢铁为例，考查其一级产品（汽车和船舶）的国际竞争力。由于汽车和船舶两大行业的国际竞争力指数显著，且能直观反映出与日本、韩国、德国、美国 4 个国家之间的差别，具体数据如表 7.8 所示。

表 7.8　　　　　　　　　　汽车和船舶行业 TC 指数

年份	汽车					船舶				
	中国	日本	韩国	德国	美国	中国	日本	韩国	德国	美国
2004	− 0. 39	0. 79	0. 80	0. 37	− 0. 44	0. 51	0. 97	0. 87	0. 37	− 0. 28
2005	− 0. 15	0. 80	0. 80	0. 43	− 0. 41	0. 81	0. 98	0. 88	0. 35	− 0. 22
2006	− 0. 13	0. 82	0. 78	0. 39	− 0. 40	0. 88	0. 97	0. 90	0. 33	− 0. 18
2007	0. 18	0. 83	0. 76	0. 40	− 0. 33	0. 85	0. 97	0. 87	0. 36	− 0. 12
2008	0. 19	0. 83	0. 74	0. 42	− 0. 27	0. 88	0. 95	0. 85	0. 36	− 0. 04
2009	− 0. 01	0. 81	0. 74	0. 36	− 0. 28	0. 84	0. 98	0. 88	0. 29	0. 03
2010	− 0. 13	0. 82	0. 74	0. 43	− 0. 30	0. 92	0. 97	0. 87	0. 33	− 0. 05
2011	− 0. 14	0. 79	0. 76	0. 42	− 0. 26	0. 91	0. 97	0. 90	0. 36	− 0. 03

续表

年份	汽车					船舶				
	中国	日本	韩国	德国	美国	中国	日本	韩国	德国	美国
2012	− 0.12	0.77	0.76	0.42	− 0.29	0.91	0.97	0.87	0.39	− 0.04
2013	− 0.61	0.75	0.69	0.43	− 0.30	0.94	0.97	0.90	0.39	− 0.05
2014	− 0.66	0.74	0.75	0.42	− 0.32	0.95	0.97	0.91	0.86	− 0.05
2015	− 0.60	0.75	0.64	0.41	− 0.37	0.97	0.91	0.88	0.85	− 0.09
2016	0.02	0.74	0.61	0.38	− 0.39	0.96	0.88	0.89	0.38	− 0.09
2017	0.04	0.73	0.60	0.36	− 0.38	0.97	0.86	0.87	0.36	− 0.10

资料来源：国别报告，https：//countryreport. mofcom. gov. cn/。

1. 汽车行业国际竞争力分析

根据表7.8显示的数据，可以直观地反映出中国汽车的 TC 指数相比于日本、韩国、德国、美国四国之间差距巨大。2004～2006 年出现负值，但 TC 指数在缓慢增长，2008 年中国汽车的 TC 指数达到峰值为 0.19，此时中国汽车的出口额大于进口额，但随后几年，汽车贸易指数又呈现负值状态，此时表现为中国汽车的进口额大于进口额。虽然中国汽车国际竞争力在 2016 出现好转，但相比于其他四国仍然存在较大的差距，2017 年 TC 值为 0.04，还不足日本的 10%，中国汽车的国际竞争力急需提升。

2. 船舶行业国际竞争力分析

如表7.8 所示，虽然 2010 年中国船舶的国际竞争力接近日本，但尚未达到极强的国际竞争力区间，且与韩国相比水平尚有极大的发展空间。2015 年中国与日本的 TC 指数差距越来越小，然而韩国船舶行业国际竞争力不断提升。从表中我们可以明显发现，在 2004～2017 年，中国船舶的贸易竞争力指数由最初的 0.51 逐年增长到 0.97，基本上与日本、韩国比肩。

三、一级产品的出口市场需求

随着商品国际化程度的加深，进口国的市场需求对出口国的商品出口产生了极大的影响。根据引力模型，我国与贸易伙伴国之间的贸易规模随着贸易伙伴国的市场需求的增加而增加，随着两国之间的距离增大而减少。

以钢铁为例，世界各国经济发展程度不同，影响着我国主要耗钢商品的出口，由引力模型可知，我国钢铁间接出口量与进口国的国家经济总量成正比。因此本书根据我国主要出口贸易国的含钢产品的进口量，分析并判断我国含钢产品出口国家的市场经济，从而影响着我国钢铁间接出口情况（见表7.9）。

表7.9　　　　　　　　　钢铁进口强国的钢铁间接进口量　　　　　　　单位：万吨

年份	韩国	德国	日本	美国
2006	367.2	2049.3	598.4	4026.1
2007	482.2	1959.7	662.0	3965.6
2008	546.0	2086.8	646.9	3305.3
2009	563.2	1614.3	479.6	2348.5
2010	597.7	2047.7	593.2	3000.5
2011	605.7	2245.3	654.1	3534.1
2012	641.9	2123.1	705.4	3829.7
2013	649.9	2092.3	706.7	3908.8
2014	608.7	2179.1	738.6	3913.2
2015	660.3	2158.1	713.5	4269.4

资料来源：World Steel Association，《国际钢铁统计年鉴》，2004 - 2017。

从表 7.9 中不难看出，德国和美国的钢铁间接进出口量较大，美国甚至达到 4269.4 万吨，日本、韩国的钢铁间接出口量还不足美国的 1/3。但是综观近 10 年的数据，美国和德国的钢铁间接进口量很大，但增长幅度微乎其微，几乎接近饱和状态，而日本、韩国的钢铁间接出口量相比较少，但发展趋势还是很客观的。

四、一级产品的贸易成本

钢铁间接出口的影响因素除了以上对于钢铁的间接需求与供给有关之外，影响着贸易的因素有很多，贸易成本占据了不容忽视的地位。也有众多学者对贸易成本的问题进行了深入的剖析。在传统的引力模型中，所有阻碍贸易的因素都通过距离来表示，距离越远，两国之间贸易成本越高。提到距离这一影响贸易成本的变量时，人们往往想到的就是运输成本。但贸易成本不仅仅是运输成本，还包括文化成本和交易成本等。

（一）运输成本

两国之间距离越远，往往需要以更长的运输时间以及运输保费来维持贸易关系，在同等的运输时速内，在运输途中损耗的成本就越大。例如，一个人用同样的速度翻越一座山和翻越两座山，耗费的体力迥然不同，而消耗的这部分就是所说的运输成本。因此运输成本在国际贸易中占据着举足轻重的地位，两国之间的贸易会随着距离的上升导致运输成本的增加，抑制国际贸易的发展。

随着科技技术的进步，各种先进的运输设备和通信设备使得贸易过程产生的运输成本以及信息成本大大降低了。但是，有利必有弊，运输的便利反而会加大贸易成本。以前交通运输不发达的时候，人们往往较少考虑距离较远的国家，但随着运输的便利，对于贸易的国家以及商品的选择就更广泛了，为了谋取更大了利润，贸易国不断开展距离更远的贸易伙伴国，在国际贸易过程中，其他贸易成本就会逐渐增大，而且增加的比例远大于运输便利带来的运输成本的降低量。

虽然伴随着科技进步，距离产生的贸易成本大大降低了，但是，对于含钢行业的大型产品来说，距离带来贸易成本的加大还是存在的，因此，距离仍然还是影响国际贸易的重要因素。当然贸易成本也不仅是随距离的增加而增加，在贸易过程中，从最初的货物的包装以及运输费用，保险费用还有在出入国境内所要支付的关税，包括货物到达进口国消费者手中所产生的一系列贸易成本都是存在的。

（二） 文 化 成 本

在讨论两国之间的国际贸易影响时，产生贸易成本的因素不仅是运输成本，还有两国之间的文化差异等因素。两国之间距离越远，文化差异越大，需要更多的时间和精力来磨合两国之间的贸易关系。例如，西方国家更注重对环境的保护措施，而我国耗钢产品的生产往往对环境产生了极其恶劣的影响，从而导致我国产品出口到西方国家触犯到了他国环境保护的相关规定，受到贸易伙伴国的贸易抵制，这种因为文化差异而产生的贸易摩擦是不可避免的，而且占据的分量还不在少数。这种贸易壁垒大大加大了出口的贸易成本，阻碍了国际贸易的开展。对于距离较近的国家，两国之间的文化习俗有很大的相似性，带来的不仅是运输成本的降低，还有减少文化差异带来的贸易摩擦。距离产生的成本还有信息成本。距离较近的国家相对于距离较远的国家联系会更加频繁，从而降低了获取信息的成本，两国之间贸易关系也会随着联系的频繁而更加密切，这些因素都会使得两国之间贸易更加便利，促进国际贸易的开展。

（三） 交易成本

距离在影响贸易成本的因素的理论分析中具有代表性，但是在实证分析中距离很难进行测算和检验，因此其指标很大程度降低了可信度。由上面所述，除了距离带来的运输成本和文化带来的文化成本等贸易成本的变量，由一国对外开放程度带来的交易成本也大大影响了贸易成本。国际贸易问题中，贸易壁垒和一国的交易开放程度对交易成本的影响是不可忽视的。在贸易成本的研究中，对外贸易依存度指数，其英文简称为 FTD 指数，能够较好表示交易成本，而且对外依存度指数便于计算和实证检验。所以我们选取 FTD 指数将交易成本指标化。对外贸易依存度指数越高，即对外开放程度越大，代表交易成本越小，从而影响了钢铁间接出口的贸易成本，即 FTD 指数与贸易成本成正相关。所以本书采用对外贸易依存度指数对贸易成本进行指标化，进而对钢铁间接出口的影响因素加以分析。具体公式如下：

$$FTD = \frac{\text{进出口总额}}{GDP} \tag{7.2}$$

其中，FTD 为对外贸易依存度，GDP 为国内生产总值。

一般而言，FTD 值越大，一国对外贸易依存度越高，一国开放程度越大，代表交易成本减少，进而两国之间贸易成本也随之减小。相反，FTD 值越小，一国对外贸易依存度越低，一国越保守，代表交易成本增大，进而两国之间贸易成本也随之增大。即贸易成本与一国的开放程度成正比。

近几年我国钢铁出口只增量不增利，除了政策和其他国家的制约以及钢材低附加值等问题外，当然贸易成本也是一个不可或缺的因素之一。由于各个国家自身国情不同，实施的经济政策也不尽相同。当贸易国实施贸易保护政策，其国家对外开放程度降低，这大大增加两国之间的贸易成本，两国之间贸易量会随之减小。本书将贸易成本指标化，贸易成本在数据上以一国对外贸易依存度指数呈现。本书对 2000～2016 年的对外贸易依存度指数进行整理和分析，如图 7.1 所示。

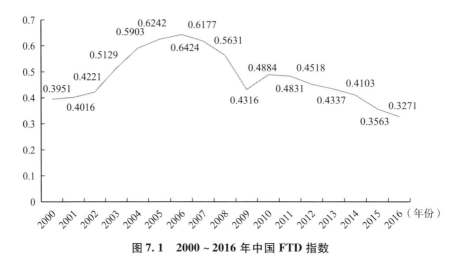

图 7.1　2000～2016 年中国 FTD 指数

资料来源：《中国统计年鉴》，http：//www. stats. gov. cn/tjsj/ndsj/。

由图 7.1 不难看出，2000～2006 年我国 FTD 指数一直呈现上升状态，2006 年之后出现缓慢下降，2009 年到达最低指数 0.4316，虽然在 2010 年对外贸易依存度指数急剧上升，但在接下来的 6 年，整体趋势来看还是呈下降状态。

五、间接出口贸易动因的实证检验

（一）构建模型

数据回归模型是现代经济增长的实证分析基础，在定量分析影响经济增长的要素中应用极其广泛。本书运用数据回归模型对影响钢铁间接出口的含钢行业的钢材投入量、含钢行业的国际竞争力指数以及贸易国的钢铁进口量和贸易成本4个因素进行实证分析。模型的具体表达式如下：

$$Y = aX_1 + bX_2 + cX_3 + dX_4 + e \qquad (7.3)$$

其中，Y 为我国钢铁间接出口量，X_1 为含钢行业的钢铁投入量，X_2 为含钢商品的国际竞争力；X_3 为含钢行业的出口市场规模；X_4 为贸易成本。a、b、c、d 分别为 X_1、X_2、X_3、X_4 系数，系数 >0 代表自变量与因变量之间呈正相关，系数 <0 代表此影响因素对钢铁间接出口存在阻碍作用。e 为干扰项。

（二）数据来源与变量说明

根据前面，已经找出了钢铁间接出口的4个影响因素，钢铁间接出口量 Y 根据《国际钢铁统计年鉴》数据进行实证分析，我国钢铁间接投入量 X_1 以机械、汽车、船舶、电气、金属、家电等6大行业的钢铁投入量的加权平均数来反映，数据来源于《中国钢铁统计年鉴（2017）》；我国含钢行业的国际竞争力 X_2 用6大行业的 TC 指数的加权平均数来进行回归测量，数据来源于《中国统计年鉴》；含钢商品的出口市场规模 X_3 以除中国外其他国家的钢材间接需求量来反映贸易国的经济实力，数据来源于《国际钢铁统计年鉴》；还有一个常规的贸易影响因素贸易成本 X_4，也在影响着我国钢铁的间接出口，本书采用对外贸易依存度的指数来对贸易成本进行指标化，将 FTD 作为统计数据进行回归测量，数据来源于《中国统计年鉴》。

（三）模型回归及结果分析

借助回归分析软件 EViews 6.0，利用所选择的样本数据对模型进行回归分析，具体数据如表 7.10 所示。

表 7.10　　　　　　　　　　回归模型数据统计

年份	我国钢铁间接出口量 Y（万吨）	含钢行业钢铁投入系数 X_1	TC 指数 X_2	进口国钢铁间接进口量 X_3（万吨）	FTD 指数 X_4
2000	11635	0.0183	0.0017	126958	0.3951
2001	13927	0.0194	0.0019	136264	0.4016
2002	15713	0.0208	0.0021	157330	0.4221
2003	19851	0.0213	0.0029	169150	0.5129
2004	25123	0.0257	0.0032	186060	0.5903
2005	32030	0.0294	0.0085	213956	0.6242
2006	42231	0.0319	0.0116	235736	0.6424
2007	50428	0.0336	0.0124	252199	0.6177
2008	56068	0.0361	0.0145	259979	0.5631
2009	44710	0.0390	0.0119	187630	0.4316
2010	62010	0.0435	0.0093	228507	0.4884
2011	71460	0.0470	0.0081	258042	0.4831
2012	69431	0.0488	0.0082	263468	0.4518
2013	67239	0.0492	0.0021	267957	0.4337
2014	67458	0.0521	0.0019	267800	0.4103
2015	70455	0.0621	0.0064	263956	0.3563
2016	70862	0.0639	0.0155	26579	0.3271

　　根据表 7.10 中的数据，由于钢铁间接出口量与进口国钢铁间接进口量数额较大，对这两种原始数据进行对数处理，其他原始数据不变，综合 6 大行业的钢铁投入系数以及 TC 指数和我国对外贸易依存度指数进行回归分析，为考察各因素对钢铁间接出口的影响，对 2000 ~ 2016 年的数据进行回归分析，被解释变量为 $\ln CK$，解释变量为 TR、TC、$\ln JK$、FTD，用 EViews 进行普通最小二乘法（OLS）估计的结果如表 7.11 所示。

表7.11   回归模型结果汇总

变量	系数	标准差	T 值	P 值
TR	39.08371	4.457102	8.768863	0
TC	22.87545	10.65345	2.147233	0.0573
ln*JK*	0.247963	0.08167	3.036138	0.0125
FTD	1.18623	0.68718	1.726228	0.115
C	5.38196	0.874296	6.155768	0.0001
R^2	0.949005	均值因变量		10.74082
调整后的 R^2	0.928607	S.D. 自变量		0.501729
S.E. 回归值	0.134059	AIC 标准值		−0.91987
残差平方和	0.179718	Schwarz 标准值		−0.68386
对数似然比	11.89905	Hannan–Quinn 标准值		−0.92239
F 检验值	0.000002	D.W. 统计值		1.796745

得到如下回归方程：

$$\ln CK = 5.38 + 39.08TR + 22.88TC + 0.25\ln JK + 1.19FID \quad (7.4)$$

$$R = 0.949005；P = 0.000002；D.W = 1.796745$$

由估计结果可知，可决系数 R = 0.949005，拟合优度高，可以认为被解释变量钢铁间接出口基本上可以用多元线性回归方程中的4个解释变量来解释。4个解释变量的系数均大于0，由此可见，含钢行业的钢铁投入量、国际竞争力、进口国的市场经济和对外贸易依存度等4个变量与我国钢铁间接出口呈正相关。P 值为 0.000002，几乎为0，回归结果显著。同时 D.W = 1.796745，接近于2，说明4个解释变量在统计上是显著的。

综上统计结果可知，我国耗钢行业钢铁投入量、耗钢行业的国际竞争力、进口国的钢铁间接进口量以及我国对外贸易依存度每增长1%，我国钢铁间接出口也会随系数增长相应的比例。由此结果可知，投入量、竞争力、间接进口量和贸易成本 4 个因素对于钢铁间接出口的影响是显著的而且呈正相关，即提高含钢行业的钢铁投入量、国际竞争力和提高进口国的钢铁间接进口量以及降低贸易成本对我国钢铁间接出口有拉动作用，而且拉动作用较大，符合理论上的预期。进而证实一级贸易品中二级贸易品的投入、一级产品的国际竞争力、一级产品的出口市场需求，以及一级产品的贸易成本构成间接贸易的贸易动因。

第八章

间接出口的贸易结构

由于间接贸易涉及品种众多，本书研究间接贸易聚焦资源和能源部门、基础性工业品部门和生产性服务业部门等三类间接贸易强度和影响皆较为显著的部门，分析三类部门间接出口的贸易结构。

贸易结构即为特定时期一国特定商品的贸易构成情况，主要涉及对外贸易商品结构和对外贸易国别结构两类指标。其中，对外贸易商品结构反映一国贸易中各类商品的构成比例，可体现一国贸易竞争力的构成；对外贸易国别结构反映一国商品贸易的来源构成，反映一国与其他国家之家的贸易紧密度。贸易结构的影响因素，主要来源于本国生产力、生产关系、要素资源禀赋、人力资源、科技创新能力等方面，因此贸易结构亦可在不同程度反映上述指标的强弱。

基于对外贸易商品结构和对外贸易国别结构两个主流指标，本章研究资源和能源部门、基础性工业品部门和生产性服务业部门三类部门间接出口的贸易结构，力求揭示三类部门的间接贸易竞争力构成、间接贸易竞争力强度和国家间间接贸易关系。

一、三类部门的间接出口

（一）间接出口规模及其变化

基于间接出口的测算方法，结合 2000～2014 年国际投入产出表，中国资源和能源部门、基础性工业品部门和生产性服务业部门三类部门的间接出口规模及其变化如表8.1所示。由表8.1可知，中国各个部门的间接出口规模由2000年1608.4亿美元增至2014年16655.7亿美元，15年累计增长935.5%。其中，资源和能源业的间接出口规模由2000年76.5亿美元增至2014年976.4亿美元，15年累计增长1176.3%；基础性工业的间接出口规模由2000年237.9亿美元增至2014年2351.1亿美元，15年累计增长888.3%；生产性服务业的间接出口规模由2000年287.4亿美元

表8.1　　　　　　　　三类部门的间接出口规模及其变化

年份	资源和能源业		基础性工业		生产性服务业		其他	合计	
	出口规模（亿美元）	增长比率（%）	出口规模（亿美元）	增长比率（%）	出口规模（亿美元）	增长比率（%）	出口规模（亿美元）	出口规模（亿美元）	增长比率（%）
2000	76.5	—	237.9	—	287.4	—	1006.6	1608.4	—
2001	84.6	10.7	245.1	3.0	314.1	9.3	1062.7	1706.5	6.1
2002	109.3	29.1	288.3	17.6	388.5	23.7	1252.4	2038.4	19.5
2003	146.1	33.7	423.2	46.8	472.2	21.5	1689.5	2731.0	34.0
2004	216.4	48.1	630.0	48.9	608.0	28.8	2348.6	3803.0	39.3
2005	281.8	30.2	835.3	32.6	767.1	26.2	3147.9	5032.0	32.3
2006	369.3	31.1	1080.1	29.3	951.3	24.0	4083.0	6483.8	28.9
2007	476.8	29.1	1380.8	27.8	1199.0	26.0	5164.3	8220.9	26.8
2008	654.9	37.3	1714.2	24.1	1514.9	26.3	5971.8	9855.7	19.9
2009	441.9	−32.5	1265.7	−26.2	1395.7	−7.9	5385.7	8489.0	−13.9
2010	695.4	57.4	1560.0	23.3	1782.0	27.7	7133.4	11171.0	31.6
2011	905.4	30.2	1922.7	23.2	2175.1	22.0	8506.9	13510.1	20.9
2012	865.6	−4.4	2027.2	5.4	2421.6	11.3	9022.2	14336.6	6.1
2013	901.4	4.1	2214.2	9.2	2605.5	7.6	9876.0	15597.9	8.8
2014	976.4	8.3	2351.1	6.2	2900.4	11.3	10427.8	16655.7	6.8
累计	7201.9	1176.3	18175.7	888.3	19782.8	909.2	76079.7	121240.1	935.5

资料来源：笔者基于国际投入产出表自行计算。

增至 2014 年 2900.4 亿美元，15 年累计增长 909.2%。由此可见，资源和能源业间接出口规模增长超出间接总出口的平均水平，基础性工业和生产性服务业的增长率与间接总出口的平均水平大致持平。

（二）间接出口商品结构及其变化

基于间接出口的测算方法，结合 2000～2014 年国际投入产出表，中国资源和能源部门、基础性工业品部门和生产性服务业部门三类部门的间接出口结构如表 8.2 所示。由表 8.2 可知，资源和能源业间接出口占比由 2000 年 4.75% 升至 2014 年 5.86%，贸易占比小幅上涨；基础性工业间接出口占比由 2000 年 14.79% 降至 2014 年 14.12%，贸易占比大致持平；生产性服务业间接出口占比由 2000 年 17.87% 降至 2014 年 17.41%，贸易占比大致持平。

表 8.2　　　　　　　　　　三类部门的间接出口结构　　　　　　　单位：%

年份	资源和能源业	基础性工业	生产性服务业	其他产业
2000	4.75	14.79	17.87	62.59
2001	4.96	14.36	18.41	62.27
2002	5.36	14.14	19.06	61.44
2003	5.35	15.50	17.29	61.86
2004	5.69	16.57	15.99	61.76
2005	5.60	16.60	15.24	62.56
2006	5.70	16.66	14.67	62.97
2007	5.80	16.80	14.58	62.82
2008	6.64	17.39	15.37	60.59
2009	5.21	14.91	16.44	63.44

续表

年份	资源和能源业	基础性工业	生产性服务业	其他产业
2010	6.23	13.96	15.95	63.86
2011	6.70	14.23	16.10	62.97
2012	6.04	14.14	16.89	62.93
2013	5.78	14.20	16.70	63.32
2014	5.86	14.12	17.41	62.61

资料来源：笔者基于国际投入产出表自行计算。

二、资源和能源业部门的间接出口

（一）细分部门间接出口规模及其变化

基于间接出口的测算方法，结合 2000～2014 年国际投入产出表，中国资源和能源业的三类细分部门，即林业和伐木（部门 2）、采矿和采石（部门 4）、石油加工和炼焦（部门 10）的间接出口规模及其变化如表 8.3 所示。由表 8.3 可知，林业和伐木的间接出口规模由 2000 年 12.9 亿美元增至 2014 年 55.8 亿美元，15 年累计增长 332.6%；采矿和采石的间接出口规模由 2000 年 39.3 亿美元增至 2014 年 449.7 亿美元，15 年累计增长 1044.3%；石油加工和炼焦的间接出口规模由 2000 年 24.3 亿美元增至 2014 年 470.9 亿美元，15 年累计增长 1837.9%。对比表 8.1 中，资源和能源业间接出口规模累计增长 1176.3% 的水平，林业和伐木累计增速较低，采矿和采石累计增速大致持平，石油加工和炼焦累计增速大幅高于资源和能源业。

表8.3 资源和能源业三类细分部门间接出口规模及其变化

年份	林业和伐木		采矿和采石		石油加工和炼焦	
	出口规模 （亿美元）	增长比率 （%）	出口规模 （亿美元）	增长比率 （%）	出口规模 （亿美元）	增长比率 （%）
2000	12.9	—	39.3	—	24.3	—
2001	12.6	-2.0	40.9	3.90	31.1	28.30
2002	14.0	10.70	48.8	19.50	46.5	49.30
2003	15.2	8.70	72.7	49.00	58.2	25.20
2004	19.2	26.40	103.9	42.80	93.3	60.40
2005	24.6	28.30	139.8	34.60	117.3	25.60
2006	29.3	18.90	172.2	23.20	167.7	43.00
2007	36.8	25.60	185.8	7.90	254.2	51.50
2008	40.3	9.50	308.3	65.90	306.3	20.50
2009	28.9	-28.20	175.2	-43.20	237.8	-22.40
2010	37.2	28.70	260.3	48.60	397.9	67.30
2011	45.0	20.70	360.5	38.50	499.9	25.60
2012	49.3	9.60	340.5	-5.60	475.9	-4.80
2013	52.3	6.20	390.0	14.50	459.1	-3.50
2014	55.8	6.60	449.7	15.30	470.9	2.60
累计	473.5	332.6	3088.1	1044.3	3640.2	1837.9

资料来源：笔者基于国际投入产出表自行整理和计算。

（二）细分部门间接出口商品结构及其变化

基于间接出口的测算方法，结合2000～2014年国际投入产出表，中国资源和能源业的间接出口结构如表8.4所示。由表8.4可知，林业和伐木的间接出口占比由2000年16.86%降至2014年5.71%，贸易占比下降11.15%；采矿和采石的间接出口占比由2000年51.41%降至2014年

46.06%，贸易占比下降5.35%；石油加工和炼焦的间接出口占比由2000年31.73%降至2014年48.23%，贸易占比提升16.50%。

表8.4　　　　　　资源和能源业三类细分部门的间接出口结构　　　单位：%

年份	林业和伐木	采矿和采石	石油加工和炼焦
2000	16.86	51.41	31.73
2001	14.93	48.28	36.79
2002	12.80	44.68	42.52
2003	10.41	49.77	39.82
2004	8.88	48.00	43.13
2005	8.75	49.63	41.63
2006	7.94	46.64	45.42
2007	7.72	38.98	53.31
2008	6.15	47.08	46.77
2009	6.55	39.64	53.81
2010	5.35	37.43	57.22
2011	4.97	39.82	55.21
2012	5.69	39.33	54.97
2013	5.81	43.27	50.93
2014	5.71	46.06	48.23

资料来源：笔者基于国际投入产出表自行整理和计算。

（三）细分部门间接出口市场结构及其变化

基于国际投入产出表，测算细分部门间接出口的市场结构，涉及多个步骤：第一，测算某年中国所有出口商品的国别结构，其中出口商品包括中间使用出口和最终使用出口；第二，测算中国相应细分部门的直接消耗系数（例如资源和能源业，涉及林业和伐木、采矿和采石、石油加工和炼焦三个细分部门）；第三，分别用中国各个细分部门的直接消耗系数，以及各国（地区）各部门的中国商品进口额，求得各个细分部门的间接出口市场结构；第四，沿用上述思路，测算 2000～2014 年的细分部门间接出口的市场结构，并讨论其变化趋势。

1. 间接出口的直接消耗系数

直接消耗系数的变化反映了部门间经济技术联系的变化。系数变小，则意味着部门之间的依存关系下降，反之亦然。2000～2014 年资源和能源业中，林业和伐木（部门 2）、采矿和采石（部门 4）、石油加工和炼焦（部门 10）三个细分部门的直接消耗系数如表 8.5 所示。由表 8.5 可知，林业和伐木（部门 2）的直接消耗主要来源于林业和伐木（部门 2）、木材加工（部门 7）和塑料和橡胶制品（部门 13）；采矿和采石（部门 4）的直接消耗主要来源于石油加工和炼焦（部门 10）、金属冶炼（部门 15）和电力、燃气、蒸汽和空调供应（部门 24）；石油加工和炼焦的直接消耗主要来源于陆运和管道运输（部门 31）、水路运输（部门 32）和航空运输（部门 33）。

表 8.5　　2000～2014 年资源和能源业中三个细分部门的直接消耗系数

部门	2000 年			2009 年			2012 年			2014 年		
	2	4	10	2	4	10	2	4	10	2	4	10
1	0.001	0.003	0.004	0	0.001	0.010	0	0.001	0.018	0	0.001	0.017
2	0.092	0.002	0.006	0.139	0.002	0.028	0.148	0.002	0.050	0.141	0.002	0.046
3	0.008	0.002	0.014	0.001	0.001	0.017	0.001	0.001	0.019	0.001	0.001	0.017
4	0.003	0.025	0.013	0.002	0.081	0.029	0.001	0.092	0.037	0.001	0.099	0.033
5	0.001	0.003	0.001	0.001	0.002	0.002	0	0.002	0.002	0	0.002	0.002
6	0	0.002	0.002	0	0.003	0.004	0	0.002	0.004	0	0.002	0.004

部门	2000 年			2009 年			2012 年			2014 年		
	2	4	10	2	4	10	2	4	10	2	4	10
7	0.105	0.007	0.004	0.115	0.003	0.005	0.111	0.002	0.007	0.106	0.003	0.006
8	0.016	0.008	0.004	0.025	0.011	0.006	0.032	0.014	0.008	0.031	0.016	0.007
9	0	0.001	0.002	0	0.002	0.005	0	0.002	0.006	0	0.002	0.005
10	0	0.441	0.022	0	0.451	0.057	0	0.429	0.093	0	0.467	0.083
11	0.003	0.064	0.033	0.005	0.057	0.091	0.005	0.042	0.119	0.005	0.048	0.111
12	0.001	0.003	0.003	0.001	0.003	0.009	0.001	0.003	0.014	0.001	0.003	0.012
13	0.049	0.003	0.006	0.026	0.006	0.016	0.026	0.006	0.024	0.025	0.007	0.021
14	0	0.073	0.015	0	0.095	0.031	0	0.085	0.047	0	0.095	0.043
15	0	0.098	0.019	0	0.143	0.043	0	0.137	0.06	0	0.156	0.056
16	0	0.019	0.005	0	0.014	0.009	0	0.013	0.011	0	0.014	0.010
17	0	0.001	0.001	0	0.001	0.003	0	0.001	0.003	0	0.001	0.003
18	0	0.006	0.003	0	0.005	0.005	0	0.005	0.006	0	0.006	0.006
19	0	0.008	0.004	0	0.007	0.007	0	0.006	0.007	0	0.006	0.006
20	0	0.005	0.002	0	0.002	0.003	0	0.002	0.004	0	0.002	0.003
21	0.001	0.004	0.003	0	0.004	0.005	0	0.003	0.007	0	0.003	0.006
22	0.020	0.004	0.004	0.011	0.005	0.005	0.009	0.005	0.007	0.009	0.006	0.006
23	0	0	0	0	0	0	0	0	0	0	0	0
24	0.001	0.205	0.035	0	0.139	0.036	0	0.148	0.048	0	0.158	0.042
25	0	0.003	0.003	0	0.004	0.008	0.001	0.003	0.007	0.001	0.003	0.006
26	0.004	0.013	0.038	0	0.007	0.042	0.001	0.006	0.033	0.001	0.007	0.029
27	0.024	0.017	0.011	0.005	0.01	0.015	0.006	0.008	0.017	0.006	0.008	0.015
28	0	0	0	0	0	0	0	0	0	0	0	0
29	0.011	0.002	0.009	0	0	0.003	0	0	0.004	0	0	0.004
30	0.011	0.002	0.009	0	0	0.003	0	0	0.004	0	0	0.004
31	0	0.009	0.053	0	0.005	0.100	0	0.003	0.114	0	0.003	0.101
32	0	0.005	0.122	0	0.004	0.177	0	0.003	0.168	0	0.003	0.149

续表

部门	2000 年			2009 年			2012 年			2014 年		
	2	4	10	2	4	10	2	4	10	2	4	10
33	0	0.004	0.069	0	0.005	0.217	0	0.004	0.24	0	0.005	0.217
34	0	0.002	0.024	0	0.003	0.118	0	0.002	0.122	0	0.003	0.110
35	0	0.002	0.008	0	0.001	0.020	0	0.001	0.022	0	0.001	0.019
36	0.001	0.003	0.003	0.001	0.001	0.004	0	0	0.004	0	0	0.003
37	0	0	0	0	0	0	0	0	0	0	0	0
38	0	0	0	0	0	0	0	0	0	0	0	0
39	0	0	0	0	0	0.002	0	0	0.002	0	0	0.002
40	0	0.004	0	0	0	0.001	0	0	0.001	0	0	0.001
41	0	0	0.001	0	0	0.002	0	0	0.003	0	0	0.003
42	0	0	0.003	0	0	0.008	0	0	0.003	0	0	0.002
43	0	0	0	0	0	0	0	0	0	0	0	0
44	0	0.005	0.002	0	0	0.003	0	0	0.001	0	0	0.001
45	0	0.001	0.002	0	0.001	0.037	0	0.001	0.056	0	0.001	0.050
46	0	0	0	0	0	0	0	0	0	0	0	0
47	0.001	0.010	0.006	0.001	0.003	0.006	0	0.002	0.007	0	0.002	0.006
48	0	0	0	0	0	0	0	0	0	0	0	0
49	0.004	0.004	0.003	0	0.001	0.023	0	0.001	0.035	0	0.001	0.031
50	0.001	0.005	0.006	0.002	0.002	0.032	0	0.002	0.044	0	0.002	0.039
51	0	0.003	0.005	0	0.002	0.016	0	0.001	0.020	0	0.001	0.018
52	0.002	0.012	0.003	0	0.002	0.010	0	0.002	0.013	0	0.002	0.011
53	0	0.004	0.006	0	0.004	0.016	0	0.003	0.023	0	0.003	0.018
54	0.003	0.008	0.006	0	0.002	0.011	0	0.001	0.009	0	0.001	0.008
55	0	0	0	0	0	0	0	0	0	0	0	0
56	0	0	0	0	0	0	0	0	0	0	0	0

注：表中 56 个部门，对应表 3.3。

资料来源：笔者基于国际投入产出表自行整理和计算。

进一步，对比三个细分部门 2000 年和 2014 年的直接消耗系数：第一，林业和伐木的主要消耗来源没有变化，只是林业和伐木的直接消耗系数由 0.092 升至 0.141，木材加工的直接消耗系数略有提升，塑料和橡胶制品的直接消耗系数由 0.049 下降为 0.025；第二，采矿和采石的主要消耗来源同样没有变化，其中石油加工和炼焦的直接消耗系数由 0.441 略升为 0.467，金属冶炼的直接消耗系数由 0.098 升至 0.156，电力、燃气、蒸汽和空调供应的直接消耗系数由 0.205 降至 0.158；第三，石油加工和炼焦的主要消耗来源同样没有变化，其中陆运和管道运输的直接消耗系数由 0.053 大幅升至 0.101，汽车使用规模的大幅提升应该与此直接相关，水路运输的直接消耗系数由 0.122 略升至 0.149，航空运输的直接消耗系数由 0.069 大幅升至 0.217，并取代水路运输成为单位产品中石油加工和炼焦投入的最高部门。

2. 间接出口的市场结构

市场结构的变化反映了各方经贸联系的变化，由于间接贸易是隐藏在直接贸易中的贸易，因此间接贸易市场结构与直接贸易并不相同。2000~2014 年资源和能源业中，林业和伐木（部门 2）、采矿和采石（部门 4）、石油加工和炼焦（部门 10）三个细分部门的间接出口市场结构见表 8.6。由表 8.6 可知，林业和伐木的间接出口主要至美国、日本、英国、德国和加拿大；采矿和采石的间接出口主要至美国、日本、韩国、德国和中国台湾地区；石油加工和炼焦的间接出口主要至美国、日本、韩国、德国和英国。由此可见，中国资源和能源部门产品的间接出口 40%~50% 出口至发达国家（地区）。

进一步对比 2000 年和 2014 年间接出口市场结构：第一，韩国替代英国成为林业和伐木部门的间接出口主要国家，五个主要间接出口地出口合计占比由 43.08% 降至 36.8%，并且美国始终为第一出口国家，但出口占比由 21.3% 降至 17.17%；第二，印度替代德国成为采矿和采石部门的间接出口主要国家，五个主要间接出口地出口合计占比由 49.42% 降至 31.09%，

表 8.6　　　　　资源和能源业三个细分部门的间接出口市场结构

林业和伐木			采矿和采石			石油加工和炼焦		
国家 （地区）	出口规模 （亿美元）	出口 占比 （％）	国家 （地区）	出口规模 （亿美元）	出口 占比 （％）	国家 （地区）	出口规模 （亿美元）	出口 占比 （％）
加拿大	0.4	3.56	德国	1.6	4.08	德国	0.7	2.71
德国	0.5	3.66	日本	5.9	15.04	英国	0.5	2.22
英国	0.6	3.92	韩国	3.5	8.93	日本	3.3	13.43
日本	1.4	10.63	中国台湾	1.5	3.98	韩国	0.9	3.85
美国	2.7	21.30	美国	6.9	17.38	美国	3.4	14.17
2000 年合计	5.6	43.08	2000 年合计	19.4	49.42	2000 年合计	8.8	36.39
加拿大	0.6	4.04	印度尼西亚	2.6	3.63	澳大利亚	1.3	2.14
英国	0.5	3.61	日本	9.7	13.42	德国	1.5	2.53
日本	1.9	12.54	韩国	6.8	9.31	日本	6.7	11.61
韩国	0.4	3.37	中国台湾	2.9	4.00	韩国	2.7	4.59
美国	3.7	22.93	美国	10.6	14.52	美国	8.2	14.21
2003 年合计	7.1	46.49	2003 年合计	32.6	44.88	2003 年合计	20.4	35.08
加拿大	1.3	4.62	印度	6.4	3.77	加拿大	4.0	2.38
德国	1.1	3.39	日本	17.5	10.16	德国	4.4	2.64
英国	1.2	4.10	韩国	18.1	10.48	日本	17.0	10.13
日本	3.3	11.23	中国台湾	8.4	4.86	中国台湾	3.5	2.11
美国	6.8	23.48	美国	27.5	15.98	美国	24.7	14.75
2006 年合计	13.7	46.82	2006 年合计	77.9	45.26	2006 年合计	53.6	32.02
德国	1.3	4.23	德国	6.4	3.68	加拿大	5.6	2.37
英国	1.0	3.35	印度	5.1	2.94	德国	8.7	3.69
日本	2.8	9.89	日本	12.6	7.21	日本	17.5	7.35
韩国	1.1	3.76	韩国	15.5	8.81	韩国	9.8	4.10
美国	6.1	21.29	美国	22.6	12.92	美国	31.6	13.34
2009 年合计	12.3	42.52	2009 年合计	62.2	35.55	2009 年合计	73.2	30.84

林业和伐木			采矿和采石			石油加工和炼焦		
国家（地区）	出口规模（亿美元）	出口占比（%）	国家（地区）	出口规模（亿美元）	出口占比（%）	国家（地区）	出口规模（亿美元）	出口占比（%）
美国	8.6	17.56	美国	37.1	10.91	美国	60.2	12.67
日本	4.5	9.13	韩国	32.0	9.41	日本	30.3	6.38
加拿大	2.1	4.22	日本	20.7	6.09	韩国	25.2	5.30
韩国	2.1	4.22	印度	12.1	3.55	德国	15.5	3.25
英国	1.6	3.29	中国台湾	9.4	2.73	印度	11.9	2.51
2012 年合计	18.9	38.42	2012 年合计	111.3	32.69	2012 年合计	143.1	30.10
美国	9.5	17.17	美国	47.3	10.54	美国	59.3	12.60
日本	4.7	8.45	韩国	36.1	8.04	日本	25.2	5.37
加拿大	2.2	3.86	日本	27.3	6.07	韩国	24.1	5.12
韩国	2.1	3.73	印度	15.4	3.41	德国	16.5	3.49
德国	2.0	3.59	中国台湾	13.6	3.03	印度	12.5	2.67
2014 年合计	20.5	36.80	2014 年合计	139.7	31.09	2014 年合计	137.6	29.24

资料来源：笔者基于国际投入产出表自行整理和计算。

并且美国始终为第一出口国家，但出口占比由 17.38% 降至 10.54%；第三，印度替代英国成为石油加工和炼焦部门的间接出口主要国家，五个主要间接出口地出口合计占比由 36.39% 降至 29.24%，并且美国始终为第一出口国家，出口占比由 14.17% 略降至 12.6%。由此可知，一方面，由于中国加入世界贸易组织，贸易全球化程度不断提升，导致间接出口地结构的集中度不断降低；另一方面，由于中国在亚洲地区产业链地位和作用的不断提升，间接出口市场结构中亚洲国家（地区）占比持续上升。

三、基础性工业部门的间接出口

（一）细分部门间接出口规模及其变化

基于间接出口的测算方法，结合 2000～2014 年国际投入产出表，中国基础性工业的三类细分部门，即塑料和橡胶制品（部门13）、非金属矿物制品业（部门14）、金属冶炼（部门15）的间接出口规模及其变化如表8.7 所示。由表8.7 可知，塑料和橡胶制品的间接出口规模由 2000 年的 73.3 亿美元增至 2014 年的 564.1 亿美元，15 年累计增长 669.6%；非金属矿物制品业的间接出口规模由 2000 年 44.5 亿美元增至 2014 年 289.4 亿美元，15 年累计增长 550.3%；金属冶炼的间接出口规模由 2000 年 120.1 亿美元增至 2014 年 1497.7 亿美元，15 年累计大幅增长 1147%。对比表8.1，基础性工业间接出口规模累计增长 888.3% 的水平，塑料和橡胶制品与非金属矿物制品业累计增速较低，但金属冶炼累计增速大幅高于基础性工业，其中以钢铁为首的金属冶炼制品间接出口较为显著。

表 8.7　　　　基础性工业三类细分部门间接出口规模及其变化

年份	塑料和橡胶制品		非金属矿物制品业		金属冶炼	
	出口规模（亿美元）	增长比率（%）	出口规模（亿美元）	增长比率（%）	出口规模（亿美元）	增长比率（%）
2000	73.3	—	44.5	—	120.1	—
2001	80.7	10.03	36.4	-18.16	128.0	6.63
2002	99.4	23.19	35.3	-2.88	153.5	19.93
2003	130.9	31.71	43.9	24.07	248.4	61.80

年份	塑料和橡胶制品		非金属矿物制品业		金属冶炼	
	出口规模（亿美元）	增长比率（%）	出口规模（亿美元）	增长比率（%）	出口规模（亿美元）	增长比率（%）
2004	176.1	34.50	60.5	37.94	393.4	58.37
2005	207.9	18.05	86.8	43.50	540.6	37.42
2006	263.7	26.85	111.0	27.90	705.5	30.51
2007	325.4	23.40	138.9	25.08	916.5	29.90
2008	379.5	16.63	159.9	15.18	1174.7	28.17
2009	339.9	-10.45	148.0	-7.47	777.8	-33.79
2010	400.8	17.92	167.3	13.04	992.0	27.53
2011	464.8	15.97	214.1	27.97	1243.9	25.39
2012	483.4	4.02	239.2	11.73	1304.6	4.88
2013	532.2	10.07	284.0	18.73	1398.0	7.16
2014	564.1	6.00	289.4	1.89	1497.7	7.13
累计	4522.1	669.60	2059.1	550.30	11594.6	1147.00

资料来源：笔者基于国际投入产出表自行整理和计算。

（二）细分部门间接出口商品结构及其变化

基于间接出口的测算方法，结合2000~2014年国际投入产出表，中国基础性工业的间接出口结构如表8.8所示。由表8.8可知，塑料和橡胶制品的间接出口占比由2000年30.83%降至2014年23.99%，贸易占比下降6.84%；非金属矿物制品业的间接出口占比由2000年18.70%降至2014年12.31%，贸易占比下降6.39%；金属冶炼的间接出口占比由2000年50.47%提升至2014年63.7%，贸易占比提升13.23%。金属冶炼的间接出口增多也反映了中国制造业出口大国的实际境况。

表 8.8　　　　　　基础性工业三类细分部门的间接出口结构　　　　　单位：%

年份	塑料和橡胶制品	非金属矿物制品业	金属冶炼
2000	30.83	18.70	50.47
2001	32.92	14.85	52.23
2002	34.48	12.26	53.25
2003	30.94	10.36	58.70
2004	27.95	9.60	62.44
2005	24.89	10.39	64.72
2006	24.41	10.28	65.31
2007	23.57	10.06	66.38
2008	22.14	9.33	68.53
2009	26.85	11.69	61.45
2010	25.69	10.72	63.59
2011	24.17	11.13	64.69
2012	23.85	11.80	64.35
2013	24.03	12.83	63.14
2014	23.99	12.31	63.70

资料来源：笔者基于国际投入产出表自行整理和计算。

（三）细分部门间接出口国家（地区）结构及其变化

1. 间接出口的直接消耗系数

2000～2014 年基础性工业中，塑料和橡胶制品（部门 13）、非金属矿物制品业（部门 14）、金属冶炼（部门 15）三个细分部门的直接消耗系数如表 8.9 所示。由表 8.9 可知，塑料和橡胶制品（部门 13）的直接消耗主要来源于塑料和橡胶制品（部门 13）的 0.177、电气设备制造（部门 18）的 0.073 和汽车、拖车和半成品（部门 20）的 0.047；非金属矿物制品业（部门 14）的直接消耗主要来源于建筑业（部门 27）的

0.153、非金属矿物制品业（部门14）的0.13和计算机、电子和光学产品的制造（部门17）的0.042；金属冶炼（部门15）的直接消耗主要来源于金属制品（部门16）的0.298、金属冶炼（部门15）的0.283和电气设备制造（部门18）的0.178。

表8.9　　2000～2014年基础性工业三个细分部门的直接消耗系数

部门	2000年			2009年			2012年			2014年		
	13	14	15	13	14	15	13	14	15	13	14	15
1	0.007	0.004	0.001	0.006	0.001	0.001	0.007	0	0.001	0.007	0	0.001
2	0.005	0.009	0.004	0.005	0.004	0.002	0.004	0.002	0.002	0.004	0.002	0.002
3	0.006	0.012	0.003	0.001	0.003	0.001	0	0.001	0	0	0.001	0
4	0.012	0.011	0.022	0.009	0.010	0.031	0.007	0.006	0.030	0.007	0.006	0.028
5	0.015	0.009	0.002	0.015	0.004	0.001	0.011	0.003	0.001	0.012	0.004	0.001
6	0.011	0.003	0.002	0.013	0.001	0.002	0.013	0.001	0.002	0.013	0.001	0.002
7	0.006	0.004	0.004	0.006	0.002	0.002	0.008	0.002	0.003	0.009	0.002	0.003
8	0.010	0.004	0.002	0.017	0.002	0.004	0.016	0.002	0.004	0.016	0.002	0.004
9	0.036	0.003	0.008	0.044	0.001	0.007	0.049	0.001	0.010	0.052	0.002	0.010
10	0.002	0.005	0.009	0.003	0.007	0.008	0.003	0.009	0.010	0.003	0.009	0.009
11	0.034	0.009	0.009	0.029	0.006	0.011	0.027	0.005	0.011	0.028	0.005	0.010
12	0.015	0.022	0.004	0.012	0.012	0.002	0.006	0.011	0.002	0.006	0.011	0.002
13	0.177	0.008	0.012	0.206	0.005	0.010	0.182	0.005	0.008	0.186	0.006	0.008
14	0.015	0.130	0.024	0.015	0.167	0.022	0.015	0.168	0.023	0.015	0.173	0.022
15	0.003	0.032	0.283	0.003	0.016	0.286	0.002	0.016	0.295	0.002	0.017	0.292
16	0.010	0.017	0.298	0.014	0.011	0.280	0.013	0.010	0.276	0.014	0.011	0.270
17	0.036	0.042	0.021	0.033	0.015	0.028	0.024	0.010	0.025	0.024	0.010	0.024
18	0.073	0.023	0.178	0.048	0.022	0.215	0.041	0.023	0.195	0.042	0.024	0.192
19	0.034	0.009	0.157	0.026	0.007	0.147	0.023	0.006	0.134	0.023	0.007	0.130
20	0.047	0.013	0.105	0.036	0.009	0.082	0.032	0.010	0.079	0.031	0.010	0.073

续表

部门	2000 年			2009 年			2012 年			2014 年		
	13	14	15	13	14	15	13	14	15	13	14	15
21	0.032	0.008	0.108	0.032	0.005	0.102	0.029	0.004	0.095	0.028	0.004	0.088
22	0.033	0.015	0.033	0.034	0.009	0.050	0.031	0.006	0.060	0.033	0.007	0.060
23	0	0	0	0	0	0	0	0	0	0	0	0
24	0.005	0.006	0.006	0.001	0.002	0.005	0.001	0.002	0.006	0.001	0.002	0.005
25	0.005	0.008	0.004	0.024	0.002	0.005	0.024	0.001	0.006	0.023	0.001	0.005
26	0.023	0.040	0.011	0.007	0.009	0.006	0.008	0.012	0.004	0.007	0.012	0.003
27	0.006	0.153	0.088	0.013	0.190	0.127	0.014	0.174	0.130	0.014	0.175	0.123
28	0	0	0	0	0	0	0	0	0	0	0	0
29	0.015	0.003	0.001	0.003	0	0	0.002	0	0	0.002	0	0
30	0.015	0.003	0.001	0.003	0	0	0.002	0	0	0.002	0	0
31	0.012	0.003	0.005	0.011	0.001	0.003	0.009	0.001	0.003	0.009	0.001	0.003
32	0.002	0.002	0.003	0.001	0.001	0.003	0	0	0.003	0	0	0.002
33	0.001	0.001	0.002	0.001	0.001	0.003	0.001	0.001	0.002	0.001	0.001	0.002
34	0.008	0.016	0.013	0.004	0.002	0.007	0.003	0.002	0.005	0.003	0.002	0.005
35	0.006	0.018	0.002	0.003	0.007	0.001	0.003	0.008	0.002	0.003	0.007	0.002
36	0.003	0.005	0	0.003	0.001	0	0.003	0	0	0.003	0	0
37	0	0	0	0	0	0	0	0	0	0	0	0
38	0	0	0	0	0	0	0	0	0	0	0	0
39	0.003	0.001	0	0	0	0	0	0	0	0	0	0
40	0.002	0.002	0	0	0.001	0	0	0.001	0	0	0.001	0
41	0	0.002	0	0	0	0	0	0	0	0	0	0
42	0	0.001	0	0	0	0.001	0	0	0.001	0	0	0
43	0	0	0	0	0	0	0	0	0	0	0	0
44	0.001	0.027	0.004	0.001	0	0	0	0	0	0	0	0
45	0.001	0.001	0.001	0.002	0.001	0.002	0.002	0.001	0.002	0.002	0.001	0.002
46	0	0	0	0	0	0	0	0	0	0	0	0

部门	2000 年			2009 年			2012 年			2014 年		
	13	14	15	13	14	15	13	14	15	13	14	15
47	0.003	0.008	0.006	0.002	0.006	0.003	0.002	0.005	0.002	0.002	0.005	0.002
48	0	0	0	0	0	0	0	0	0	0	0	0
49	0.002	0.009	0.006	0.004	0.002	0.004	0.003	0.002	0.004	0.003	0.002	0.004
50	0.001	0.006	0.006	0.013	0.010	0.003	0.011	0.009	0.002	0.011	0.009	0.002
51	0.001	0.005	0	0.001	0.004	0.001	0.001	0.003	0.001	0.001	0.003	0.001
52	0.001	0.012	0.002	0.002	0.005	0.001	0	0.003	0.001	0	0.003	0.001
53	0.008	0.007	0.002	0.002	0.005	0.002	0.002	0.002	0.003	0.002	0.002	0.002
54	0.003	0.008	0.003	0.008	0.002	0.003	0.008	0.002	0.003	0.007	0.002	0.002
55	0	0	0	0	0	0	0	0	0	0	0	0
56	0	0	0	0	0	0	0	0	0	0	0	0

注：表中 56 个部门，对应表 3.3。
资料来源：笔者基于国际投入产出表自行整理和计算。

进一步，对比三个细分部门 2000 年和 2014 年的直接消耗系数：第一，塑料和橡胶制品的主要消耗来源发生变化，家具制造、其他制造业代替汽车、拖车和半成品成为第三大直接消耗部门，同时塑料和橡胶制品的直接消耗系数由 0.177 升至 0.186，而电气设备制造的直接消耗系数明显下降，由 0.073 下降为 0.042；第二，非金属矿物制品业的主要消耗来源同样发生变化，电气设备制造代替计算机、电子和光学产品的制造成为第三大直接消耗部门，同时建筑业的直接消耗系数由 0.153 略升为 0.175，非金属矿物制品业的直接消耗系数由 0.130 升至 0.173；第三，金属冶炼的主要消耗来源没有变化，其中金属制品的直接消耗系数由 0.298 降至 0.270，金属冶炼的直接消耗系数由 0.283 略升至 0.292，电气设备制造的直接消耗系数由 0.178 升至 0.192。

2. 间接出口的市场结构

2000~2014 年基础性工业中，塑料和橡胶制品（部门 13）、非金属矿物制品业（部门 14）、金属冶炼（部门 15）三个细分部门的间接出口国别结构如表 8.10 所示。由表 8.10 可知，塑料和橡胶制品的间接出口主要至美国、日本、德国、英国和韩国；非金属矿物制品业的间接出口主要至美国、日本、德国、韩国和英国；金属冶炼间接出口主要至美国、日本、韩国、德国和中国台湾地区。由此可见，中国基础性工业品部门的间接出口约 50% 出口至发达国家（地区）。

表 8.10　　　　基础性工业三个细分部门的间接出口市场结构

塑料和橡胶制品			非金属矿物制品业			金属冶炼		
国家（地区）	出口规模（亿美元）	出口占比（%）	国家（地区）	出口规模（亿美元）	出口占比（%）	国家（地区）	出口规模（亿美元）	出口占比（%）
美国	16.1	22.08	美国	10.9	24.52	美国	25.7	21.48
日本	10.2	13.94	日本	6.0	13.49	日本	19.1	15.87
德国	3.4	4.74	德国	2.1	4.66	韩国	6.6	5.52
英国	2.8	3.88	韩国	1.9	4.40	德国	5.2	4.37
韩国	2.2	3.06	英国	1.4	3.34	中国台湾	4.9	4.10
2000 年合计	73.3	47.70	2000 年合计	44.4	50.42	2000 年合计	120.0	51.35
加拿大	0.6	4.04	印度尼西亚	2.6	3.63	澳大利亚	1.2	2.14
英国	0.5	3.61	日本	9.7	13.42	德国	1.4	2.53
日本	1.9	12.54	韩国	6.7	9.31	日本	6.7	11.61
韩国	0.5	3.37	中国台湾	2.9	4.00	韩国	2.6	4.59
美国	3.4	22.93	美国	10.5	14.52	美国	8.2	14.21
2003 年合计	15.2	46.49	2003 年合计	72.7	44.88	2003 年合计	58.1	35.08
加拿大	1.3	4.62	印度	6.5	3.77	加拿大	4.0	2.38
德国	1.0	3.39	日本	17.5	10.16	德国	4.4	2.64
英国	1.2	4.10	韩国	18.0	10.48	日本	17.0	10.13
日本	3.3	11.23	中国台湾	8.4	4.86	中国台湾	3.5	2.11
美国	6.9	23.48	美国	27.5	15.98	美国	24.7	14.75
2006 年合计	29.3	46.82	2006 年合计	172.2	45.26	2006 年合计	167.6	32.02

塑料和橡胶制品			非金属矿物制品业			金属冶炼		
国家 （地区）	出口规模 （亿美元）	出口 占比 （%）	国家 （地区）	出口规模 （亿美元）	出口 占比 （%）	国家 （地区）	出口规模 （亿美元）	出口 占比 （%）
美国	64.2	18.91	美国	23.9	16.17	美国	127.6	16.41
日本	29.3	8.64	日本	11.1	7.53	日本	64.8	8.33
德国	16.2	4.78	韩国	8.1	5.50	韩国	44.8	5.76
韩国	12.8	3.77	德国	6.5	4.44	德国	35.1	4.50
加拿大	9.7	2.86	加拿大	3.3	2.28	印度	22.9	2.95
2009 年合计	339.8	38.95	2009 年合计	148.0	35.92	2009 年合计	777.8	37.95
美国	82.0	16.97	英国	5.3	2.24	英国	29.7	2.28
日本	39.8	8.25	印度尼西亚	3.6	1.50	印度尼西亚	25.2	1.94
韩国	20.0	4.14	印度	4.8	2.03	印度	37.8	2.90
德国	17.8	3.70	意大利	2.7	1.13	意大利	16.5	1.27
加拿大	14.3	2.97	匈牙利	0.5	0.22	匈牙利	2.7	0.21
2012 年合计	483.4	36.02	2012 年合计	239.2	7.13	2012 年合计	1304.8	8.60
美国	94.0	16.67	美国	38.7	13.40	美国	219.1	14.62
日本	45.8	8.12	日本	20.5	7.10	日本	117.6	7.86
韩国	22.3	3.96	韩国	17.7	6.14	韩国	79.8	5.33
德国	21.2	3.76	德国	9.7	3.35	德国	56.9	3.80
加拿大	15.9	2.83	加拿大	6.4	2.23	印度	38.9	2.60
2014 年合计	564.1	35.35	2014 年合计	289.3	32.23	2014 年合计	1497.8	34.22

资料来源：笔者基于国际投入产出表自行整理和计算。

进一步对比 2000 年和 2014 年间接出口市场结构：第一，加拿大替代英国成为塑料和橡胶制品部门的间接出口主要国家，五个主要间接出口地出口合计占比由 47.7% 降至 35.35%，并且美国始终为第一出口国家，但出口占比由 22.08% 降至 16.67%；第二，加拿大替代英国成为非金属矿物制品业部门的间接出口主要国家，五个主要间接出口地出口合计占比由

50.42%降至32.23%，并且美国始终为第一出口国家，但出口占比由24.52%大幅降至13.4%；第三，印度替代中国台湾地区成为金属冶炼部门的间接出口主要来源，五个主要间接出口地出口合计占比由51.35%降至34.22%，并且美国始终为第一出口国家，但出口占比由21.48%降至14.62%。由此说明中国基础性工业品间接出口市场结构的不断优化，同时发现日本间接出口占比持续下降，但韩国间接出口占比持续上升。

四、生产性服务业部门的间接出口

（一）细分部门间接出口规模及其变化

依据表3.5可知，生产性服务业共涉及19个部门，为避免数据庞杂，笔者选取2014年间接出口规模最高的三个细分部门作为生产性服务业细分部门的研究对象。基于间接出口的测算方法，2014年国际投入产出表中，中国生产性服务业间接出口规模最高的三个细分部门分别为：批发（r29）、法律和会计、管理咨询（r45）、金融业（r41），间接出口规模及其变化如表8.11所示。由表8.11可知，批发的间接出口规模由2000年104.2亿美元增至2014年908.9亿美元，15年累计增长771.5%；金融业的间接出口规模由2000年29.2亿美元增至2014年455.1亿美元，15年累计增长1453.6%；法律和会计、管理咨询的间接出口规模由2000年22.1亿美元增至2014年464.3亿美元，15年累计大幅增长2001.4%。对比表8.1，生产性服务业间接出口规模累计增长909.2%的水平，批发累计增速较低，但金融业及法律和会计、管理咨询累计增速大幅高于生产性服务业。

表 8.11　　　生产性服务业三类细分部门间接出口规模及其变化

年份	批发		金融业		法律和会计、管理咨询	
	出口规模（亿美元）	增长比率（%）	出口规模（亿美元）	增长比率（%）	出口规模（亿美元）	增长比率（%）
2000	104.3	—	29.3	—	22.1	—
2001	105.1	0.81	33.3	13.67	28.8	30.40
2002	118.7	12.90	44.2	32.93	41.2	43.10
2003	133.7	12.65	55.0	24.25	59.5	44.35
2004	148.9	11.39	67.6	22.94	92.8	56.07
2005	143.4	-3.67	85.8	27.03	146.1	57.48
2006	200.9	40.09	119.0	38.65	164.5	12.57
2007	290.3	44.49	174.9	46.97	178.6	8.56
2008	405.0	39.49	224.6	28.40	224.8	25.90
2009	386.1	-4.67	218.9	-2.51	219.3	-2.45
2010	531.9	37.78	281.8	28.71	272.7	24.34
2011	659.7	24.02	337.2	19.66	340.2	24.73
2012	734.6	11.36	374.2	10.99	400.4	17.71
2013	820.5	11.70	403.3	7.76	414.0	3.40
2014	909.0	10.78	455.2	12.88	464.4	12.16
累计	804.7	771.5	425.9	1453.6	442.3	2001.4

资料来源：笔者基于国际投入产出表自行整理和计算。

（二）细分部门间接出口商品结构及其变化

基于间接出口的测算方法，结合 2000～2014 年国际投入产出表，中国生产性服务业的间接出口结构如表 8.12 所示。由表 8.12 可知，批发间接出口占比由 2000 年 67% 降至 2014 年 49.71%，贸易占比下降 17.29%；金融业间接出口占比由 2000 年 18.81% 升至 2014 年 24.89%，贸易占比上升 6.08%；法律和会计、管理咨询间接出口占比由 2000 年 14.19% 大幅上升 2014 年 25.40%，贸易占比提升 11.21%。金融业以及法律和会计、管理咨询的间接出口增多反映了中国直接出口中包含的生产性服务业产品附加值不断提升。

表 8.12　　　　　生产性服务业三类细分部门的间接出口结构　　　　单位：%

年份	批发	金融业	法律和会计、管理咨询
2000	67.00	18.81	14.19
2001	62.88	19.90	17.22
2002	58.14	21.67	20.18
2003	53.88	22.15	23.97
2004	48.15	21.85	30.01
2005	38.21	22.86	38.93
2006	41.48	24.56	33.96
2007	45.10	27.16	27.74
2008	47.40	26.28	26.32
2009	46.84	26.56	26.61
2010	48.96	25.94	25.10
2011	49.34	25.22	25.44
2012	48.67	24.80	26.53
2013	50.10	24.62	25.28
2014	49.71	24.89	25.40

资料来源：笔者基于国际投入产出表自行整理和计算。

（三）细分部门间接出口市场结构及其变化

1. 间接出口的直接消耗系数

2000～2014 年生产性服务业中，批发（部门 29），金融业（部门 41），法律和会计、管理咨询（部门 45）三个细分部门的直接消耗系数如

表8.13所示。由表8.13可知，批发（部门29）的直接消耗主要来源于记录媒体的印刷和复制（部门9）的0.065，电力、燃气、蒸汽和空调供应（部门24）的0.063及纸和纸制品的制造（部门8）的0.061；金融业（部门41）的直接消耗主要来源于房地产业（部门44）的0.079、批发（部门29）的0.045和零售（部门30）的0.045；法律和会计、管理咨询（部门45）的直接消耗主要来源于航空运输（部门33）的0.031、保险和养老（部门42）的0.031和批发（部门29）的0.022。

表 8.13　　2000～2014 年生产性服务业三个细分部门的直接消耗系数

部门	2000 年			2009 年			2012 年			2014 年		
	29	41	45	13	14	15	13	14	15	29	41	45
1	0.026	0.010	0.001	0.014	0.006	0.001	0.013	0.007	0	0.015	0.008	0
2	0.017	0.018	0.002	0.023	0.015	0.003	0.023	0.013	0.001	0.025	0.015	0.002
3	0.033	0.013	0.001	0.016	0.012	0.002	0.016	0.011	0.001	0.018	0.012	0.001
4	0.022	0.009	0.004	0.014	0.019	0.011	0.015	0.025	0.016	0.016	0.028	0.017
5	0.049	0.005	0.009	0.036	0.007	0.012	0.044	0.007	0.010	0.049	0.008	0.011
6	0.042	0.006	0.007	0.032	0.008	0.007	0.048	0.006	0.005	0.054	0.007	0.006
7	0.046	0.007	0.005	0.017	0.009	0.005	0.017	0.009	0.005	0.019	0.010	0.005
8	0.061	0.013	0.005	0.021	0.016	0.007	0.022	0.018	0.008	0.024	0.021	0.009
9	0.065	0.007	0.004	0.027	0.011	0.006	0.033	0.013	0.009	0.038	0.015	0.010
10	0.030	0.006	0.003	0.014	0.007	0.005	0.013	0.009	0.005	0.015	0.010	0.006
11	0.043	0.008	0.006	0.022	0.013	0.008	0.024	0.014	0.008	0.028	0.016	0.009
12	0.044	0.008	0.019	0.031	0.017	0.049	0.038	0.016	0.047	0.042	0.018	0.053
13	0.037	0.008	0.005	0.028	0.010	0.007	0.036	0.010	0.009	0.041	0.012	0.010
14	0.048	0.022	0.006	0.023	0.019	0.008	0.023	0.018	0.010	0.026	0.020	0.011
15	0.044	0.007	0.002	0.013	0.019	0.003	0.010	0.023	0.005	0.011	0.027	0.005
16	0.035	0.005	0.005	0.024	0.012	0.007	0.026	0.015	0.010	0.029	0.017	0.011

续表

部门	2000 年			2009 年			2012 年			2014 年		
	29	41	45	13	14	15	13	14	15	29	41	45
17	0.042	0.009	0.009	0.038	0.020	0.011	0.038	0.017	0.010	0.042	0.019	0.011
18	0.044	0.007	0.010	0.031	0.011	0.016	0.033	0.012	0.013	0.037	0.014	0.014
19	0.038	0.011	0.006	0.029	0.012	0.011	0.031	0.014	0.013	0.034	0.015	0.014
20	0.045	0.005	0.010	0.040	0.007	0.013	0.045	0.008	0.012	0.048	0.008	0.013
21	0.043	0.008	0.007	0.033	0.014	0.006	0.032	0.014	0.007	0.034	0.015	0.008
22	0.042	0.005	0.006	0.022	0.007	0.010	0.030	0.008	0.012	0.034	0.009	0.014
23	0	0	0	0	0	0	0	0	0	0	0	0
24	0.063	0.027	0.002	0.011	0.036	0.004	0.013	0.037	0.003	0.013	0.040	0.004
25	0.032	0.018	0.004	0.013	0.059	0.004	0.018	0.060	0.003	0.019	0.064	0.003
26	0.035	0.003	0.012	0.018	0.037	0.010	0.023	0.039	0.009	0.024	0.042	0.009
27	0.040	0.002	0.006	0.023	0.016	0.003	0.022	0.021	0.003	0.024	0.023	0.004
28	0	0	0	0	0	0	0	0	0	0	0	0
29	0.034	0.045	0.022	0.028	0.033	0.085	0.045	0.034	0.099	0.046	0.035	0.102
30	0	0.045	0.022	0	0.033	0.085	0	0.034	0.099	0	0.035	0.102
31	0.019	0.022	0.003	0.013	0.052	0.004	0.014	0.048	0.003	0.015	0.052	0.004
32	0.022	0.026	0.002	0.015	0.033	0.008	0.015	0.053	0.014	0.016	0.058	0.015
33	0.032	0.030	0.031	0.024	0.022	0.003	0.025	0.026	0.003	0.027	0.029	0.004
34	0.031	0.026	0.003	0.017	0.020	0.011	0.019	0.022	0.015	0.021	0.024	0.017
35	0.049	0.011	0.004	0.056	0.007	0.027	0.051	0.006	0.023	0.053	0.007	0.024
36	0.059	0.011	0.010	0.044	0.012	0.011	0.057	0.009	0.008	0.062	0.010	0.009
37	0	0	0	0	0	0	0	0	0	0	0	0
38	0	0	0	0	0	0	0	0	0	0	0	0
39	0.022	0.001	0.004	0.020	0.014	0.026	0.012	0.016	0.023	0.012	0.017	0.025
40	0.060	0.013	0.006	0.035	0.034	0.052	0.039	0.032	0.041	0.040	0.034	0.044
41	0.005	0.040	0.006	0.006	0.021	0.052	0.008	0.016	0.053	0.008	0.016	0.055
42	0.015	0.011	0.031	0.011	0.105	0.048	0.012	0.176	0.037	0.012	0.183	0.038
43	0	0	0	0	0	0	0	0	0	0	0	0

部门	2000 年			2009 年			2012 年			2014 年		
	29	41	45	13	14	15	13	14	15	29	41	45
44	0.008	0.079	0.028	0.003	0.046	0.024	0.003	0.052	0.025	0.003	0.054	0.025
45	0.038	0.009	0.017	0.036	0.037	0.049	0.041	0.036	0.046	0.044	0.040	0.050
46	0	0	0	0	0	0	0	0	0	0	0	0
47	0.027	0.002	0.008	0.025	0.002	0.022	0.027	0.002	0.024	0.029	0.002	0.026
48	0	0	0	0	0	0	0	0	0	0	0	0
49	0.020	0.013	0.008	0.024	0.028	0.015	0.026	0.026	0.014	0.028	0.028	0.015
50	0.035	0.017	0.007	0.021	0.055	0.015	0.023	0.053	0.015	0.024	0.058	0.016
51	0.022	0.021	0.012	0.017	0.016	0.012	0.022	0.019	0.013	0.023	0.020	0.014
52	0.027	0.001	0.006	0.013	0.033	0.018	0.017	0.039	0.007	0.017	0.042	0.008
53	0.045	0.001	0.003	0.046	0.010	0.005	0.047	0.013	0.001	0.050	0.014	0.001
54	0.043	0.007	0.006	0.031	0.015	0.017	0.039	0.014	0.015	0.041	0.015	0.016
55	0	0	0	0	0	0	0	0	0	0	0	0
56	0	0	0	0	0	0	0	0	0	0	0	0

注：表中56个部门，对应表3.3。
资料来源：笔者基于国际投入产出表自行整理和计算。

进一步对比三个细分部门的2000年和2014年直接消耗系数：第一，批发的主要消耗来源全部发生变化，原三大消耗部门被住宿和餐饮，纺织品、服装和皮革制品及邮政和快递取代，其中住宿和餐饮的直接消耗系数由0.059升为0.062，纺织品、服装和皮革制品的直接消耗系数由0.042升至0.054，邮政和快递的直接消耗系数由0.049升至0.053；第二，金融业部门的主要消耗来源也全部发生变化，保险和养老、水的生产和供应业、管理和支持类服务成为新的三大直接消耗部门，其中保险和养老的直接消耗系数由0.015大幅上升至0.183，水的生产和供应业的直接消耗系数由0.032升至0.064；第三，法律和会计、管理咨询的主要消耗来源中，除批发仍然消耗较多外，零售和金融业成为该部门的主要消耗部门，其中批发的直接消耗系数由 0.022 升至 0.102，零售的直接消耗系数由 0.022 升至 0.102，金融业的直接消耗系数由 0.006 升至 0.055。

2. 间接出口的市场结构

2000 ~ 2014 年生产性服务业中，批发（部门 29），金融业（部门 41），法律和会计、管理咨询（部门 45）三个细分部门的间接出口市场结构如表 8.14 所示。由表 8.14 可知，批发的间接出口主要出口至美国、日本、德国、韩国和英国；金融业的间接出口主要出口至美国、日本、德国、韩国和英国；法律和会计、管理咨询的间接出口主要出口至美国、日本、德国、韩国和英国。由此可见，中国生产性服务业部门的间接出口都集中在上述五个发达国家和新兴经济体，出口占比为 35% ~ 45%。

表 8.14　　　　生产性服务业三个细分部门的间接出口市场结构

批发			金融业			法律和会计、管理咨询		
国家（地区）	出口规模（亿美元）	出口占比（%）	国家（地区）	出口规模（亿美元）	出口占比（%）	国家（地区）	出口规模（亿美元）	出口占比（%）
美国	21.4	20.54	美国	4.3	14.73	美国	4.1	18.43
日本	16.2	15.61	日本	3.2	11.00	日本	2.8	13.10
德国	4.4	4.23	德国	0.9	3.15	德国	0.9	4.31
韩国	4.1	3.95	韩国	0.8	2.86	韩国	0.7	2.99
英国	3.3	3.21	英国	0.6	2.30	英国	0.6	2.84
2000 年合计	104.2	47.55	2000 年合计	29.2	34.04	2000 年合计	22.1	41.68
加拿大	27.3	20.45	印度尼西亚	8.8	16.15	澳大利亚	10.3	17.38
英国	18.2	13.66	日本	5.8	10.64	德国	6.6	11.23
日本	6.1	4.56	韩国	2.2	4.00	日本	2.7	4.55
韩国	5.5	4.14	中国台湾	1.9	3.47	韩国	1.8	3.12
美国	3.7	2.78	美国	1.2	2.20	美国	1.4	2.41
2003 年合计	133.6	45.59	2003 年合计	54.9	36.45	2003 年合计	59.4	38.70

续表

批发			金融业			法律和会计、管理咨询		
国家 （地区）	出口规模 （亿美元）	出口 占比 （%）	国家 （地区）	出口规模 （亿美元）	出口 占比 （%）	国家 （地区）	出口规模 （亿美元）	出口 占比 （%）
加拿大	39.6	19.75	印度	20.1	16.97	加拿大	25.1	15.30
德国	19.8	9.87	日本	9.7	8.19	德国	12.7	7.77
英国	10.1	5.01	韩国	5.8	4.92	日本	8.1	4.92
日本	8.3	4.16	中国台湾	4.6	3.88	中国台湾	5.5	3.37
美国	5.1	2.53	美国	2.5	2.17	美国	3.6	2.21
2006年合计	200.8	41.32	2006年合计	118.8	36.13	2006年合计	164.3	33.57
美国	64.9	16.82	美国	29.5	13.50	美国	22.6	10.35
日本	30.8	8.00	日本	13.2	6.07	日本	10.5	4.80
德国	19.5	5.07	韩国	10.4	4.80	韩国	9.7	4.45
韩国	14.7	3.82	德国	7.8	3.58	德国	5.7	2.63
加拿大	9.5	2.47	加拿大	4.7	2.17	印度	4.1	1.91
2009年合计	385.9	36.18	2009年合计	218.7	30.12	2009年合计	219.1	24.14
美国	111.5	15.19	英国	43.2	11.55	英国	32.2	8.05
日本	56.2	7.66	印度尼西亚	21.2	5.68	印度尼西亚	15.9	3.99
韩国	28.5	3.89	印度	14.1	3.77	印度	11.3	2.84
德国	27.3	3.72	意大利	12.6	3.38	意大利	9.7	2.45
加拿大	24.1	3.29	匈牙利	6.9	1.85	匈牙利	5.5	1.39
2012年合计	734.4	33.75	2012年合计	374.1	26.23	2012年合计	400.3	18.72
美国	136.1	14.97	美国	52.7	11.59	美国	38.9	8.38
日本	68.1	7.49	日本	25.7	5.66	日本	18.9	4.09
韩国	35.9	3.95	韩国	17.7	3.90	韩国	15.0	3.23
德国	34.6	3.81	德国	16.2	3.58	德国	12.2	2.63
加拿大	30.2	3.33	加拿大	8.4	1.85	印度	7.2	1.57
2014年合计	908.7	33.55	2014年合计	454.9	26.59	2014年合计	464.1	19.89

资料来源：笔者基于国际投入产出表自行整理和计算。

　　进一步对比 2000 年和 2014 年间接出口市场结构：第一，加拿大替代英国成为批发部门的间接出口主要国家，五个主要间接出口地出口合计占比由 47.55% 降至 33.55%，并且美国始终为第一出口国家，但出口占比由 20.54% 降至 14.97%；第二，加拿大替代英国成为金融业部门的间接出口主要国家，五个主要间接出口地出口合计占比由 34.04% 降至 26.59%，并且美国始终为第一出口国家，但出口占比由 14.73% 降至 11.59%；第三，印度替代英国成为法律和会计、管理咨询的间接出口主要来源，五个主要间接出口地出口合计占比由 41.68% 降至 19.89%，虽然美国始终为第一出口国家，但出口占比由 18.43% 降至 8.38%。由此说明中国生产性服务业部门间接出口市场结构的不断分散化，同时发现韩国和印度等亚洲国家（地区）间接出口占比持续上升，而日本间接出口金额上升，但占比下降。

第九章

间接贸易的贸易结果

贸易结果是国际贸易持续展开的效果，其中贸易利益最为核心。间接贸易的贸易结果表现为五个方面：促进生产环节的专业化分工、提升生产环节的规模经济效应、促进消费化解过剩产能、促使贸易的隐性成本显性化、绕开贸易壁垒增加出口。

一、促进生产环节的专业化分工

由于概念上的不统一，产品内国际分工理论至今依然是"一盘散沙"。虽然部分学者（Dixit & Grossman，1982）建立了非常清晰的图式或精巧的数理模型，但是，他们的工作始终局限于解释产品分阶段跨国生产的各种选择及其福利效应等技术范畴之内，没有从分工基础这一理论范畴阐述产业间分工、产业内分工、产品内分工的历史传承关系，从而导致产品内分工理论无法"归宗认祖"，始终没有能够跻身国际经济学的主流理论之列（卢锋，2004）。

因此，我们认为，要真正理解国际分工和贸易理论的演变轨迹并预测其未来的发展方向，就必须找到一个贯彻始终的逻辑线索，利用这个逻辑线索不仅能够解释古典、新古典的分工理论，也应该能够协调与新贸易理论的关系，同时还可以用来解释当代的产品内国际分工与贸易现象。这个逻辑线索并不需要创新发明，它就是经济学的灵魂——专业化分工。我们认为，支撑专业化分工思想的主要元素有三个：要素禀赋的差异性、专业化经济、交易效率。

要素禀赋不仅指各种先天的自然禀赋，也包括各种后天的获得性禀赋（如文化禀赋以及物化的生产技术、人力资本等）。要素禀赋是专业化分工的物质基础，它决定了产品的要素投入密集度和相应的产品结构，不管是比较优势还是规模经济都必须建立在一定的要素禀赋基础之上，否则就是空中楼阁、无土之木。

专业化经济指专业化分工协作所带来的劳动生产率的提高以及相应的产出增长，这是亚当·斯密等现代经济学鼻祖级人物早已经生动描述和论证过的"公理"。专业化分工的水平取决于物理因素（如产业特征、产品构造、制造技术、生产迂回度）、社会因素（如各种制度、政策）以及经济因素（如市场规模、交易成本）。

交易效率用（内生和外生）交易成本的大小进行衡量。较小的交易成本意味着较高的交易效率，较大的交易成本意味着较低的交易效率，反之亦然。首先，交易效率与投资、贸易自由化程度直接相关，这有赖于交通运输设施和通信技术的改进、与贸易相关的投资壁垒的拆除（如对FDI限制措施的取消）、贸易壁垒（关税、非关税措施）的拆除、合同环境的规范、信用文化的形成等。其次，由于交易成本包含搜寻交易伙伴/对象的成本。因此，交易成本也跟市场规模相关。最后，交易效率与交易对象和交易行为可编码的程度相关。如果可以对交易对象和交易行为进行清楚的描述且不会产生歧义，即所涉及的相关信息均为显性知识，则交易效率较高；反之，如果交易对象和行为涉及很多的隐性知识（意会知识或默契），则交易效率较低。

杨小凯教授认为，当分工在迂回生产中演进时，将中间产品的交易替换为劳动交易的可能性意味着，可能的交易结构的种类数的增长会超比例增长。因此，当分工演进时，提高交易效率和提高生产率的潜力越来越自寻找有效的交易和企业所有权结构的企业活动。当交易效率改善后，在不断增长的迂回生产链中的分工程度就会演进，由此在公司之间和每个公司内部为更深入的分工创造机会。由于在迂回生产和最终部门之间存在分工的网络效应，因此，如果劳动和中间商品的交易效率以不同的速度改善，在市场分散的网络分层结构和每个公司内部集中的分层结构之间的均衡区分也会演进。可以认为，除非对人口规模（不同职业的种类不能大于人口规模）和交易成本施加限制，生产活动中的深入分工潜力是用之不竭的，比如在生产机器人和汽车超过1万个零件的过程中和生产每一个零件包含的许多从属过程中都存在更深入的分工（杨小凯，2003）。单纯从实际产品生产制造的角度分析，产品内国际分工本质上就是一种生产迂回过程的增长。传统上认为只能够在一个国家内部完成全部制造过程的产品变为可以在不同的国家分散完成制造过程中不同的环节，从而将国际分工从产业间（使用替代性较低的不同产品间）、产业内（使用替代性较高的差异化产品间）深入发展到产品内（不同生产环节间）。

　　显而易见，产品内国际分工不是对传统产业间和产业内国际分工的否定，也不是对它们的一种无关紧要的补充。产品内国际分工的蓬勃发展其实是专业化经济和交易效率得到极大提高之后的一种国际分工自然演变的结果。产品内国际分工同时具有产业间和产业内国际分工的属性，因此，产品内国际分工既可以表现为产业间分工（如国家之间服务业和制造业之间的分工，或者将一国电子产业的零部件用于他国玩具产业或汽车产业的产品），也可以表现为产业内分工（如国家之间属于同一个产业的不同零部件或者工序流程分工）。但是，产品内国际分工已经突破了产品本身的限制，深入产品内部不同的层次和环节。此外，在国际分工实践的组织结构层面，产品内国际分工可以表现为基于保持距离型交易（arm's length transaction）的企业间国际分工，也可以表现为跨国公司的企业内国际分工。从这个角度讲，产品内国际分工是对产业间和产业内国际分工的综合与升华。

二、提升生产环节的规模经济效应

规模经济是大规模生产所带来的经济效益。按来源不同，规模经济可分为内部规模经济与外部规模经济。内部规模经济是企业平均成本随着企业内部生产规模的扩大而不断下降的现象。一般情况下，在企业内部的生产规模由小到大的扩张过程中，会先后出现规模经济与规模不经济，由此导致企业的长期平均成本曲线呈现出先下降后上升的"U"形特征。

在传统的福特式生产过程中，同一产品的不同生产环节或零部件往往集中在一个企业内部完成。而不同生产环节的生产函数不可能完全相同，因此对应的最佳规模也不尽相同。在福特式这种空间集中的一体化生产方式下，整个生产系统的设计规模只能取决于关键性生产环节或零部件的最佳规模，而其他最佳规模更大的生产环节则因此不能充分实现自身的规模经济效益。进入 21 世纪以来，随着科学技术的进步，产品生产过程变得越来越迂回曲折，生产环节或所需零部件不断增加。在这一背景下，产品集成化和模块化的发展，使得原来浑然一体的生产线可以拆分为相互独立的生产环节。同时，运输手段的进步、组织管理的创新和通信技术的发展，又使得企业可以在全球范围内组织生产。因此，通过产品内分工与贸易，可以摆脱福特制生产方式的局限，将最佳规模不同的生产环节或零部件分解到不同的空间场合，由不同的企业进行，从而使得各个生产环节或零部件的最佳规模都能得以实现，进而达到生产成本下降和生产效率提高的目的。

规模经济有内部规模经济和外部规模经济之分。前一部分从内部规模经济角度揭示了产品内分工与贸易发生的宏观动因，指出通过产品内分工与贸易，可以使企业将最佳规模不同的各道生产工序分解到不同地理空间的不同企业进行，从而使得每道工序都能充分获得规模经济利益，实现生产成本的节省和生产效率的提高。而外部规模经济也同样是产品内分工与贸易发生的宏观动因。马歇尔（1890）最早指出，在其他条件相同的情况下，行业规模较大的区域拥有高于行业规模较小的区域的生产效率，行业规模的扩大会导致该区域企业的生产呈现规模收益递增特征，从而造成该行业及其辅助部门的企业高密度地集聚于在同一或几个地点，形成所谓的外部规模经济。在外部规模经济中，整个行业规模的扩大，可以使行业内的单个企业长期平均成本下降，从而提高资源配置效率。

在产品内分工下，产品生产过程的各个生产环节被分解到全球各地最有比较优势的生产场所。以计算机的生产为例，美国生产技术和资本密集型的核心部件中央处理器（CPU），日本和韩国生产资本密集型的内存，马来西亚生产硬盘，中国生产键盘等劳动密集型的配件并进行整机组装。这种产品内分工，使得各个中间产品或零部件的生产大规模集聚于一国或一国的某个地区进行生产，从而产生外部规模经济现象。在产品内分工下，中间产品或零部件生产规模的扩大及其地理空间上的集中，使得企业可以充分获得外部规模经济利益，实现生产成本的下降和资源配置效率的提高。这种行业生产规模的扩大和行业的地理集中带来的外部规模经济利益具体源于以下三个方面：

第一，中间产品生产的地理集中能够拥有专业化供应商队伍。中间产品的生产本身也可以继续细分为不同的生产环节。随着技术的进步和经济的发展，中间产品生产过程的各个生产环节对自身所需生产设备和中间投入品的专门化水平要求日益提高，因而需要由专门的企业来生产和提供这些设备和中间投入品。但是，单个厂商由于需求有限无法维持其所需的众多供应商的生存，而大量企业集聚在一处，可以为专业化供应商的生存提供足够大的市场需求规模；同时，专业化供应商的集中，也会使得一些关键设备与服务不仅变得相对便宜而且还容易获取，因此可使单个企业集中精力于最擅长的事情而将其他业务外包给其他企业来做。特别是在产品内分工价值链上，上一个生产环节的企业就是下一个生产环节企业的专业化供应商，每个节点企业只从事自己最有优势的业务活动。换而言之，原先需要通过地理集中才能获取的外部规模经济效益在产品内分工价值链本身的运作中就能够取得。因此，产品内分工本身也强化了外部规模经济效应。

第二，中间产品生产的地理集中能够形成稳定的劳动力市场。行业在地理空间上的集中，可以促进劳动力市场的共享，从而有利于劳动力和企业双方。克鲁格曼（1991）通过一个数理模型论证了二者之间的关系。在其他条件不变时，行业的空间集聚可以提高劳动力的预期工资率，而劳动力的空间集聚又可以提高企业的预期利润率。这一结论也同样适用于中间产品的生产。因此，在产品内分工与贸易下，中间产品生产的地理集中所形成稳定的劳动力市场对劳动力的供需双方都是有利的。

第三，中间产品生产的地理集中能够促进知识溢出。在中间产品生产的地理集聚区，由于工作在不同企业的专业技术人才也大规模集中在一起，从而使他们能够就各种显性或隐性的技术与管理信息进行及时顺畅的交流，进而使各种新设计或新想法能够得到不断完善和迅速传播。也就是说，中间产品生产的地理集中所导致的人才集中有利于各种技术和管理知识的溢出和推广，节约成本的技术和管理方法会得到迅速普及。

综上所述，中间产品生产规模的扩大及其所带来的行业地理集中，可以促进专业化的供应商队伍和稳定的劳动力市场的形成，以及技术和管理知识的溢出与普及，从而导致行业中单个企业的生产成本下降。而且，具有外部规模经济的零部件或中间产品参与国际贸易，还会促使中间产品及最终产品生产规模的扩大与生产效率的提高。因此，与内部规模经济一样，外部规模经济也成为产品内分工与贸易的宏观动因之一。

三、增加消费化解过剩产能

产能是指生产产品的能力，产能过剩是生产产品的能力超过社会的饱和需求，此时生产出来的产品将形成多余的供给，造成企业亏损，资源浪费。间接贸易有助于消化过剩产能，如日本和韩国的汽车出口，就有助于消费国内的钢铁产能。下面以钢铁为例，阐述间接贸易化解过剩产能的作用。

（一） 国内消耗对钢铁产能的贡献

中国消费了与其 GDP 规模不相匹配的钢材数量，是超常内部消费的结果吗？一方面，中国工业化发展进程有目共睹。改革开放之初，1978年中国工业总产值仅为 1755 亿元，而后在市场机制不断完善和国内外市场需求猛增的背景下，2000 年和 2015 年工业产值分别达到 4.5 万亿元和28 万亿元[①]。且近年来，工业产值始终领跑全球。

另一方面，在快速工业化进程中，中国钢铁的国内消费始终在高位徘徊。何记东和史忠良（2011）、钱津（2006）、张寿荣（2005）等认为，钢铁工业为工业化提供强大支撑，决定着工业化的水平。中国工业化虽然总体上处于中后期，但各省份进展不一，有的省份仍然处于工业化的中期，据此推断钢铁工业的发展空间还较为广阔。

据此两个方面可知，工业化是我国钢铁产能内部消费的主力军，且工业化的飞速发展推动着钢铁工业的大规模扩张。我国基本实现工业化的任务持续到 2020 年，基于巨大的发展差异，中国工业化还会消耗大量的钢材。因此，逻辑上内需是中国钢材消耗的最重要的一部分，这是成立的。问题在于，在多大程度上成立？这需要有定量的分析。

为验证工业化对钢铁消费的拉动，本书选取 1987～2016 年工业产值和国内钢材供给（国内产量减去净出口），研究二者的变化趋势，探寻二者之间的相关性（见图 9.1）。

---

① 数据参见历年《中国统计年鉴》和《中国钢铁工业统计年鉴》。

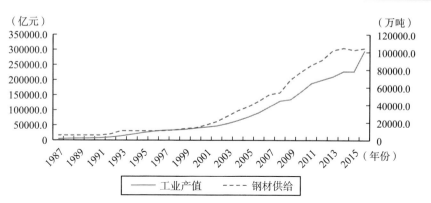

图 9.1　1987～2016 年中国工业产值和粗钢产量

资料来源：《中国统计年鉴》和《中国钢铁工业年鉴》。

图 9.1 显示了近 30 年中国工业产值和钢材供给的变化。这种变化可以分为两个阶段：

第一阶段 1987～2001 年。这一阶段二者变化趋势基本相同，工业产值与钢材供给保持较为一致的上升趋势。这说明在中国工业化进程中，催生了巨大的钢铁需求，形成"超常的内部消费"，即上面提及的第一种解释。

第二阶段 2002～2016 年。这一阶段工业产值和钢材供给发生偏离，尤其在 2015 年和 2016 年，变化趋势相背离。这说明，一是 2002～2014 年，钢材供给增长显著快于工业化进程，工业化形成的"超常的内部消费"不足以抵消钢材供给，似乎还有"隐藏"的钢材消费渠道；二是 2015 年和 2016 年在工业产值大幅攀升的背景下，钢材供给却停滞不前，进一步佐证第一种解释的局限性。

（二）间接出口对产能贡献的途径

依据文献可知，钢铁作为基础性工业品，其出口常"隐藏"在其他商品之中，可能存在大量的间接贸易。但中国钢材间接出口的数量为多少，它能解释钢材的"供需悖论"吗?

改革开放以来,基于出口导向战略,中国外贸迅速增长,并于2013年超过美国,成为货物贸易第一大国。同时,钢铁作为机械设备、运输设备和金属冶炼等部门的中间投入品,被广泛地投入各类耗钢制成品的生产中。随着工业制成品,尤其是机械及运输设备出口规模的不断增长(见图9.2),从逻辑上看钢铁间接贸易出口的数量应不在少数。

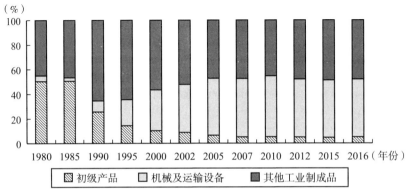

图9.2 1980～2016年中国出口商品结构

资料来源:海关信息网。

(三) 间接出口对产能贡献的规模

第二种解释对钢材供需悖论的解释程度,可用总出口额(直接和间接出口)占钢材产值的比重来表示,为比较该方法和传统方法(仅为直接出口)的差异,同时考查直接出口额占钢材产值的比重(见图9.3)。

从图9.3可知,总出口额对钢材产销的解释度远高于直接贸易出口额。1987～2012年的26年间,钢材直接贸易出口额平均占钢材产值的4.5%,而总出口平均占钢材产值的14.2%。在中国外贸急速发展的2001～2012年的12年中,钢材直接贸易出口额占钢材产值的5.7%(平均),而总出口占钢材产值的17%(平均),后者高出前者2倍多。再对比图9.3的数据,

"入世"后的 2001～2012 年，我国钢材的国内消费比例由 94.3%（1 – 直接出口比重）降至 83%（1 – 总出口比重）。

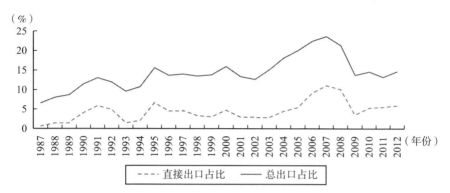

图 9.3　1987～2012 年直接出口占钢材产值的比重和总出口占钢材产值的比重

资料来源：依据投入产出测算结果整理。

这充分说明我国钢材的国内消费比例并没有表面上那么高，近两成钢铁通过出口实现消费。随着中国对外贸易的飞速发展，越来越多的钢材"隐藏"在其他产品中，以间接贸易的形式参与出口。

（四）从间接出口看中国钢材产能过剩的原因

近年来，钢材产能过剩问题愈演愈烈，行业发展举步维艰。中国钢材产能有两个释放渠道：内部消费和外部出口。依经验判断，内销困境是产能过剩的主因，但外贸下滑对产能过剩也有重要影响。本部分尝试分析中国钢材的消费结构，进而揭示产能过剩的原因。

1. 内部消费、直接出口和间接出口对钢材产能的贡献度

假定钢材库存不变，钢材产值应全部用于消费，它们由内部消费和外部出口两部分构成。其中，钢材出口由直接出口和间接出口构成。2006～2016 年，内部消费、直接出口和间接出口对钢材产能的贡献度

如表9.1所示。

表9.1　　内部消费、直接净出口和间接净出口对钢材产能的贡献度　　单位：%

类别	2006年	2007年	2008年	2009年	2010年	2011年	2012年	2013年	2014年	2015年	2016年	均值
内部消费	85.6	83.7	85.0	94.6	90.7	89.9	89.8	90.5	88.2	85.8	86.7	88.2
直接净出口	7.0	8.7	7.0	0.2	3.0	3.6	4.3	4.4	6.9	8.8	8.4	5.6
间接净出口	7.5	7.6	8.1	5.1	6.2	6.5	5.9	5.1	4.9	5.4	4.9	6.1

从表9.1可知，2006～2016年内部消费对钢材需求的贡献度平均为88.2%，直接净出口对钢材需求的贡献度平均为5.6%，间接净出口对钢材需求的贡献度平均为6.1%。可见，内部消费是钢材消费的主力军，近九成的钢材用于内销，另外超一成的钢材用于出口，且间接出口略多于直接出口。

对比三个贡献度指标的均值可知：第一，内部消费贡献度略有下降，其中2015年和2016年分别下降1.7%和2.6%；第二，直接净出口贡献度较高，2014年以来皆远高于平均水平；第三，间接净出口贡献度大幅下降，自2012年以来，连续五年低于均值，其中2016年降幅达到18.9%。

2. 中国钢铁产业产能过剩的原因

综合钢材内部消费、直接出口和间接出口的规模以及三者对钢材产能的贡献度，可知中国钢铁产业产能过剩的原因为：

第一，内部消费拉动趋缓，且贡献度略降。随着国内经济增长降速，钢材内部需求锐减。钢材内部消费增长率从2009年峰值的32%降为2016年的2%，且2007～2016年年均增长9.8%，与钢材产量年均增长9.5%持平，内部消费对钢材产能的拉动作用趋于平稳。同时，较之平均水平，2015年和2016年内部消费产能贡献度略有下降，分别为

1.7%和2.6%。

第二，钢材出口总量下滑，且贡献度下降。一方面，由于贸易保护主义抬头，中国钢材直接出口严重受阻；另一方面，受制于国际经济增长持续低迷，钢材间接出口也出现下滑。例如，2016年钢材总出口为15145万吨，同比下降4.7%，其中直接出口9522万吨，同比下降3.2%，间接出口5623万吨，同比下降7.2%。同时，2016年钢材总出口的产能贡献度为13.3%，同比下降6%。

第三，间接出口不升反降，且贡献度大幅恶化。2007~2016年，钢材直接出口规模从4917万吨增至9522万吨，年均增长9.4%，但钢材间接出口规模仅从4288万吨增至5623万吨，年均增长3.1%，远低于直接出口的增长。且近5年来，间接出口贡献度始终低于6.1%的均值水平，产能贡献度大幅恶化，从2011年6.5%降至2016年4.9%。

四、促使贸易的隐性成本显性化

任何产品都需要投入生产成本，贸易成本可分为直接成本和间接成本两部分。贸易的直接成本易于统计，包含原材料成本、物流成本和管理成本等。间接贸易成本具有一定的隐蔽性，该类成本来源于间接出口商品的贸易成本，其中环境成本尤为明显。由于钢材产业属于高能耗、高污染产业，本部分以钢铁生产为例，测算单位钢铁生产的环境成本，并进一步度量钢铁间接出口引致的环境成本。

（一）完全成本视角下环境成本的测算

企业运用传统成本法在核算成本时已将内部环境成本进行核算，只是计入制造费用、管理费用等期间费用，在国际贸易中也已经计入商品的成本。钢铁企业的生产经营过程不仅会产生内部环境成本，而且会产生一定的外部环境成本，但这部分成本目前企业环境成本核算并未将其纳入其中，而是以其他形式转嫁给社会其他主体。所以需要测算的是未被计入钢铁产品成本中且测算难度较大的外部环境成本。

1. 外部环境成本的构成

外部损失成本主要包括森林价值损失成本和生态环境损失成本两部分，其中煤炭开采和铁矿石开采过程中扰动土壤造成的损失组成了森林价值损失成本，而废气、废水、固体废物污染造成的损失成本组成生态环境损失成本。运用完全成本法将外部环境成本纳入环境成本核算范围有助于企业获取全面的环境成本信息，完成可持续发展目标。外部环境成本的构成如表9.2所示。

表9.2   外部环境成本的构成

外部环境成本	森林价值损失成本	煤炭开采的森林价值损失成本
		铁矿石开采的森林价值损失成本
	生态环境损失成本	大气降尘损害成本
		废水污染损失成本
		固体废弃物污染损失成本
		废气污染损失成本

2. 森林价值损失成本测算模型

根据外部环境成本的特征，本书运用市场价值法将企业排放的污染物对环境产生的负面影响的价值计量为企业的外部环境成本。由于目前我国对于由企业生产所排放的污染物的环境价值并没有确定的计量方法，因此本书在借鉴欧盟运用的 Extern E 法和美国运用的 EX – MOD 法的基础上，确定了森林损失成本的计算方法：

$$FC = \sum_{i=1}^{n} (EL_i \times UEL_i) \tag{9.1}$$

其中，FC 代表环境成本，EL 代表环境负荷量，UEL 代表环境负荷单位成本。

（1）环境负荷量 EL 的确定。根据表 9.2，可以得到构成森林损失成本的共有两部分，需要分别对这两部分的环境负荷量进行确定。

①煤炭开采的环境负荷量 EL_{coal}：

$$EL_{coal} = \frac{a_1}{\lambda \times \beta} \times B_1 \qquad (9.2)$$

其中，a_1 每吨煤开采扰动表土的重量，取值为 1.1×10^4 千克；λ 为土壤平均容量，取值为 1.7×10^4 千克/立方米；β 为土层体积，取值为 30 立方米；以上数据参考尚方方（2014）；B_1 为耗煤量，可以通过《中国钢铁工业统计年鉴》查询。

②铁矿石开采的环境负荷量 EL_{iron}：

$$EL_{iron} = \frac{a_2}{\lambda \times \beta} \times B_2 \qquad (9.3)$$

其中，a_2 为每吨铁矿石开采扰动表土的重量，取值为 6×10^4 千克；λ 为土壤平均容量，取值为 1.7×10^4 千克/立方米；β 为土层体积，取值为 30 立方米；以上数据参考尚方方（2014）；B_2 为耗铁矿石量，可以通过《中国钢铁工业统计年鉴》查询。

（2）环境负荷单位成本 UEL 的确定。对于环境负荷单位成本 UEL 的计算难度较大，确定污染物排放环境负荷单位成本最普遍的方法是欧盟的 Extern E 法；而另一个是魏学好和周浩（2003）对钢铁企业污染物价值标准的估算。由于上述两项研究成果都被普遍认可且无优劣之分，因此选择取上述两项研究成果的平均值作为污染物环境负荷单位成本的标准。其中森林的单位环境价值为 2.49 元/千克。

3. 生态环境损失成本测算模型

生态环境损失部分则主要来自钢铁相关产品生产所产生的污染物，即废气污染、大气降尘损害、废水污染和固体废弃物污染四个方面，其损失成本也由这四种污染物带来的损失成本构成。模型参照刘年丰（2005），借鉴生态环境价值损失的经济分析方法，确定生态环境损失成本的计算方法：

$$EC = \sum_{i=1}^{n} (EM_i \times VOE_i) \qquad (9.4)$$

其中，EC 表示生态环境损失成本，EM 表示该污染物的年排放量，VOE 表示该污染物的环境负荷单位成本。

对于污染物的环境负荷单位成本 VOE 的计算，同样采取 Extern E 法下污染物的单位环境损失成本以及魏学好和周浩（2003）对钢铁企业各种污染物的环境价值标准估值二者的平均值（见表9.3）。

表9.3 　　　　　　　　　钢铁企业环境负荷量的单位成本 　　　　　单位：元/千克

污染物	NO_X	SO_2	COD	烟粉尘	固体废弃物	废水
环境价值	8.00	6.256	1.00	2.2	0.10	0.0008

（二）宝钢集团外部环境成本的测算

由于全国钢铁企业生产技术各不相同，难以全面测算各个企业的环境成本。本书选择以上海宝山钢铁集团为代表，测算其环境成本。宝山钢铁股份有限公司成立于1978年，是国内规模最大的、钢铁品种最丰富、钢铁产品科技含量最高的钢铁企业。由于测算方法相同，以2017年为例，测算宝钢集团环境成本。2017年，宝钢集团耗煤量为915万吨，耗铁矿石量为2185万吨。

钢铁企业的外部环境成本主要包括两部分：一部分是森林价值损失成本，另一部分是生态环境损失成本。其中，森林价值损失成本是指钢铁企业在获取原材料时，开采煤炭、铁矿石所扰动的土壤对森林植被造成破坏的损失成本，生态环境损失成本是指企业生产过程中排放的废水、废气等污染物对周围环境造成污染的损失成本。

1. 森林价值损失成本

（1）煤炭开采的环境负荷量：

$$EL_{coal} = \frac{a_1}{\lambda \times \beta} \times B_1 = \frac{1.1 \times 10^4}{1.7 \times 10^4 \times 30} \times 915 \times 10^7 = 19.735 \times 10^7 \text{（千克）}$$

煤炭开采的森林价值损失：

$$C_{coal} = EL_{coal} \times UEL = 19.735 \times 10^7 \times 2.49 = 49140.882 \text{（万元）}$$

（2）铁矿石开采的环境负荷量：

$$EL_{iron} = \frac{a_2}{\lambda \times \beta} \times B_2 = \frac{6 \times 10^4}{1.7 \times 10^4 \times 30} \times 2185 \times 10^7 = 257.059 \times 10^7 \text{（千克）}$$

铁矿石开采的森林价值损失：

$$C_{iron} = El_{iron} \times UEL = 257.059 \times 10^7 \times 2.49 = 640076.471 \text{（万元）}$$

将两项加总，得到宝钢集团 2017 年度森林价值损失成本为 689217.3 万元。

2. 生态环境损失成本

宝钢集团没有把在原材料生产过程中产生的水污染、空气污染、固体污染和其他的环境生态污染纳入企业环境成本核算体系。下面利用市场价值法对宝钢集团的外部生态环境损失成本进行计量。

根据环境污染物排放量计算公式，结合宝钢 2017 年度财务报告、可持续发展报告的相关内容得到污染物的年排放量。环境负荷单位成本采取 Extern E 法下污染物的单位环境损失成本以及魏学好和周浩（2003）对钢铁企业各种污染物的环境价值标准估值二者的平均值，将污染物的环境负荷单位成本（VOE_i）和环境负荷量（EM_i）相乘，并将每一项加总获得外部环境损失成本，计算公式为：

$$EC = \sum_{i=1}^{n} (EM_i \times VOE_i) \tag{9.5}$$

2017 年宝钢生产阶段污染物排放量以及外部生态环境损失成本的计算汇总结果如表 9.4 所示。

表 9.4   2017 年宝钢外部生态环境损失成本计算

废弃物		年排放量 （EM_i）	环境负荷单位成本 （VOE_i）	环境价值损失 （EC）
废气污染 排放量	NO_X	1564.799 吨	8.00 元/千克	1251.8391 万元
	SO_2	6529 吨	6.265 元/千克	4090.4185 万元
	COD	437 吨	1.00 元/千克	43.7 万元
烟粉尘		8527 吨	2.2 元/千克	1875.94 万元
固废产生量		13205 吨	0.12 元/千克	158.46 万元
废水排放量		1187 万吨	0.0008 元/千克	949.6 万元
合计				8369.9576 万元

资料来源：根据外部生态环境损失成本计量公式计算。

3. 外部环境成本

在对宝钢的森林价值损失成本与生态环境损失成本分别进行确认与计量后，整合加总可获得宝钢 2017 年总的外部环境成本（见表 9.5）。

表 9.5   2017 年宝钢集团外部环境成本合计

外部环境成本	森林价值损失成本	689217.3529 万元
	生态环境损失成本	8369.9576 万元
合计		69.8 亿元

资料来源：根据森林价值损失成本与外部生态环境损失成本计量结果汇总。

由此可得，2017 年宝钢集团的外部环境成本合计为 697587.3105 万元。而 2017 年宝钢集团的粗钢产量为 3457.43 万吨，因此可以计算出平均每 1 吨钢的外部环境成本为 201.76 元。也就是说，如果其他国家从宝钢集团进口 1 吨粗钢，那么国家替企业承担 201.76 元的外部环境成本。

（三）宝钢集团环境成本变化

通过收集数据，计算得出 2010～2017 年宝钢集团环境成本（见表 9.6）。一方面，近 3 年的外部环境单位成本较之前有所下降，但仍在 200 元/吨左右。对比 2016 年和 2017 年粗钢国际结算价格为 1901 元和 2101 元，每吨粗钢外部环境成本约占国际结算价格的 10%。另一方面，企业内部环境成本不断攀升，说明企业对环保投入的不断增加，有利于钢铁产业的健康发展。

表 9.6　　　　　　　　　　　2010～2017 年宝钢集团环境成本

年份	内部环境成本 总额（亿元）	外部环境成本 总额（亿元）	粗钢产量 （万吨）	外部环境单位 成本（元/吨）
2010	36.91	101.34	4449	227.77
2011	59.38	102.45	4330	236.55
2012	32.72	110.89	4229	262.15
2013	27.28	123.62	4390	281.55
2014	32.01	106.15	4334	244.89
2015	38.38	74.46	3494	213.10
2016	39.77	75.28	3876	194.22
2017	80.34	69.76	3457	201.76

资料来源：宝钢 2010～2017 年可持续发展报告与年度财务报告环境相关数据。

（四）钢铁间接出口的外部环境成本

以宝钢集团计算出的单位粗钢外部环境成本为例，计算 2010～2017 年中国钢铁产业间接出口的外部环境总成本（见表 9.7）。随着钢铁工业环保技术的提升，单位粗钢外部环境成本从 2013 年峰值的 281.55 元/吨，降至 2017 年 201.76 元/吨,但由于中国钢铁产量的大幅提升,中国钢铁产业外部环境总成本从 2010 年 1430.4 亿元升至 2017 年 1678.64 亿元。

表 9.7　　　　　中国钢铁产业间接出口的外部环境总成本

年份	中国粗钢总产量（亿吨）	单位粗钢外部环境成本（元/吨）	中国钢铁产业外部环境总成本（亿元）
2010	6.28	227.77	1430.40
2011	6.83	236.55	1615.64
2012	7.17	262.15	1879.62
2013	7.79	281.55	2193.27
2014	8.23	244.89	2015.44
2015	8.04	213.1	1713.32
2016	8.08	194.22	1569.30
2017	8.32	201.76	1678.64

资料来源:外部环境成本以宝钢集团为参照进行计算。中国钢铁行业利润总额来源于中商产业研究院。

五、绕开贸易壁垒增加出口

随着贸易壁垒的增多,受益于间接贸易的隐蔽性,间接贸易成为绕开贸易壁垒增加出口的有利途径。例如,通过间接出口,可以绕开钢材国外贸易壁垒。随着中国钢材国际竞争力不断攀升和国际经济持续低迷,针对中国钢材的贸易保护来势汹汹,之前主要是美国和欧盟对中国发起,近年则扩至亚洲、拉丁美洲、非洲和大洋洲等国家和地区。企业和政府需要转变观念,另辟蹊径,不再推动"敏感"的钢材直接出口,而转向间接出口。通过鼓励耗钢部门出口而带动钢材出口,如大力发展"一带一路"和"国际产能合作"等项目,促进耗钢产品的出口。

　　以钢材为例，间接贸易可以增加钢材的真实出口额。直接出口和间接出口是钢材出口的两种形式，因此，钢材的真实出口应为直接出口钢材[①]和间接出口钢材的总和。其中，直接贸易出口可以通过海关统计直接查询；间接贸易出口通过投入产出方法加以测算。2000～2018 年，我国钢材的直接贸易出口、间接贸易出口和真实出口额如图 9.4 所示。

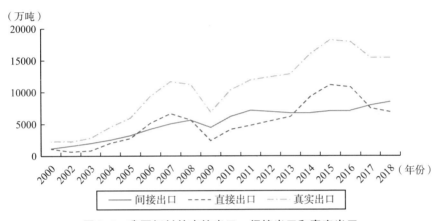

图 9.4　我国钢材的直接出口、间接出口和真实出口

　　1996 年中国钢产量过亿吨，成为钢铁生产大国和贸易大国。由图 9.4 可知，2000～2018 年直接出口规模、间接出口规模和真实出口规模可知：

　　第一，钢材的间接出口较高。中国钢材的间接出口额从 2000 年 1169 万吨，攀升至 2011 年峰值的 7146 万吨，后期虽有下滑，但 2018 年提升至 8488 万吨。近 20 年间，间接出口额增长 6.3 倍。究其原因：一是钢材是基础性工业品，在生产最终产品中，钢材作为中间品而被大量投入；二是中国是耗钢产品的出口大国，机械及运输设备是出口占比最大的产品，如 2020 年为 48%。

　　第二，在真实出口规模中，间接出口比超过直接出口占比。2000 年

---

　　① 为区别于间接贸易出口，世界钢铁协会称海关统计的钢材出口为直接贸易出口。

以来，我国钢材间接出口大多高于直接出口，而 2007 年和 2014 年前后，间接出口略低于直接出口，应受制于该时期中国货物出口低迷①。近 20 年间，正是中国钢材高速发展阶段，钢材真实出口总规模中，间接出口占比 50.2%，直接出口占比为 49.8%。

第三，考虑间接出口后，出口贸易对消化钢材产能的作用将更强。将间接出口纳入出口统计后，近 20 年间，钢铁真实出口额为 59940 亿元，比直接出口额 23531 亿元多出 1.5 倍。同理，钢材产值为 376301 亿元，加上钢材的间接出口后，钢材出口占产值比将从 6.3% 提升至 16%，扩大近 10 个百分点。

---

① 2012 年货物出口贸易增速仅为 5%，为 21 世纪以来，除 2009 年金融危机后的第二低点。

第十章

发展间接贸易面临的问题

间接出口主要涉及能源类产品、基础性工业品和生产性服务业品，但三类产品的生产技术和产品属性差异显著，各类产品间接贸易面临的问题差异较大，难以统一分析。因此，本部分将三类产品的间接出口共性问题进行归纳，并以典型的基础性工业品（钢铁产品）为例，阐述间接贸易面临的问题。

一、一级产品中二级产品的投入比重低

二级产品的间接贸易与一级产品的出口规模正相关，当一级产品出口规模不变时，一级产品中二级产品的投入比重越高，则间接贸易规模越显著。以钢铁间接出口为例，钢铁间接出口规模较低，受限于出口品投入系数较低。对于二级产品钢材，其对应的一级产品主要为汽车、机械产品、家电产品和电气产品。钢铁间接出口规模不足，与一级产品投入比重偏低有关。

（一）汽车行业用钢

我国生产1辆轿车需要耗费的钢材总量为1.16吨，运动型多用途汽

车（SUV）和多用途汽车（MPV）乘用车的钢材单耗为1.55吨，交叉型乘用车的平均单车耗钢量为0.88吨，货车的平均单车耗钢量为3.42吨，客车钢材单耗为4.49吨。然而汽车整车对钢材的消耗系数与日本、韩国相差甚远，远不及德国的1/4。世界钢铁协会给出的数据显示，2013年我国钢材间接出口量在汽车行业中达917.14万吨，然而我们计算出的整车出口耗钢量仅为200.87万吨，说明我国钢材在汽车行业中的出口以汽车零件出口为主，占据77.78%，整车出口增速继续趋缓，下行压力加大。

2020年中国汽车市场销量增长率为0～2%，销量在2800万～2856万辆（为计算简便，以2800万辆为基数测算钢材用量）。按每辆燃油汽车钢材用量为0.8吨计算，2020年消费钢材2240万吨，其中板材用量为1300万吨，约占58%；长材用量为740万吨，约占33%；管材用量为100万吨，约占4.5%；其他钢材用量为100万吨，约占4.5%。管材中无缝钢管用量为60万吨，占比达60%；焊管用量为40万吨，占比为40%。此外，2020年全国机动车保有量为3.25亿辆，维修用钢消费将达700万吨，其中优质型材和线材占50%，板材占35%，管材和其他钢材占15%。

同时，必须注意到，新能源车的崛起对钢材的质量要求产生了很大影响。在新能源车的官方定义中，普通混合动力车型（HV）属于节能汽车范畴，不属于新能源车，只有插电式混合动力汽车（PHV）及纯电动力汽车（EV）才能称为新能源车。由于汽车采用了电动机作为动力源，导致汽车用钢在品种、质量上发生了很大变化。

纯电动汽车将彻底取消发动机、变速箱、排气及消音器系统，是汽车结构的一次嬗变，未来这些系统的钢材消费将明显减少，但会增加电机使用的硅钢片等的消耗。插电式混合动力汽车将增加电机系统，这也就意味着原有发动机系统钢材消费减少的同时，增加了电机硅钢片等的消费。因此，未来无取向电工钢用量将增加，而特殊钢棒线材用量将减少。此外，易切削钢、机械结构用碳素钢、不锈钢用量也将减少。纯电动汽车、插电式混合动力汽车等每辆车所用的电动机由 0.2 毫米厚的无取向电工钢板制造，单台电动机重量为 50 公斤，假设 2020 年可生产新能源车 160 万辆，则无取向电工钢板材可消耗 8 万吨。

（二）机械行业

由于下游行业生产装备、工艺水平、产品档次的提高，以及高强钢材的普遍使用，用钢产品单耗呈现下降趋势。据中国机械工业联合会的统计分析，近 10 年来，机械工业万元工业总产值的钢材消耗量下降了一半以上。机械工业钢材消费情况机械工业的钢材消费量占整个钢材消费量的 18% ～20%。2012 年工业普查结果，机械工业当年钢材消耗量 1.25 亿吨，万元产值钢材消耗量是 0.34 吨，2018 年根据中国机械联合会调研，万元产值的钢材消耗下降到 0.1 吨，行业钢材消费量 1.8 亿吨。机械行业消费钢材几乎涉及所有品种和规格，同时随着机械行业的迅速发展和产业升级，对钢材的种及质量也提出了新的要求。随着重大技术装备的大型化、参数的极限化，需要开发更多具有耐高温、高压及耐辐射、腐蚀等性能要求的新品种钢材。钢铁产品质量的提高、品种的丰富极大地满足了机械行业发展需要，但是用户对产品的稳定性、一致性问题反映较大，另外高端产品的满足率不高，如高端模具钢、轴承钢还主要依赖进口解决。

从机械行业的发展趋势看，对钢材的需求量明显呈上升的态势。整个工程机械行业年用于钢结构的钢材就将达到 260 万吨，其中年产 25000 台装载机，每台仅消费的板材为 13.35 吨，共计约 33 万吨中板。而重型机械行业用于起重机械、铸压设备、各类卷扬机、浮选机、剪切机等。钢板需求量为 300 多万吨，主要是中厚板、薄板、大中型材、优质型材；且对钢材的品种规格都提出了新的要求。各种冷弯型钢和异型钢材，尤其被机械行业看好。

重型矿山机械制造业生产机械装备所需的钢材、发电设备所需的配套辅机和大型铸锻件等，需要大口径厚壁无缝管，每年约需 3 万吨，国内可提供 3000~4000 吨，其余要进口弥补；研究开发的 60 万千瓦超临界机组，其汽轮机中压转子的设计采用不锈钢，需要国内钢铁企业研制开发；高压加氢反应器是提高能源利用率和保护环境的好产品，需要大型高压加氢反应器 80 个，需消耗一大批优质钢材；开发近海石油所需导管架等近海工程结构件，1/3 由外商生产，后期缺口更大，尤其是高性能防腐钢板和各种型材、管材等；开采 3500 米以上的深井石油，井压超过 10 兆帕，其井口防喷器阀体必须采用锻钢件，国际上普遍采用美国喀麦隆公司的滑板防喷器，其锻钢阀体需用多向模锻液压机生产，我国尚无生产条件，需要钢厂创造条件进行研制开发。

港口机械可以立足国内生产，需要大批钢板和型材。港口机械的性能要求提升，要适应船舶大型化、专业化和环保要求，且机械的需求量很大。目前，年吞吐量达亿吨的大型码头有 12 个，年吞吐量达 3500 万吨的有 40 个，年吞吐量达 100 万吨的有 500 个，都需要采用现代化的机械装备，钢材消耗量大，且对质量有很高的要求。高效集装箱系统的开发，其生产率由每小时 15~25 箱提高到每小时 40~60 箱；杂货码头要改造成为多用途码头，开发适用于不同水位的码头和装卸机械等，这些都需要大批量高效集装箱用钢板和型材。

大型电力设备继续完善提高作为主力机组的 30 万、60 万千瓦亚临界火电机组和 70 万千瓦级大型混流式水电机组的性能质量，加快发展大型超临界火电机组、大型循环流化床锅炉、大型空冷机组、大型抽水蓄能机组、大型抵水头贯流机组、百万千瓦级核电机组、新能源发展设备、超高压直流输电设备、75 万伏交流输变电设备以及大型发电设备所需的铸锻件。

（三）家电行业

家电行业是钢材的一个重要下游用钢行业之一，一些能够满足家电材料需求性能、材质的钢材，统称为家电用钢。近年来，我国家电行业进入了消费升级的历史时期，消费者更青睐于品质优越、时尚美观、节能环保的中高端产品。家电行业钢材消耗量主要取决于家电产品的生产规模，家电行业产品中大家电产品用钢材约占 90%，小家电用钢约占 10%，板材则占全部钢材消耗的 95%。其中，洗衣机、冰箱和空调这 3 种主力产品耗钢量约占整个家电行业耗钢量的 80%，平均每台洗衣机用 21 千克钢、每台冰箱用 34 千克钢、每台空调用 30 千克钢。同德国、日本等家电强国的家电行业用钢量相比，中国家电行业耗钢系数接近日本，但与德国相差很大，因此中国家电行业对钢材间接出口的拉动优势并不显著。

《2019~2025 年中国白色家电行业市场前景分析及发展趋势预测报告》数据显示：家电用钢（薄板）的主要使用部位包括冰箱面板、侧板，洗衣机箱体，空调室外机箱体、内部结构件，热水器、烤箱、微波炉壳体，显像管用防爆带，电脑机箱，微电机壳体，传真机、打印机、复印机等办公设备的内部件等。其中大家电（包括冰箱/柜、空调、洗衣机、热水器、吸油烟机、燃气灶、消毒柜、商用电磁炉等）箱体用钢约占家电行业钢材消费量的 35%，压缩机、电机、热交换器约占 40%。

在家电行业中，使用的钢材品种主要包括普冷板、热镀锌板、电镀锌板、彩涂板、镀铝锌板、热轧酸洗板、不锈钢板和电工钢板等。其中消费量较大的品种是热镀锌板、普冷板、热轧酸洗板、电工钢板、不锈钢板、彩涂板等。

家电行业的产业升级、节能环保要求，家电企业降本、节材设计以及关键零配件技术升级，使得家电行业的需求出现多样化，继而影响品种用钢分化明显。应用于关键配件的热乳酸洗板、电工钢需求量明显增加；为满足环保要求以及耐腐蚀要求等，替代镀锌板、镀铝锌板的电镀锌板、冷乳板需求明显。节材设计导致产品与部件的单耗水平普遍下降，各类家电产品的板材厚度出现减薄趋势；为满足个性化需求，家电企业向中高端产品转型以及智能家居的开发升级，如变频空调，双开门、多开门的冰箱以及滚筒洗衣机等的产品市场份额明显提升，电工钢、镀铝锌板、彩涂板消费量明显增加。

（四）电气行业

电气行业包括发电行业、输配电行业、电力设备制造业和电力项目施工行业。从行业用钢角度，主要是发电行业、输配电行业的装备和工程用钢等。随着我国机械制造能力和技术创新能力的提高，发电、配电装备出口一直在明显增长。而且，近期国家出台了一系列支持、鼓励重大装备制造业发展和替代进口的优惠政策，如进口关键部件增值税先征后退、风力发电特许权招标资格规定国产化不低于70%等。这些势必大大促进电力装备制造业的技术进步。然而，电力用钢并不一定都是钢铁行业生产的钢材，如发电装备中的大型锻件通常是电力装备制造业自己冶炼和加工的。此外，国家加大节能力度，电力装备和电力工程都会随着高强度钢的逐步普及使用而减重，从而减少用钢量，这一趋势不仅取决于电力行业的要求，也取决于钢铁行业自身的品种结构调整的步伐。核电装备受技术瓶颈、内需较大、国际社会对核技术输出严格限制等制约，出口可能性较小，总体上电气行业单位耗钢量呈现出下降的趋势。

二、一级产品的出口竞争力偏弱

当一级产品中二级产品的投入比重一定时，一级产品出口规模越高，则二级产品的间接贸易规模越显著。以钢铁产业为例，通过对我国6大行业国际竞争力的横向比较，我国电气、汽车的国际竞争力相对其他行业来说较弱（见图10.1）。由图可知汽车的贸易竞争力指数（TC）在2014年最低，达到 -0.66。电气的竞争力虽然较强于汽车，但一直是负值，竞争力处于弱势状态。除此之外，我国含钢产品的国际竞争力相对其他贸易国也处于弱势地位。

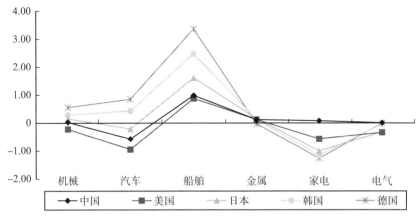

图 10.1 2006～2019 年钢铁强国六大类行业平均 TC 指数

资料来源：国别报告，https：//countryreport. mofcom. gov. cn/。

根据图 10.1 所示，中国 6 大含钢行业的国际竞争力较弱，其中，国内金属行业的国际竞争力与其他国家相近，家电与电气相对于其他国家的竞争力尤为可观，但机械、汽车、船舶的竞争则处于弱势地位，甚至汽车的 TC 指数为 -0.6 与最强德国国际竞争力 0.75 相差了 1.35。针对我国汽车和船舶产业，其国际竞争力存在以下问题。

（一）汽车行业

中国已然成为汽车出口大国，但并不代表汽车国际竞争力具有竞争优势。从图 10.1 可以看出，我国汽车竞争力相比于韩国、德国等国家还有较大的差距。我国汽车出口多为自主品牌，缺少品牌效应。对于汽车这类大型商品来说，在两国之间贸易运输过程中，还是主要依靠海上运输，而我国海上运输发展不足，大部分海上运输被德国和韩国等国家垄断，汽车出口运输过程中，不管是时间还是人力都有很大的耗费。同时我国汽车出口管理模式不够严谨，制度有所懈怠，核心技术匮乏，导致我国汽车行业国际竞争力较弱。

第一，研发投入不足。研发环节一直是中国汽车产业的薄弱环节，无论是研发投入、研发成果，还是对核心技术的掌握程度，中国和发达国家都存在很大的差距，尤其是研发投入偏低在很大程度上制约了中国汽车产业整体竞争力水平的进一步提升。2000～2018 年中国研发投入占营业收入的比例虽有一定的提高，但整体偏低，仅在 1%～2%，和发达国家平均 7% 的比例相比差距很大，如果再考虑到发达国家高比例下营业收入的大基数，中国研发投入金额就更显不足。

第二，新能源汽车技术存在差距。随着环保压力加大，积极开发新能源汽车将是中国汽车可持续发展的必选出路，然而新能源汽车一直面临着"政府热、市场冷"的尴尬境遇。据中汽协的不完全统计，2018 年全国新能源汽车销量合计 8159 辆，不足万辆，包括纯电动汽车 5579 辆、混合动力汽车 2580 辆。从中可以看出中国新能源汽车还远未达到规模商业化的应用阶段，究其原因就在于新能源汽车开发存在技术瓶颈，尤其是动力电池、电机的研发方面。此外，基础设施的不完善也进一步制约了新能源汽车的推广。目前中国只有少数试点城市有电动汽车充电的充电站。而发达国家，大多数设在汽车销售店和大型停车场。因而与发达国家相比，中国新能源汽车整体开发、配套设施还存在一定差距。

第三，自主品牌竞争力不足。中国合资已有 30 多年历史，各大汽车公司多属合资，且合资品牌轿车几乎垄断了中高档车市场，占据绝对优势，而自主品牌一直以低价占据低端市场，品牌竞争力明显不足。近年来，随着自主品牌的发展，自主品牌在商用车方面的影响力不断上升，但在乘用车市场，尤其是轿车市场，处于绝对的劣势。随着劳动力、资源等成本提高，自主品牌车低成本优势逐渐消失，加之收入水平提高、城市限购令颁布、消费结构升级等，更多消费者愿意出更多钱买一辆质量相对更高的合资、外资车。此外，合资品牌之前一直处在中高档市场，近年来合资品牌下探低端市场的趋势直接给自主品牌致命的一击。据相关资料显示，2019 年自主品牌的市场份额锐降 3.77%，直接跌回了两年前的水平。而合资品牌如上海通用、上海大众和一汽大众年增长均在 20% 以上，2019 年突破年产 100 万辆的重要关口，并且仍有多款车型处于供不应求的局面。未来由于成本上升、消费结构升级、合资品牌下探低端市场等带来的压力，中国自主品牌汽车将迎来新的严峻局面。

第四，核心零部件依赖进口。中国进口的汽车零部件多为技术含量高、附加值高的关键零部件，而出口的大多是技术附加值低、资源消耗大的零部件，零部件进出口产品结构不合理。众所周知，发动机是汽车最重要的零件，中国已是全球柴油发动机的主要市场和生产国家。而电控柴油高压共轨系统则相当于柴油发动机的"心脏"和"大脑"，其品质的好坏，严重影响发动机的使用。世界上主要的高压共轨系统供应商是德国博世公司、德国大陆公司、美国德尔福公司、日本电装公司等几个公司。在中国柴油机产业，国外企业占据了绝大份额①。这就很直接地暴露了中国零部件进出口的结构存在问题，中国大量出口的是行驶系统，主要包括汽车轮胎、车轮及其零件、悬架系统等，其对橡胶、铝、钢材等战略性资源的消耗很大，属于典型的资源消耗型产品，而进口的传动系统、车身、发动机及其零件都是高附加值的核心部件，这种不合理的结构极大影响了中国零部件企业在国际上的形象，由于缺乏核心高附加值零部件而被锁定在价值链低端环节的问题十分严峻。

（二）船舶行业

根据图 10.1，我国船舶行业与其他四国之间的国际竞争力分析，我

---

① 刘亚东. 高压共轨不中用，国产柴油机很受伤［N］. 科技日报，2018 – 06 – 03.

国船舶行业不具有明显的比较优势，虽然其国际竞争力逐渐提高，但与德国、韩国、日本三个国家还是有一定的差距。由于我国钢铁附加值不足，导致船舶制成品与其他国家相比产品质量处于劣势，致使船舶行业国际竞争力较弱，主要体现在以下方面：

第一，高级资源要素不足。资源要素是指国家的生产要素，大体包括了知识资源、天然资源、资本资源、人力资源以及基础设施等。这些因素还按等级划分成了初级要素（气候、自然资源、人口统计特征以及地理位置）和高级要素（复杂和熟练劳动力、通信设施基础、科技研发设施以及专门技术等）。如果一个国家有丰富的初级要素，那么其能够提供给国家初始的竞争优势；但从另一方面来讲，如果一个国家缺乏初级要素，若善加利用，不利因素也会形成一种优势，因为这会给企业向高级要素施加投资的压力。不同于自然所带来的初级要素，高级要素来源于个人、企业和政府的不断投入。高级要素在国际竞争中起到更关键的作用。

就初级要素而言，中国船舶工业自然资源丰富，地理位置优越，海岸线狭长，而且已经有 12 个地区成为国家船舶出口基地，其中包括广州、上海、大连、南通、青岛等。我国人口基数大，劳动力资源富余且工资低，整体达到基本要素的要求。但是，中国造船业的整体状况为产能过剩，供大于求，发展船舶工业的关键当前侧重于开发利用海洋能量和资源。目前，造船成本低的比较优势依然存在，但是我国技术水平低、管理水平落后抵消了不少低劳动成本带来的优势。就高级要素来分析，我国的优势并不明显，船舶制造业技能人才明显不足。船舶制造业技能型人才主要是指拥有造船的基本知识，掌握专业技术，在船舶制造完成的整个过程中能够直接产生经济利益的人才。近年来，我国船舶制造技能人才一直处于供不应求的状态，而且供需差距还在不断增大。

第二，国内需求不足。需求条件主要是指国内消费者对某种行业或者产品等的国内需求。波特认为国内需求对于一个国家国际竞争力的刺激和改善很关键①。改革开放前我国的造船工业主要是军工产业，以军为主和外购为主的方针指导着我国造船业的发展，造船业、航运业与整个国民经济脱节。改革开放后，"国轮国造"思想虽然在一定程度上降低了国内大量订单外流的趋势，但是，根本性的问题仍未得到解决，订单还是继续外流。导致这种现象的主要原因并不是我国船舶的竞争力太差，而主要是我国增值税和出口退税的差价，以及国内的各种政策导致了国内船舶在国内售价更高，外国船舶进口门槛低等，由此引发了国内对本国船舶的需求量大大减小。

目前，对于我国船舶的需求大部分还是来自国际市场，国内则出现了大量订单外流的现象。因此，如何塑造我国船舶的独有特色，提高船舶的技术创新，改善我国船舶的质量问题，本国消费者的需求起关键作用，而我国恰恰缺乏此类需求。如果我国的消费者对我国船舶需求量大且苛刻，将对我国船舶工业未来的发展以及向国际市场的进军有很大的推动作用。

第三，关联和辅助性行业较弱。关联和辅助性行业主要是指国内是否有强大的供应商和有密切联系的辅助行业等。在国内的供应商方面，船舶配套行业构成了我国船舶工业的十分重要的一部分，关系到我国船舶工业的整体实力。

现状是我国船舶配套业水平不高，相对于其他国家如韩国等水平较低，严重影响着我国整体实力。虽然我国船舶配套产业的规模已经得到了大幅度的提升，产业格局也得到了优化和升级，创新能力也得到了增强，但是依然存在很多问题。如我国船舶配套业的本土化率，相对韩国和日本的高度本土化率有很大的差距。中国现在推行国轮国造，设立产业振兴以及技术改造专项，目前已经成为我国《船舶工业调整振兴规划》中的两大重点。除此之外，船舶配套业的产业集中度较低，重复低端建设现象也十分严重。当前，产业链的各个领域都应该齐心协力群策群力，找准突破

---

① 迈可尔·波特．竞争优势［M］．陈小悦，译．北京：华夏出版社，1997.

口，提升我国的国际竞争力。

第四，企业市场化战略有待提升。企业战略主要是指企业创建、组织和管理起到支配作用的条件。不同国家的管理意识形态不同，一国竞争优势的形成会受到企业管理意识的影响。除此之外，如果一个国家的行业内部竞争激烈，那么通常该行业更容易获得竞争优势。

事实上，我国只是在量上取得了优势，各造船企业在国际化经验方面还是比较匮乏，较韩国、日本及西欧等造船大国差距很大。此外，我国造船业还存在企业规模都比较小、产业集中度不高、产业结构不合理等问题。目前，大型船舶企业集团已经在逐渐取代国家船舶工业在国家之间开始了激烈的竞争，但是中国大型造船企业能力不足，小型船企严重过剩，而且我国管理意识形态还未完成转变，粗放型管理依然盛行，追求吨位及产值增长过度，没有建立集约式的增长模式，造船资源过度浪费，缺乏市场和成本意识。

第五，机遇和挑战并存。当前，虽然我国的市场经济有序发展，随之而来的经济金融政策也有了很多变化，不过利弊兼有。不利的方面主要是取消了部分船舶投资优惠政策，降低了一些优惠力度，早些年实行的"财政贴息""税前还贷""差别利率"等都被取消了。好的方面主要是政府给造船业提供了较好的财政补贴，我国长期以来一直鼓励国轮国造的政策，即国内船东在国内船厂建造船舶会有 17% 的船价补贴；在建造大型油船方面，我国政府还提供了全额贴息贷款。尤其是我国发改委声明，致力于将我国打造成世界第一造船强国，为了完成此目标我国还给予造船商在税收、融资等方面以支持和优惠的政策，并抓住这个变革的机会大力促使船舶工业战略性结构的改革与突破。

三、间接贸易增加值较低

中国参与间接贸易主要表现为制造业环节的生产分工。2017 年，中国零部件进口在制造业中的比重达到 43.2%，远高于出口零部件的比重，这表明中国在当前区域内生产分工中处于较为低端的加工组装环节，而一些附加值较高的零部件则从日本、韩国等国家进口。在目前国际产品内分工迅速发展情况下，中国仍按照劳动力比较优势参与产品内分工，这虽然对中国经济增长有一定促进作用，但不可高估其效应，仍面临一定的挑战。

我国产品内分工的产品结构从本质上说仍以低技术的传统劳动密集型产品为主。虽然我国机电产品出口已经超过纺织品而成为第一大类出口产品，高新技术产品的出口也增加很快，但很多从事机电产品生产的企业，在生产过程中只是把进口的零部件由非熟练工人组装起来，收取很低的工缴费。所以，有些机电产品的出口实际上也是劳动密集型的，属于组装型劳动密集型产品。高新技术产品出口也主要还是加工性质的，即进口零部件，特别是关键或核心部件，加工组装后再出口，利用的还是当地相对便宜的劳动力。如果没有产品内贸易的发展，这类高新技术产品就不可能在我国加工组装和出口。因此，从这个意义上说，我国目前的整体竞争优势仍在传统劳动密集型产品和中低技术产品或工序上，主体技术和加工制造档次仍处于低端。

我国仍处于低附加值国际分工的低端，产品内贸易增值程度不高，整体附加值的增长比较缓慢。当代的国际分工已经走向了产品内分工，走向了全球产业链上不同环节的分工。由于我国的比较优势一直体现为丰富而廉价的劳动力，因此我国的国际分工地位也一直固化于增值能力最低的劳动密集型生产环节上。我国大部分地区只是把劳动密集型产品中的劳动密集生产环节转变为资本、技术密集型产品中的劳动密集型生产环节，产品的附加值并无明显增加，我国获得的贸易利益很小。即使是高新技术产品也不例外，我国高新技术产业产品内贸易的国内增值率普遍偏低。这是因为尽管我国已成为全球重要高新技术产品的组装加工基地，但高附加值的技术与资本密集型产品的生产仍在国外，核心技术和关键工艺仍然由这些发达经济体所掌控，分工合作的绝大部分利益也归其所有。

四、综合贸易成本偏高

贸易成本是指除了生产商品的成本之外，获得商品所必须支付的所有成本，包括运输成本、批发和零售的配送成本、政策壁垒（关税和非关税壁垒）成本、合同实施成本、汇率成本、法律法规成本及信息成本等。主要有直接测算和间接测算两种方式。直接测算比较简单，属于直观的事前测度，由政策的实施所带来的贸易成本，即所谓的政策壁垒；间接测算是从贸易成本的影响，主要根据理论模型剔除两国均衡贸易流量的供给和需求因素后，计算综合的贸易成本。即实际发生的贸易流量事后间接推算出贸易成本的高低，常用引力模型。

根据第七章回归模型分析，说明贸易成本对于我国钢铁间接出口有着显著的影响。而运输成本则随着科技和距离的变化而变化。文化成本则取决于两国之间的文化差异。本书运用对外贸易依存度指数来对交易成本进行指标化。根据前面所述，各国由于本国经济政策的影响，实施贸易保护政策，加大了两国之间的贸易成本。在数据指标上呈现出，2008 年以后明显出现下滑状态，甚至在 2016 年我国依存度指数下降至 0.32，交易成本出现了近 15 年来最低状态。同时，两国之间的距离越远，包括运输费用、保险费用等一系列的贸易成本都会随之增大。

以物流为例，中国贸易成本偏高体现为以下方面：

第一，物流效率低下，物流成本较高。在物流成本、周转效率、物流产业化发展方面，我国与发达国家相比仍然存在较大差距，物流服务水平、物流效率不高。当前我国每万元 GDP 所产生的运输量约为 5000 吨/公里，美国、日本的这一指标分别为 870 吨/公里与 700 吨/公里，差距十分明显。此外，我国物流体系在各个环节的连接水平、运转效率也不高。以货运汽车生产效率为例，美国单车每吨年产量约为 66 万吨/公里，而我国仅为 3 万吨/公里。另外，当前我国铁路运营速度只有 40 多公里，且散装和集装箱运输方式在整体运输方式中的占比较低，增加了货物装卸的时间；公路运营速度还不到 50 公里，内河航运速度更低。

第二，物流基础设施有待进一步完善。从整体上看，我国物流设施建设非常滞后。如全国运输网络密度只有 1345 公里/万平方公里，德国为 14700 公里/万平方公里，美国为 6800 公里/万平方公里，印度也达到 5400 公里/万平方公里。充分证明我国物流基础设施建设有待进一步完善。

第三，物流技术装备水平低下。目前，我国在运输方式、运输设备、物流配套设施以及包装方面还没有设置一个统一标准，导致我国物流发展无法全面实现机械化和自动化，物流运输装载率、荷载率和仓储空间利用效率低下。此外，我国物流企业的信息管理和技术管理水平较低，缺乏信息交流平台，从而导致物流货物跟踪、订单管理等方面的功能发挥受到极大限制，十分不利于我国物流运输效率和服务水平的提升。

第四，第三方物流市场需求不足，服务水平有待提高。受计划经济思维模式影响，我国大多数物流企业依然采用传统经营模式，其原料采购、产品生产和销售等物流活动基本依赖自有物流企业完成，大部分物流企业的服务意识、物流技术和人才储备都比较落后，只能进行简单的货物运输和货物储存活动，在物流信息传递、交流以及方案设计等方面发展滞后，对现代物流认识不足，对第三方物流的利用意识非常低，从而导致我国第三方物流市场发展受阻。以公路货物运输为例，我国物流企业近 280 万家，每家企业平均拥有车辆不足 2 辆，大部分物流企业发展规模较小、服务水平较低，具有全国性物流服务网络和服务能力的企业更是少之又少。

第五，标准化建设滞后。主要表现为标准和制度缺乏，标准执行力度欠缺，此外就是已经形成的国家、行业统一标准与物流运输设备、设施及仓储等的连接程度较低，导致物流运输工具装载率、荷载率和仓储空间利用率功能作用发挥有限。信息系统相应接口标准严重缺乏，企业内部信息和第三方信息交流、交换连接不畅，从而使物流运输、仓储及相关运作不能实现有效沟通，物流信息系统难以在我国物流企业得到充分应用。

第十一章

间接贸易的发展路径

与上一章的思路一致，鉴于能源类产品、基础性工业品和生产性服务业品的生产技术和产品属性差异显著，本部分分析三类产品间接出口的共性发展路径，并以典型的基础性工业品（钢铁产品）为例，提出间接贸易的发展路径。

一、提升一级产品的二级产品投入比重

资源与能源类产品、基础性工业品和生产性服务业产品是间接出口规模较大的三类产品。提升一级产品的二级产品投入比重是发展间接贸易的重要途径，以钢铁产品为例，可从以下方面提升二级产品的投入比重。

（一）调整用钢结构，提升汽车行业耗钢量

出口增速的回调有助于中国钢企积极调整出口产品结构，逐渐从过去的低端产品输出向低端与中高端产品齐头并进共同"扬帆出海"的出口产品结构过渡。发达国家更多的是在汽车行业和船舶行业具有极强的比较优势和国际竞争力，带动着钢材的间接出口。钢铁行业的根本出路在转型升级，在创新驱动。就当前来说，要切实完成去产能，在去产能同时，应

该调整我国钢铁间接出口格局，去杠杆、去包袱、补短板。钢铁行业要在内部深化改革上下功夫，在创新驱动上下功夫，在结构调整上下功夫，真正从产品品种质量上不断满足市场需求。

随着汽车行业的发展，其用钢量将占我国总体钢材消费的8%左右，呈逐步增长态势，但我国汽车耗钢比例依然远不及世界平均水平。与普通钢材如建筑用钢材相比，汽车用钢属于高附加值产品，主要体现在以下几个方面：第一，生产技术含量提高，带动汽车产品的升级，汽车用钢不断调整结构。使用高强度和薄规格的钢材对于减轻汽车自身重量，减少能源消耗提供帮助。第二，只有提高汽车内外板的表面处理技术才能增强汽车产品抗腐蚀性能，延长使用年限。第三，增加投资规模，使用先进的生产设备，加大汽车用钢的生产规模，生产高强钢，使其成为未来在汽车中不可或缺的材料。汽车行业应着力进行结构调整方面，提高小排量乘用车比重，推动新能源汽车产业化发展，例如电动汽车产业化。同时，应加快产品升级，提高整车技术水平重点是以节能环保安全为主要突破方向。

（二）产品结构升级，打造高端家电产品

1. 家电行业钢材消费总体趋势

未来家电行业的发展方向是产业转型升级。产业升级对家电用钢提出了新要求：产品高档化、轻量化，对钢材性能提出了新要求；能效升级，高牌号电工钢需求增加；淘汰落后生产工艺，彩涂板需求上升；产品向大容量发展，对板材幅宽提出新要求，目前国内钢厂在幅宽1500毫米以上的板材品种供货上仍有缺口；厨房电器新品类上升，洗衣机品质升级，不锈钢板需求增加等；智能自动化生产对钢材性能和质量稳定性要求更高，需要更精确的加工配送和整体解决方案等。

对材料提出结构性能新要求，家电产品的高档化趋势使得其对钢材的品种结构和性能质量上也提出了新需求。具体来说，电冰箱侧板、门板及

大家电箱体对材料的机械性能、加工性能、表面质量、平整度等提出更高要求；洗衣机内筒、热水器内胆对不锈钢的成形性能、焊接性能、耐蚀性能提出了更高的要求；对高性能铁素体不锈钢彩色预涂板与镀膜板需求上升。同时应响应节能环保政策的实施和国家能耗新标准的出台，加大对高品质电工钢生产，加快能效升级。家电产品出现了向大容量方向发展的趋势，对开、三开式冰箱，300 升以上冰箱，8 公斤以上洗衣机等大容量产品需求旺盛。因此我们应在用钢方面对宽幅板规格和质量性能上提出新要求，自主研发幅宽 150 毫米以上的板材品种，减少进口。同时推广精细化减量设计，大家电产品的箱体板材厚度普遍出现减薄趋势。

2. 产业结构升级提升钢材性能要求

随着家电产品向高档化发展，对钢材的品种结构提出更高的要求。未来，家电板要求有极高的表面质量，同时还要达到较强的抗拉强度、屈服强度、延伸率等。家电轻量化和高效能加大高强度薄板用量家电板向着高强度、高硬度、薄规格和宽幅方向发展，板宽需求以满足倍尺套裁为主，从而提高材料利用率，降低家电企业生产成本。

随着电冰箱、洗衣机向大容量发展，以及大容量家电箱体一体成型工艺逐渐普及，家电大容量化将加大宽幅板用量。此外，一些家电产品在制造时大量采用宽板套裁，加大了宽幅板用量。同时对产品力学性能、表面质量、平整度等提出了更高的要求。

变频技术与高能效提升高牌号电工钢需求。"十二五"后期，变频技术在我国家电行业的应用比例大幅提高。同时，节能减排更加受到重视，节能技术推广应用必将更为普及，家电产品能效进一步提升成为必然趋势。变频技术与高能效将加大高牌号电工钢需求，如直流变频空调压缩机对高牌号电工钢的需求上升，超高效冰箱压缩机也需要高牌号电工钢配套。

绿色环保用材需求增多在转变经济增长方式、调整经济结构的大方向下，家电行业也将进一步向着绿色环保方向发展，再加上出口面临苛刻的环保标准及要求，绿色环保用材需求增多。如钝化或耐指纹膜处理的镀铝锌钢板、热镀锌无铬钝化板、无铬彩涂板、电工钢环保涂层板等。

高端家电用新型钢材消费增加随着家电产品逐步向高端化迈进，对钢材等材料的性能提出了更高的要求。不仅要求钢材具有高强度、防腐蚀性能，还要有抗菌的作用，今后具有抗菌等特殊功能的金属材料将在高端家电上大量应用。未来家电行业钢材消费新特点随着家电产品的升级换代，家电产品中镀锌板、彩涂板、高强度不锈钢板、镀铝锌板、高牌号电工钢、高强度薄板等品种的用量将增多。家电用钢轻量化、美观化、环保化是未来高端家电用钢新特点。

3. 耗钢品种发展趋势分析

冷轧板属于家电产品中应用范围较广的品种。目前，家电普冷板主要选用 SPCC – SD 冷轧板，厚度范围集中于 0.4 ~ 0.7 毫米。电冰箱选用冷轧板宽度为 1350 毫米以下；洗衣机选用的钢板最宽达到 1540 毫米，个别型号洗衣机用围板宽度达到 1700 毫米；冰柜使用冷轧板宽度 720 ~ 820 毫米。未来，随着一些家电产品和部件的用材向着轻薄化发展，要求冷轧板向薄规格、高强度、高硬度方向发展，如冷乳板使用厚度将从 0.45 毫米继续降至 0.3 毫米。大力发展具有明显烘烤硬化性能的高强度薄钢板，降低成本，是未来冷轧板的发展趋势。

镀锌板主要用于电冰箱、空调器、洗衣机、微波炉等家电产品。热镀锌板在家电行业主要用于空调室外机、冰箱后板等产品及部位上，电镀锌板主要用于放在室内的高档家电，如电脑、空调等。家电用镀锌板的规格主要为：厚度 0.20 ~ 3.5 毫米，宽度 700 ~ 2080 毫米。近年来，镀锌板用量随着空调产品的增长而快速增加，未来需求增长将趋于平缓，但随着高档家电产品需求量的增长，产品将趋向高档化、时尚化、个性化，色彩更加丰富，这将提升对镀锌板产品档次的要求。在产品质量方面，高质量的镀锌层、严格的尺寸公差精度、优良的深加工性能是未来家电镀锌板所需求的；在品种方面，钝化或耐指纹膜处理的镀铝锌钢板、热镀锌无铬钝化板等品种比例大幅提高。另外，随着热镀锌板质量水平的提高，电镀锌用量将减少，部分被热镀锌所代替。

彩涂板主要用于电冰箱门板和微波炉炉壳。近年来，彩涂板应用领域范围也在不断扩大，如从电冰箱门板扩大到冰箱侧板、全自动洗衣机、微波炉以及电热水器等领域。家电级彩预涂板（PCM）、彩色层压覆膜彩板（VCM），在家电行业中的使用量明显上升。未来，彩涂家电板不仅在用量上会有所增长，更重要的是将承载高端家电所要求的各种特殊性能。如针对不同家电、不同使用部位，彩涂板需要有耐污性、耐蚀性、耐候性、耐化学药品性和柔韧性等高性能要求，一些高档家电还将对抗菌彩板、洁面热镀铝锌彩板等新产品有更广泛的需求。

（三）　提升机械行业用钢

轻工机械重点发展制浆造纸机械，塑料制品加工机械，陶瓷与日用玻璃制品机械，醉酒包饮料机械，乳品加工和制糖机械以及服装、洗涤、皮革等机械；城市轨道交通设备重点发展地铁和轻轨机车及控制调速系统、大型牵引调速电机、通信信号系统和公用设施等关键设备，提高系统成套水平；大型环保设备针对国家加大对大气、固体废弃物、水等环境治理力度的要求，重点发展火电厂烟气脱硫、工业废水废气处理、城市污水和垃圾处理成套装置等，掌握设计师制造技术，提高产品档次和水平。

大型工程施工机械依托边有基础设施建设，重点发展进口量大的高等级公路、铁路及桥梁等建设用大型混凝土搅拌、摊铺、平地设备，水利防洪及建筑深基础处理所需的防洪固堤、连续防渗墙施工设备、多功能设备和多功能钻机，西部开发建设需要的抗风沙、耐高寒大吨位起重、凿岩、深挖、深埋设备等。

相关领域发展所需产品围绕一些重要领域发展要求，要重点发展高档次文化办公设备、自动化包装成套设备、新型自动化电子机械、烟草专用生产线等。按照我国国防建设的要求，积极开发生产军事工业所需的高水平技术装备，提供高质量的军工配套产品，这些机械装备对钢材质量都提出了新的要求。

然而，目前机械行业用于开发新型机械装备所需要的特种钢棒材，有的在国内市场很难找到，有的甚至是空白，还有的因质量存在一定问题而难以使用，仍然需要进口。为此，国内机械制造商期待钢铁企业尽快研制开发。

另外，随着电网改造建设投资力度加大，电网投资重点向高端方向发展，拉动高端电力用钢材品种的增加，我国应提高电气行业钢铁产品质量和效率，要进一步优化品种结构，满足其调整和规划发展的需要。进一步提升钢铁产品实物质量，发展高附加值产品。高附加值产品是指更高质量性能、更高技术含量、更节能节材、具有竞争力的钢铁产品，不单纯是指扁平材。进一步推进钢铁产品升级换代。通过生产技术开发应用，提高电气用钢标准，加快低水平电气用钢的淘汰步伐。

二、促进和鼓励一级产品出口

一级产品出口规模越高，对二级产品的拉动作用越强，则间接贸易规模越显著。为提升间接贸易规模，可有意识地促进和鼓励一级产品出口。对照第十章中船舶和汽车两类一级产品出口竞争力偏弱的分析，可从以下方面提升一级产品出口竞争力，拉动钢材的间接出口。

（一）增强船舶行业出口竞争力

世界贸易组织一直倡导要促进国际贸易公平、公正及公开，但目前的情况是各个成员之间并没有真正实现这种理想状态，各种保护、扶持措施仍然盛行，有的贸易壁垒坚不可摧。对于一些竞争力较弱的行业而言形势更为严峻。例如造船业，政府应当充分调查研究当前各造船强国对于本国造船业的扶植情况和补贴政策等，并采取相对应的措施来应对。除此之外，我国增值税和出口退税的差价以及国内出台的各种政策导致了国内船舶在国内售价更高，外国船舶进口门槛低等，由此引发了国内对本国船舶的需求量大大减小。为了改善这种现象，我国政府应该出台新的政策去影响国内的需求，让本国的订单回流，促进我国造船业的发展，塑造我国船舶特色，致力于提高创新和质量而不仅仅是数量，赢得国际竞争力。

调整船型结构，化解用钢结构航运市场运力过剩深层次的矛盾，船舶重点是在高附加值船舶产品和新型产品、海洋工程、深海开发等方面。伴随结构升级船用钢材的品种和规格亟须提升，为保证我国船舶企业抓住市场机遇，扩大高技术船舶的市场占有率，对船用钢材的品种及规格要求将有一个大的提升。首先，应继续提高高强度钢的需求占比，在强度要求方面，随着船舶大型化及安全、涂装规范的变化，总的趋势是普通 A 级板用量逐渐减少，高强板生产增加。其次，随着我国建造高技术船舶的能力不断增强，特殊性能的钢材、船用不锈钢、生产以及船用型材方面也应大幅度增加。

我国造船行业集中度依然很低，在世界船舶市场形成高度垄断，国际市场一体化已经基本形成。面对更加严峻的"国内市场国际化竞争"态势，有关钢铁企业应积极打造一种"共同接单、整船供钢"的双赢模式，即钢铁企业全面参与造船企业设计、接单和技术研发，帮助造船企业测算用钢成本，锁定钢材价格，降低成本；按造船进度及时供货，减少造船企业钢板库存。此外，钢铁企业还可通过"整船供钢"的方式，规避低价竞争，提高企业利润率，实现钢铁企业船用钢的多规格发展，提高开发新产品的积极性和主动性，在实现全国布局的基础上谋划全世界布局，逐步在国际化分工、资源分配中争取一个更加有利的形势，并通过项目投资进一步改善与相关国家和地区的关系，在更广阔的空间进行产业调整和资源整合，将钢铁以高附加值的形式间接出口到世界各国。

目前我国船舶产品出口与德国、韩国、日本等发达国家相比，竞争力相对较弱。为增强我国的船舶行业出口竞争力从而扩大钢铁间接出口量，我国的船舶企业应调整船型结构，化解用钢结构航运市场运力过剩深层次的矛盾，船舶重点是在高附加值船舶产品和新型产品、海洋工程、深海开发等方面。我国船舶行业应增加对高附加值钢铁的需求，使得我国船舶行业在国际市场上抓住机遇。随着船舶行业的船体大型化、高强度钢板的使用率逐步加深，我国应继续提升对高质量钢板的需求，此外应提高造船技术，扩大船舶市场占有率。

国际市场上的船舶行业的竞争以垄断竞争为主，高新核心技术多集中在发达国家高品质船舶制造企业。而我国目前不仅船舶生产技术极度匮乏，而且船舶出口生产企业集中度低，十分不利于我国船舶行业出口竞争力的提高。在此背景下，我国船舶出口企业一方面可集中生产，实现设计、研发、供货一条龙服务，降低库存，减少生产成本，实现企业利益最大化。另一方面，船舶制造企业与钢铁企业通力合作，避免恶性竞争与无序竞争，钢铁供给市场的混乱。同时，钢铁企业可统一价格，提高产品的附加值，多增加船用钢产品的开发。进而帮助船舶行业提高在国际市场上的竞争力，打造中国品牌的船舶产品。

船舶业目前存在效率低下的问题，解决此问题的关键首先是提高企业的管理能力。波特1980年提出过成本领先战略，此战略也称低成本战略。低成本战略即调高产品设计质量，降低设计成本，改进生产工艺技术水平，提高劳动生产率，加强管理降低成本等。其次，企业应当实施品牌战略。企业的核心任务是营造品牌，并在分析和钻研自身优势、劣势和外部大环境的基础上起草总的行动规划。对于我国船舶制造企业来说，紧紧抓住占市场份额较大的主力常规船型（如集装箱船、散货船及油船等）的深入优化研究，创建品牌船型是实现船企核心竞争力的必由之路。而在创建品牌船型的同时，还要不断进行产品技术创新，这不仅可以保持品牌船型长久的竞争优势，使企业能掌握市场竞争的主动权，而且还有利于船企开发新型船舶市场，特别是对于企业进入一些高技术、高附加值船舶市场将起到重要作用。

（二）增加汽车行业国际竞争力

目前我国出口的汽车产品多为劳动密集型，附加价值低，核心竞争力差，没有自己的风格和系统的制造流水线，出口的汽车产品多靠模仿来实现成型，核心技术并未掌握在我国本土汽车出口企业的手中。因而，为了提高我国汽车产品出口的整体行业竞争力，我们应注重高技术人才的培养，汽车作为高投入高回报的耗钢行业，我国应加大对其资金的注入、技术的研发以及人才的培养。此外，我们需要调整和优化汽车出口战略与出口政策，增加海外汽车市场和国际汽车市场的占有率，提升汽车产品品质和品牌附加值，由低端市场向高端转型，增加对汽车行业自主研发资金的投入、政策的支持。具体包括以下方面：

第一，提升研发能力，发展智能汽车。研发能力在提升汽车产业的国际竞争力中起到至关重要的作用，中国的研发投入逐年增加，从2007～2015年研发投入增长267%，同期德国、美国、日本和韩国汽车产业研发投入分别增长36%、23%、25%和50%，中国研发投入增速快但研发效率不高。汽车产业研发周期较长，耗费资源较大，因此汽车企业应多组建研发的战略联盟，以减少研发费用，整合试验资源，节约研发时间，减少单个企业的研发风险，使多个企业共同收获研发成果。2016年麦肯锡和彭博新能源经济咨询联合发布研究报告，预测2030年世界主要发达国家的高级别自动驾驶汽车将达到整体销量的50%。继谷歌之后，百度研制的智能汽车也已亮相，其无人驾驶功能让全世界刮目相看。智能汽车是未来的发展方向，在传统能源汽车领域，我国起步晚且发展缓慢，有先天劣势，但在智能汽车领域，与其他国家站在同一起跑线上，并在互联网方面有较大优势。因此，中国的汽车产业有机会在智能汽车领域实现弯道加速，缩短与世界先进国家的差距。

第二，创新商业模式。汽车与互联网的结合是未来汽车产业的发展方向，随之也会催生新的商业模式，在工业4.0的个性化、定制化的需求下，传统的"卖汽车、拼销量"汽车商业模式已经逐渐落伍。特斯拉之所以能够成为汽车界的新锐，最重要的是打破传统的商业模式和产业组织。它的智能化系统、增值化服务和新的营销手法是典型的创新性商业模式思维。这种创新的商业模式将会在未来的汽车产业发展中起重要的作用，甚至颠覆传统的汽车销售模式。另外，政府大力提倡共享经济，已将共享经济纳入国家战略，并给予政策支持，如深圳支持共享汽车的停车站点（联成共享）。

第三，发展新能源汽车，加强基础设施建设，优化资源配置，提高产业集聚。碳排放指数和能源绩效指数影响汽车产业竞争力，目前各国的法律法规都要求汽车产业减少碳排放，保护生态环境，鼓励发展新能源汽车，同时发布越来越严格的排放法规，促进汽车技术的革新。汽车技术在以下三个方面发展可以减少碳排放：提高传统发动机效率，降低油耗；发展新能源汽车（包括插电式混合动力汽车、纯电动汽车和燃料电池汽车）；轻量化（新材料和新工艺）。中国汽车产业在传统汽车领域并没有太多优势，但是在电动汽车领域发展较快，目前在世界各国已经陆续出现中国生产的电动大巴车。另外，应该积极加强基础设施建设，为汽车产业的发展提供良好的环境。例如建立更多的电动汽车充电桩等。我国汽车企业多而分散，经济规模集中度不足，导致生产效率和产业集中度低且资源配置不充分。可以借鉴外国成功的发展模式，建立地方汽车产业集聚发展的集中区域，提高汽车产业的集聚作用，带动关联产业的发展。

第四，抓住"一带一路"倡议为中国汽车产业带来的巨大机遇，开拓海外市场，打造品牌形象。近五年来，中国汽车出口占总产销的比例连年下降，与美国、德国、日本和韩国差距较大。国内市场有限，将市场发展到海外是中国汽车未来发展的必然趋势。"一带一路"倡议为中国汽车产业的发展带来战略机遇。中国中西部地区汽车保有量较低，市场潜力巨大，在"一带一路"倡议下，中西部地区有绝佳的区位优势，在实现国内经济东部、中部、西部平衡发展的目标驱动下，一方面能够吸引整车企业投资设厂，另一方面也为产品出口提供平台，未来汽车市场需求潜力会不断释放。"一带一路"沿线的国家大多是发展中的新兴经济体，汽车消费市场潜力巨大，随着基础设施建设的逐步完善，将为中国的汽车产业及自主品牌带来较大的发展空间。汽车厂商应以技术为核心，售后服务为后盾，以提高性价比为目标，提供中国特色产品。中国汽车品牌需要打开海外市场，可以借鉴移动终端在海外市场的成功经验，找到海外的市场需求，找到符合我国汽车品牌的市场定位。

第五，改变消费观念，发展汽车金融。中国消费者的消费观念相对保守，政府和汽车制造企业可通过实行汽车金融的优惠政策来鼓励消费者改变消费习惯，以提升汽车的销量。中国汽车消费金融渗透率（贷款买车占汽车销售总量的比例）在 10 年前尚不足 5%，2014 年已经超过 20%，至 2017 年比例已升至 25%～30%，但距离很多发达国家 70% 以上的渗透率还有很大差距。贷款买车已经逐渐像贷款买房一样被中国老百姓接受，但贷款买车仍有很大的提高空间。根据汽车产业链利润分布情况，新车销售占总利润比仅为 5%，而汽车金融占总利润比为 23%。由此可见，汽车金融将在汽车产业发展中起到日益重要的作用。

三、加快实施企业联合出海

除了增加一级产品出口和二级产品投入比重外，推动一级产品和二级产品的联合"走出去"也可推动间接贸易发展。以钢铁产品为例，可推动船舶和汽车企业与钢铁企业的联合。

（一）促进船舶与钢铁企业联合

钢铁行业的发展依赖下游造船、汽车、房地产等行业的发展，船舶、汽车、房地产订单的增加，会显著增加对钢材的需求，刺激钢铁企业扩大生产规模；造船板、汽车用钢、建筑用钢等高附加值产品需求的增加，促使钢铁企业调整产品结构、增加高附加值产品的比重，带动了钢铁行业的产业结构调整。

我国应积极借鉴韩国浦项制铁的发展经验，钢铁企业应加大与其下游企业在生产和研发上的合作，可以通过联合建设研发中心、投资入股、钢铁委员会等多种形式，鼓励上下游产业形成相对完整的研发和生产系统，这不仅能使钢铁企业生产的产品可以自动满足下游客户对数量和质量的需求，还可以满足客户对产品价格和服务的需求，便于钢铁企业提供全面服务。同时，造船企业应与骨干、优势钢铁企业强强联合，打破区域分割的局势，将眼光投向全世界，加快形成新布局，在国际化分工和优质资源中合理分配，推动产品质量升级，攻克技术难题，在研发、制造环节的紧密合作可以保证产品质量，满足市场客户需求。

（二）构建"汽车＋钢铁"产业发展平台

汽车和钢铁产业的同步发展需要构建良好的产业发展平台，推动技术的协同发展，从产业链的角度考虑，平台的搭建需要从三个层次考虑：一是企业层面，要不断探索上下游产业在技术领域的关联性和互补性，加强企业创新人才培养、强化企业技术交流；二是国家层面，要建立相应的汽车用钢开发与应用技术创新体系，包括国家重点实验室、工程技术研究中心等；三是行业层面，通过构建汽车轻量化技术创新战略联盟，促进上下游的联合技术研发。

建议由政府相关部门牵头组织推进钢铁企业与汽车、船舶、机电等下游企业协同实施"走出去"战略，对上下游协同推进国际化发展的企业给予资金、税收等方面的支持，简化海外投资项目手续办理。引导国内钢铁企业与其他企业融合，进而推动钢材产品的升级。事实上，中国钢铁业和汽车行业的产业链联合已经开始进行。宝钢和鞍钢已经先后和长春一汽结成战略伙伴关系；东风汽车公司也与攀枝花钢铁公司正式建立战略合作伙伴关系，可以说国内汽车领域和钢铁领域之间规模最大、层次最深的合作关系已经建立。同样有实力的钢铁企业应当与机械制造方面的大客户联合起来，共同开发新产品，甚至应该有自己的钢铁产品科研人员进驻机械企业，与其共同在生产线上搞新品开发，同时钢铁企业应该尽量减少中间环节，和机械领域的用户签订长期供货合同。

四、开发一级产品出口市场

开发一级产品出口市场是促进二级产品间接出口的有效途径。以钢铁产品为例，应注重拓宽机电行业新兴市场。在我国重要的出口市场中，传统欧美市场仍然是我国机电产品出口的主要市场，其巨大的市场容量以及成熟的市场经济体制都对我国机电产品开拓市场提供了良好的条件，长期以来与我国也建立了良好的贸易合作关系。尽管受到金融危机和欧债危机的影响，当前欧美地区经济复苏缓慢，对我国机电产品的需求有所下降，但未来我国对这些市场应以稳定出口为主，增长空间较小；而亚洲市场各方经济发展程度参差不齐，市场类型丰富，且与我国在文化地域上均有一定优势，目前整体处于市场开拓不足状态，仍具很大挖掘潜力；我国对非洲及拉丁美洲国家市场开拓虽取得了一定成效，但比例仍然偏低，虽然短期内潜力不足，但长期来看仍是需要继续开发的地区。随着新兴市场国家经济的快速发展，其工业化和现代化步伐加快，因而对机电产品的需求市场巨大，逐渐成为我国对外贸易新的增长点。

在市场选择上，应该注重优先拓展与我国有良好经贸合作关系的，且贸易环境较好，经济发展水平较高的国家，如印度、俄罗斯、东盟国家等，我国企业对这些国家市场进入标准及相关法律贸易规则等相对了解，因而市场拓展风险成本相对较小。但这些国家有可能是各国争相效仿的对象，面临较激烈的竞争，如美国、日本、韩国等是我国在开发新兴市场上的主要竞争对手，为争取到新兴国家市场份额，加强区域贸易经济联系，这些国家纷纷与新兴市场国家建展开网络建设。我国还须积极与其他新兴市场国家建立良好的经贸合作机制，拓展外交关系，通过建立自由贸易区、签订贸易协议等方式，实现贸易投资便利化、经济技术合作等，最大程度整合市场资源，通过一系列经贸合作互惠互利，减少我国与新兴市场国家贸易摩擦，扩大与新兴市场的贸易规模。

五、减少一级产品的贸易成本

以钢铁间接出口为例，我国一直就是钢铁出口大国却并非贸易强国，我国钢铁间接出口的贸易成本，严重影响了我国其他耗钢产业的含钢量以及钢铁间接出口的情况。因此，我们应该积极探寻降低贸易成本的有效方法，推进我国钢铁间接出口的进一步发展。

第一，减少运输成本。运输成本是贸易成本的重要组成部分，为了减少运输成本可以采取缩短空间距离的方法。例如：构建适合国际贸易规则的"大物流"体系，改进运输过程中采用的基础设施、技术手段等方式。除此之外，还可通过信息网络来实现物流信息的快速传播，借鉴发达国家物流产业发展规则，使得我国贸易运输更加规范化、现代化，以达到减少贸易成本的作用。第二，降低文化成本。应积极参与国际的交流会议，努力加强同贸易伙伴在经贸领域的交流与合作，与贸易伙伴进行时常的信件往来，多了解其他国家的文化习俗和生活习惯。第三，缩小交易成本。在交易成本的缩减上，政府的作用不容忽视。其一，政府可以通过制定相关贸易协定的方式，如双边贸易协定、多边贸易协定等，贯彻落实全球经济一体化；其二，政府应鼓励自由贸易区的建立，通过开放国际市场环境，以实现钢铁贸易过程中交易成本的最小化。第四，加强统一领导，建立必要的政府部门协调机制。国际物流发展必须在传统产业以及区域限制方面实现突破，目的是创建统一、开放的现代物流市场。我国政府相关部门应深入研究发达国家的先进物流管理经验，结合我国当前经济发展形势，创建专业、独立的物流管理部门，加强对物流产业的指导，建立必要的政府部门协调机制，促进我国国际物流产业持续健康发展。目前我国实施的税收政策在部分内容上对国际物流产业发展产生了限制作用。应出台有利于国际物流产业发展的税收政策，如实施像增值税那样的物流总代理发展模式，将转包环节税收予以扣除，引导物流企业采用先进的物流管理理念和手段，对物流资源进行优化整合，不断提高物流企业的运营效率。

参 考 文 献

［1］阿尔弗雷德·韦伯．工业区位论［M］．北京：商务印书馆商，1997．

［2］巴格瓦蒂，潘那加里亚，施瑞尼瓦桑．高级国际贸易学［M］．王根蓓，译．上海：上海财经大学出版社，2004．

［3］白江涛．中国钢铁产能过剩问题与对策［J］．云南社会科学，2013（3）：81－84．

［4］白永秀，赵勇．企业同质性假设、异质性假设与企业性质［J］．财经科学，2005（5）：77－83．

［5］保罗·克鲁格曼．战略性贸易政策与新国际经济学［M］．海闻，译．北京：中国人民大学出版社，2000．

［6］包小忠．跨国公司全球供应链的构建与离岸服务外包的区域分布［J］．管理现代化，2009（2）：21－23．

［7］本刊编辑部．浅议我国家电发展现状及趋势［J］．冶金管理，2019（14）：4－9．

［8］蔡洪滨．企业不愿做内贸根源在交易成本高［N］．中国青年报，2011－09－26（3）．

［9］蔡小勇．垂直专业化、产品内贸易与中国经济发展［D］．上海：华中科技大学，2006：59－62．

［10］曹和平．产能与价值，我们选择谁？［J］．电子外贸，2005（1）：15－18．

［11］曹悦恒．中国汽车产业国际竞争力分析［J］．社会科学战线，2017（12）：261－264．

［12］陈佳贵，黄群慧，钟宏武．中国地区工业化进程的综合评价和特征分析［J］．经济研究，2006（6）：4－15．

［13］陈建斌．克鲁格曼为代表的国际贸易新理论评述［J］．上海经济研究，2004（12）：68－70，67．

［14］陈同仇，薛荣久．国际贸易［M］．北京：对外经济贸易大学出版社，1997．

［15］陈英．国际贸易类型与国际贸易理论研究评述［J］．学术论坛，2010，33（11）：115－119，138．

［16］陈玉．我国成为21世纪世界制造业中心的策略研究［D］．南京：南京理工大学，2004．

［17］丹尼斯·阿普尔亚德，艾尔佛雷德·菲尔德．国际经济学［M］．北京：机械工业出版社，2000．

［18］道格拉斯·诺斯，罗伯斯·托马斯．西方世界的兴起［M］．北京：华夏出版社，1988．

［19］邓翔，路征．"新新贸易理论"的思想脉络及其发展［J］．财经科学，2010（2）：41－48．

［20］丁凯．国际贸易理论发展综述［J］．经济纵横，2004（9）：57－60．

［21］杜江．计量经济学及其应用［M］．北京：机械工业出版社，2010．

［22］杜肯堂．区域经济管理学［M］．北京：高等教育出版社，2004．

［23］杜立辉，聂秀峰，刘同合．2000—2009年中国钢铁产业布局变化及国际比较［J］．冶金经济与管理，2010（5）：9－14，17．

［24］杜慕群．资源、能力、外部环境、战略与竞争优势的整合研究

[J]. 管理世界，2003（10）：145 – 146，148.

[25] 高敬峰. 国外产品内分工理论研究综述 [J]. 经济纵横，2007（4）：85 – 87.

[26] 宫毓雯. 自由贸易协定对垂直专业化贸易的影响研究 [D]. 北京：对外经济贸易大学，2018.

[27] 郭栋，张汉林. 我国海运铁矿石贸易巨额损失根源及对策研究 [J]. 国际贸易，2012（7）：38 – 42.

[28] 郭羽诞，兰宜生. 国际贸易学 [M]. 上海：上海财经大学出版社，2008.

[29] 海闻，林德特，王新奎. 国际贸易 [M]. 上海：上海人民出版社，2003.

[30] 洪银兴. 从比较优势到竞争优势——兼论国际贸易的比较利益理论的缺陷 [J]. 经济研究，1997（6）：20 – 26.

[31] 胡昭玲. 国际垂直专业化分工与贸易：研究综述 [J]. 南开经济研究，2006（5）：12 – 26.

[32] 胡永刚. 贸易模式论 [M]. 上海：上海财经大学出版社，1999.

[33] 黄泰岩，李鹏飞. 模块化生产网络对产业组织理论的影响 [J]. 经济理论与经济管理，2008（3）：36 – 42.

[34] 季剑军. 论企业的异质性 [J]. 江汉论坛，2010（4）：14 – 18.

[35] 贾恩卡洛·甘道尔夫. 国际贸易理论与政策 [M]. 王根蓓，译. 上海：上海财经大学出版社，2005.

[36] 贾平. 供应链管理 [M]. 北京：清华大学出版社，2011.

[37] 金芳. 全球化经营与当代国际分工 [M]. 上海：上海人民出版社，2006.

[38] 克鲁格曼. 战略性贸易政策与新国际经济学 [M]. 北京：中国

人民大学出版社，2000.

[39] 寇亚明. 全球供应链：国际经济合作新格局 [M]. 北京：中国经济出版社，2005.

[40] 李春顶. 新—新贸易理论文献综述 [J]. 世界经济文汇，2010（1）：102 – 117.

[41] 李建祥，唐立新，吴会江. 钢铁工业三级供应链协调生产计划研究 [J]. 计算机集成制造系统，2005（3）：375 – 380，432.

[42] 李一丹. 网上丝绸之路对区域经济的影响研究 [D]. 北京：中国社会科学院研究生院，2017.

[43] 廖明球. 投入产出及其扩展分析 [M]. 北京：首都经济贸易大学出版社，2009.

[44] 林季红. 跨国公司全球生产网络与中国产业的技术进步 [J]. 厦门大学学报（哲学社会科学版），2006（6）：114 – 121.

[45] 刘刚. 企业的异质性假设——对企业本质和行为基础的演化论解释 [J]. 中国社会科学，2002（2）：56 – 68，206.

[46] 刘刚. 供应链管理：交易费用与决策优化研究 [M]. 北京：经济科学出版社，2005.

[47] 刘元春. 交易效率分析框架的政治经济学批判 [M]. 北京：经济科学出版社，2001.

[48] 刘志彪. 中国贸易量增长与本土产业的升级——基于全球价值链的治理视角 [J]. 学术月刊，2007（2）：80 – 86.

[49] 罗纳德·哈里·科斯. 企业、市场与法律 [M]. 上海：上海三联书店，1990.

[50] 罗璞，李斌. 再论比较优势、绝对优势与 DFS 模型 [J]. 当代经济科学，2004（6）：18 – 22，66 – 106.

[51] 卢锋. 产品内分工 [J]. 经济学（季刊），2004（4）：55 – 82.

[52] 马汉武，程才. 我国老工业基地融入全球供应链的对策研究——

基于产业集群的观点 [J]. 工业技术经济, 2007 (9): 35 - 37.

[53] 马建峰, 宋珍. 中国钢铁出口竞争力及产品结构变化的国际比较——基于1995—2010年的数据分析 [J]. 中国管理信息化, 2013, 16 (23): 40 - 43.

[54] 马士华, 林勇, 陈志祥. 供应链管理 [M]. 北京: 机械工业出版社, 2000.

[55] 迈可尔·波特. 竞争优势 [M]. 陈小悦, 译. 北京: 华夏出版社, 1997.

[56] 迈可尔·迪屈. 交易成本经济学 [M]. 北京: 经济科学出版社, 1999.

[57] 涅克拉索夫. 区域经济学 [M]. 北京: 东方出版社, 1987.

[58] 诺斯, 戴维斯. 制度变迁与美国经济增长 [M]. 上海: 上海人民出版社, 1996.

[59] 彭徽. 国际贸易理论的演进逻辑: 贸易动因、贸易结构和贸易结果 [J]. 国际贸易问题, 2012 (2): 169 - 176.

[60] 彭徽, 耿乃国, 王玲莉. 全球供应链下要素禀赋理论的发展——基于钢铁行业的投入产出实证分析 [J]. 东北大学学报 (社会科学版), 2014, 16 (5): 474 - 479.

[61] 卜国琴, 刘德学. 新兴古典经济学与全球生产网络的兴起 [J]. 江苏商论, 2006 (4): 145 - 147.

[62] 普特曼, 克罗茨纳. 企业的经济性质 [M]. 孙经纬, 译. 上海: 上海财经大学出版社, 2009.

[63] 戎梅. 我国单位物流成本对国际贸易的影响——基于贸易引力模型的实证分析 [J]. 商业经济, 2011 (1): 34 - 36, 73.

[64] 萨尔瓦多. 国际经济学 [M]. 杨冰, 译. 北京: 清华大学出版社, 2011.

[65] 盛洪. 分工与交易: 一个一般及其对中国非专业化问题的应用

分析［M］.上海：上海人民出版社，1994.

［66］盛晓白.简评竞争优势理论［J］.国际贸易问题，1998（9）：1－5.

［67］孙军，王先柱.要素流动的层次演进与区域协调发展［J］.云南财经大学学报，2010，26（2）：128－133.

［68］孙艳琳.西方"新新"贸易理论的特点及其实践意义［J］.武汉理工大学学报（社会科学版），2009，22（5）：65－70.

［69］孙文远.产品内分工刍议［J］.国际贸易问题，2006（6）：20－25.

［70］佟家栋.国际贸易理论的发展及其阶段划分［J］.世界经济文汇，2000（6）：39－44.

［71］佟家栋，周申.国际贸易学——理论与政策［M］.北京：高等教育出版社，2007.

［72］托马斯·A.普格尔，彼得·H.林德特.国际经济学［M］.北京：经济科学出版社，2001.

［73］王光龙.论经济要素流动：结构、原则、效应与演进［J］.江海学刊，2011（4）：102－107.

［74］王建军.产业链整合与企业提升竞争优势研究——以钢铁企业为例［J］.经济经纬，2007（5）：37－39.

［75］沃尔特·克里斯塔勒.德国南部中心地原理［M］.常正文，译.北京：商务印书馆，1998.

［76］吴国凡.基于波特钻石模型的中国船舶工业国际竞争力分析［J］.船海工程，2016，45（2）：105－108，112.

［77］奥古斯特·勒施.经济空间秩序［M］.王守礼，译.北京：商务印书馆，2010.

［78］吴易风.英国古典经济理论［M］.北京：商务印书馆，1988.

［79］夏秋.产品内分工下制造业服务化与出口二元边际——基于系

统 GMM 的经验研究 [J]. 南方经济, 2020 (3): 53 – 72.

[80] 熊伟. 新国家竞争优势论: 当今国际贸易的理论基础——兼对国际贸易主要理论述评 [J]. 财经理论与实践, 2004 (2): 98 – 102.

[81] 徐燕雯, 滕玉华. 供应链下的国际贸易流通模式 [J]. 企业改革与管理, 2004 (10): 42 – 43.

[82] 杨小凯, 张永生. 新贸易理论、比较利益理论及其经验研究的新成果: 文献综述 [J]. 经济学 (季刊), 2001 (1): 19 – 44.

[83] 姚立新. 国际贸易理论发展的逻辑——兼与刘东勋等同志商榷 [J]. 国际贸易问题, 2000 (8): 55 – 58.

[84] 冶金部情报标准研究总所. 国外钢铁统计 1978—1987 [M]. 北京: 冶金工业出版社, 1989.

[85] 冶金工业部情报标准研究总所技术经济研究室. 国内外钢铁统计 1949 – 1979 [M]. 北京: 冶金工业出版社, 1981.

[86] 李新创. 世界钢铁企业竞争力新内涵对提升我国钢铁企业竞争力的启示 [J]. 冶金经济与管理, 2011 (6): 4 – 8.

[87] 易先忠, 高凌云. 融入全球产品内分工为何不应脱离本土需求 [J]. 世界经济, 2018, 41 (6): 53 – 76.

[88] 约翰·冯·杜能. 孤立国同农业和国民经济的关系 [M]. 吴衡康, 译. 北京: 商务印书馆, 1997.

[89] 约翰. 伊特韦尔等. 新帕尔格雷夫经济学大辞典 [M]. 北京: 经济科学出版社, 1996.

[90] 张二震. 国际贸易分工理论演变与发展述评 [J]. 南京大学学报 (哲学·人文科学·社会科学版), 2003 (1): 65 – 73.

[91] 张二震, 马野青. 贸易投资一体化与当代国际贸易理论的创新 [J]. 福建论坛 (人文社会科学版), 2002 (1): 29 – 35.

[92] 张二震, 马野青. 国际贸易学 [M]. 南京: 南京大学出版社, 2003.

［93］张定胜，杨小凯．具有内生比较优势的李嘉图模型和贸易政策分析［J］．世界经济文汇，2003（1）：1－13．

［94］张恒喜等．小样本多元数据分析方法及应用［M］．西安：西北工业大学出版社，2002．

［95］张辉．全球价值链理论与我国产业发展研究［J］．中国工业经济，2004（5）：26－34．

［96］张纪．产品内国际分工中的收益分配——基于笔记本电脑商品链的分析［J］．中国工业经济，2006（7）：36－44．

［97］张杰，刘志彪，郑江淮．产业链定位、分工与集聚如何影响企业创新——基于江苏省制造业企业问卷调查的实证研究［J］．中国工业经济，2007（7）：47－55．

［98］张维迎．国内贸易为何比国际贸易交易成本还高［J］．人民日报海外版，2009－12－24（3）．

［99］张幼文．要素流动与全球经济失衡的历史影响［J］．国际经济评论，2006（2）：43－45．

［100］赵爱清．国际贸易理论发展的内在逻辑及方向［J］．当代财经，2005（6）：104－107．

［101］赵梅．国际贸易理论演变的逻辑分析［D］．昆明：云南大学，2010．

［102］赵曙明．企业竞争力已上升为供应链竞争［J］．化工管理，2011（8）：14－15．

［103］中国钢铁工业协会．中国钢铁工业年鉴（1987—2011）［M］．北京：中国冶金出版社，1987－2011．

［104］中华人民共和国国家统计局．中国统计年鉴（1981—2013）［M］．北京：中国统计出版社，1981－2013．

［105］钟祖昌，谭秋梅．全球供应链管理与外贸企业核心竞争力构建［J］．国际经贸探索，2007（1）：80－84．

［106］周梅妮．李嘉图国际贸易理论的新兴古典分析——交易效率、偏好对国际贸易的影响［J］．国际贸易问题，2005（8）：123－128.

［107］周晓艳，黄永明．全球价值链下产业升级的微观机理分析——以台湾地区 PC 产业为例［J］．中南财经政法大学学报，2008（2）：32－43.

［108］朱廷．当代国际贸易理论创新的若干特征［J］．国际贸易问题，2004（2）：89－95.

［109］朱文英．JFE 钢铁为汽车轻量化开发的产品和技术［J］．世界钢铁，2013，13（5）：61－66.

［110］朱钟棣，郭羽诞，兰宜生．国际贸易学［M］．上海：上海财经大学出版社，2005.

［111］邹全胜．要素演进与开放收益［D］．上海：上海社会科学院，2007.

［112］庄惠明，郑剑山，熊丹．中国汽车产业国际竞争力增强策略选择——基于价值链提升模式的研究［J］．宏观经济研究，2013（11）：95－102.

［113］Antras P. Firms，Contracts and Trade Structure［J］. The Quarterly Journal of Economics，2003（11）：1375－1481.

［114］Antras P，Helpman E. Global Sourcing［J］. Journal of Political Economy，2004，112（3）：135－148.

［115］Arndt Seven W. Globalization and the Open Economy［J］. North American Journal of Economics and Finance，1997，8（1）：71－79.

［116］Barney. Firm resources and sustainable competitive advantage［J］. Journal of Management，1991，17（1）：203－227.

［117］Barney J. B. Strategic Factor Market Expectation［J］. Luck and Business Strategy Managements Science，1986，32：1231－1241.

［118］Bernard. Plants and Productivity in International Trade［J］. Amer-

参 考 文 献

ican Economic Review，2003，93（4）.

［119］ Bernard and Jensen. Exceptional Exporter Performance：Cause，Effect or Both? ［J］. Journal of International Economics，1999，47（1）.

［120］ Bernard，Jensen and Schott. Trade Costs，Firms and Productivity ［J］. Journal of Monetary Economics，2006，53：917 - 937.

［121］ Brander J. and Krugman P. A Reciprocal Dumping Model of International Trade ［J］. Journal of International Economics，1983，15：313 - 321.

［122］ Christopher Martin. Logistics and Supply Chain Management：Strategies for Reducing Cost and Improving Service ［J］. International Journal of Logistics Research and Applications，1999，2（1）.

［123］ Collis. A Resources——based Analysis of Global Competition：The Case of the Bearing Industry ［J］. Strategic Management Journal，1991，12：49 - 68.

［124］ Deardorff A V. Fragmentation in Simple Trade Model ［J］. North American Journal of Economics and Finance，2001，12（2）.

［125］ Dixit A. and Norman V. Theory of International Trade ［M］. Cambridge：Cambridge University Press，1980.

［126］ Dixit A. and Stiglitz J. Monopolistic Competition and Optimum Product Diversity ［J］. American Economic Review，1977，67（5）.

［127］ Eaton J. Kortum S. and Kramarz F. Dissecting Trade：Firms，Industries and Export Destinations ［J］. American Economic Review，2004，94（8）.

［128］ Egger，Peter and Hartmut. International Outsourcing and the Productivity of Low - skilled Labor in the EU ［J］. Economic Inquiry，2006，44（3）.

［129］ Feenstra，Robert C. and Gordon H. Globalization，Outsourcing and Wage Inequality [J]. American Economic Review, 1996, 86 (1).

[130] Fors and Gunnar. Utilization of R&D Results in the Home and Foreign Plants of Multinationals [J]. Journal of Industrial Economics, 1996, 45 (11).

[131] Frieder Lemp. The Logical Structure of International Trade Theory [J]. Erkenntnis, 2008, 69 (2).

[132] Fukao and Kyoji. Vertical Intra-Industry Trade and Foreign Direct Investment in East Asia [J]. Journal of the Japanese and International Economies, 2003, 17: 468 – 506.

[133] Ghironi F. and Melitz M. J. International Trade and Macroeconomic Dynamics with Heterogeneous Firms [J]. Quarterly Journal of Economics, 2005, 120 (3).

[134] Girma S. Greenaway D. and Kneller R. Does Exporting Increase Productivity? A Micro-econometric Analysis of Matched Firms [J]. Review of International Economics, 2004, 12: 855 – 866.

[135] Grossman. Trading Tasks: A Simple Theory of Offshoring [J]. American Economic Review, 2008, 98 (5).

[136] Hall H. The financing of innovative firms [J]. European Investment Bank Papers, 2009, 14 (2).

[137] Harhoff D. R&D and productivity in German manufacturing firms [J]. Econ Innovate New Tech, 1998, 6 (1).

[138] Head, Keith and John Ries. Offshore Production and Skill Upgrading by Japanese Manufacturing Firms [J]. Journal of International Economics, 2002, 8: 81 – 105.

[139] Heckscher F. The Effect of Foreign Trade on the Distribution of Income [J]. Ekonomisk Tidskrift, 1919, 21 (2).

[140] Helg, Rodolfo and Lucia Tajoli. Patterns of International Fragmen-

tation of Production and the Relative Demand for Labor [J]. North American Journal of Economics and Finance, 2005, 16: 233 - 254.

[141] Helleiner G. K. Manufactured Exports From Less-developed Countries and Multinational Firms [J]. The Economic Journal, 1973, 329 (83).

[142] Helpman E. Trade, FDI, and the Organization of Firms [J]. Journal of Economic Literature, 2006, 44 (3).

[143] Helpman E. Melitz M. J. and Yeaple S. R. Export Versus FDI with Heterogeneous Firms [J]. American Economic Review, 2004, 94 (1).

[144] Hijzen, Tomohiko Inui and Yasuyuki Todo. Does Offshoring Pay? Firm-Level Evidence from Japan [J]. Economic Inquiry, 2010, 48: 880 - 895.

[145] Hijzen, Alexander. International Outsourcing, Technological Change and Wage Inequality [J]. Review of International Economics, 2006, 15: 188 - 205.

[146] Hijzen, Alexander, Holger Görg and Robert C. International Outsourcing and the Skill Structure of Labor Demand in the United Kingdom [J]. Economic Journal, 2005, 115: 860 - 878.

[147] Hui Peng, Jinqi Jiang. From Intra-industry Specialization to Intra-product Specialization the Limitation of New Trade Theory [J]. Energy Education Science and Technology, 2014, 6: 8385 - 8392.

[148] Hummels D. Jun Ishii and Kei - Mu Yi. The Nature and Growth of Vertical Specialization in World Trade [J]. Journal of International Economics, 2001, 54: 75 - 96.

[149] Jones, Charles I. Sources of U. S. Economic Growth in a World of Ideas [J]. American Economic Review, 2002, 92: 220 - 239.

[150] Jones Ronald W. Key international trade theorems and large shocks [J]. International Review of Economics & Finance, 2008, 17 (1).

［151］ Jyrki Ali – Yrkkö, Petri Rouvinen, Timo Seppälä, et al. Who Captures Value in Global Supply Chains? Case Nokia N95 Smartphone ［J］. Journal of Industry, Competition and Trade, 2011, 11: 263 – 278.

［152］ Kiminori Matsuyama. Agricultural productivity, comparative advantage, and economic growth ［J］. Journal of economic theory, 1995, 3: 317 – 334.

［153］ Krishna Kala. Advanced international trade: theory and evidence ［J］. Journal of International Economics, 2005, 66 (2).

［154］ Krugman Paul. Increasing Returns, Monopolistic Competition and International Trade ［J］. Journal of International Economics, 1979, 9 (4).

［155］ Krugman Paul. Increasing Returns and Economic Geography ［J］. Journal of Political Economy, 1991, 99: 483 – 499.

［156］ Krugman Paul. Competitiveness: A Dangerous Obsession ［J］. Foreign Affairs, 1994, 73 (2).

［157］ Kyle. Shifting Comparative Advantage and Accession in the WTO ［J］. Yale Department of Economics, 2001, 7: 97 – 99.

［158］ Langlois N. and Roberton P. Firms, Markets and Economic Change ［M］. London: Routledge, 1995.

［159］ Leontief, Domestic Production and Foreign Trade: The American Capital position Re – Examined ［J］. Proceedings of the American Philosophical Society, 1953, 94 (4).

［160］ Melitz M. J. The Impact of Trade on Intra – Industry Reallocations and Aggregate Industry Productivity ［J］. Econometrica, 2003, 71 (6).

［161］ Ohlin Bertil G. Interregional and International Trade ［M］. Cambridge: Harvard University Press, 1933.

［162］ Pavcnik N. Trade Liberalization, Exit, and Productivity Improvements: Evidence from Chilean plants ［J］. Review of Economic Studies,

2002, 69 (1).

[163] Praharad and Hamel. The core competence of the corporation [J]. Harvard Business Review, 1990, 6: 79 –91.

[164] Ricardo David. The Principle of Political Economy and Taxation [M]. London: Gaernsey Press, 1817.

[165] Samuelson Paul A. International Trade and the Equalization of Factor prices [J]. Economic Journal, 1948, 230 (58).

[166] Samuelson Paul A. International Factor Price Equalization Once Again [J]. Economic Journal, 1949, 156 (62).

[167] Schankerman M. The effects of double – counting and expensing on the measured returns to R&D [J]. Rev Econ Stat, 1981, 63 (3).

[168] Smith Adam. An Inquiry into the Nature and Causes of the Wealth of Nations [M]. Chicago: University of Chicago Press, 1776.

[169] Teece and Shuen. Dynamic capabilities and strategic management [J]. Strategic Management Journal, 1997, 18.

[170] Vernon Raymond. International Investment and International Trade in the Product Cyele [J]. Quarterly Journal of Economics, 1966, 5.

[171] Yeaple S. R. Firm Heterogeneity, International Trade and Wages [J]. Journal of International Economics, 2005, 65 (1).

[172] Zingales, In search of new foundations [J]. The Journal of Finance, 2000, 55 (4).